W0369125

TORSTEN DENNIN

VON TULPEN *ZU* BITCOINS

EINE GESCHICHTE DER GRÖSSTEN FINANZBLASEN UND WIE MAN SIE ERKENNT

Stadtbibliothek Pankow 971
Wi 150 Denn 2019
Aus dem Bestand entfernt

VON TULPEN *ZU* BITCOINS

EINE GESCHICHTE DER GRÖSSTEN FINANZBLASEN UND WIE MAN SIE ERKENNT

TORSTEN DENNIN

FBV

Bibliografische Information der Deutschen Nationalbibliothek
Die Deutsche Nationalbibliothek verzeichnet diese Publikation in der Deutschen Nationalbibliografie.
Detaillierte bibliografische Daten sind im Internet über http://dnb.d-nb.de abrufbar.

Für Fragen und Anregungen:
info@finanzbuchverlag.de

1. Auflage 2019

© 2019 by FinanzBuch Verlag, ein Imprint der Münchner Verlagsgruppe GmbH
Nymphenburger Straße 86
D-80636 München
Tel.: 089 651285-0
Fax: 089 652096

Alle Rechte, insbesondere das Recht der Vervielfältigung und Verbreitung sowie der Übersetzung, vorbehalten. Kein Teil des Werkes darf in irgendeiner Form (durch Fotokopie, Mikrofilm oder ein anderes Verfahren) ohne schriftliche Genehmigung des Verlages reproduziert oder unter Verwendung elektronischer Systeme gespeichert, verarbeitet, vervielfältigt oder verbreitet werden.

Die im Buch veröffentlichten Ratschläge wurden von Verfasser und Verlag sorgfältig erarbeitet und geprüft. Eine Garantie kann dennoch nicht übernommen werden. Ebenso ist die Haftung des Verfassers beziehungsweise des Verlages und seiner Beauftragten für Personen-, Sach- und Vermögensschäden ausgeschlossen.

Lektorat: Manuela Kahle
Umschlaggestaltung: Marc-Torben Fischer, München
Umschlagabbildung: gelbe Tulpen: istockphoto.com/subjug; fallende Blütenblätter: istockphoto.com/borchee; Bitcoins: istockphoto.com/vjom
Satz: ZeroSoft, Timisoara
Druck: GGP Media GmbH, Pößneck
Printed in Germany

ISBN Print 978-3-95972-253-7
ISBN E-Book (PDF) 978-3-96092-473-9
ISBN E-Book (EPUB, Mobi) 978-3-96092-474-6

Weitere Informationen zum Verlag finden Sie unter:

www.finanzbuchverlag.de
Beachten Sie auch unsere weiteren Verlage unter www.m-vg.de.

STIMMEN ZUM BUCH

»Spannend geschrieben wie ein Krimi! Torsten Dennin führt den Leser durch das Auf und Ab der Rohstoff- und Kryptomärkte!«

Frank Meyer, n-tv

»Das Schicksal von Bitcoin werden wir erst in Zukunft kennen. Im Internet of things wird es nicht ohne Kryptowährungen gehen. Das könnte aber auch ein e-Franken sein oder ein Zahlungsmittel, das wir heute noch nicht kennen.«

Dolfi Müller, Stadtpräsident Zug (2007–2018), Schweiz

»Dr. Dennin ist einer dieser seltenen Ökonomen, der nicht nur die vielen komplexen Faktoren versteht, die die Weltwirtschaft antreiben, sondern der die Geschichte spekulativer Übertreibungen eingehend erforscht hat, um die schwerwiegenden und systemischen Risiken aufzuzeigen, mit denen wir heute konfrontiert sind. *Von Tulpen zu Bitcoins* ist nicht nur eine großartige Lektüre, sondern zeigt, dass wenn Geschichte sich nicht wiederholt, sie sich doch sicherlich reimt!«

Bradford Cooke, CEO Endeavour Silver

»Als Historiker liebte ich Torstens Einblicke in einige der bekanntesten und weniger bekannten Ereignisse, die den Rohstoffsektor geprägt haben. Ich würde es denjenigen uneingeschränkt empfehlen, die ein besseres Verständnis entwickeln wollen, wie die Rohstoffmärkte ticken.«

Andrew Thake, Mines & Money

»Dieses Buch ist eine wahre Bereicherung für private und institutionelle Anleger, die an Rohstoffen interessiert sind. Torsten Dennin zeigt ein Muster in der Geschichte auf und es ist ratsam, dieses Buch sorgfältig zu lesen.«

Jochen Staiger, Swiss Resource Capital

»Von wirtschaftlichen Höhen bis hin den Tiefen auf den Rohöl-, Nahrungsmittel- und Metallmärkten. Zurückzuführen auf menschliche Fehler, Kriege oder Naturkatastrophen: Dieses Buch führt Sie durch die Finanzstürme der vergangenen 400 Jahre. Trotz des stürmischen Wetters gibt es immer jemanden, der auch in der tiefsten Krise eine Chance ergreift. Einige sind erfolgreich, andere offensichtlich nicht. Dieses Buch ist ein must-read!«

Dr. Alexander Yakubchuk, CEO Orsu Gold

»Torsten ist ein aufmerksamer Beobachter der Märkte, und seine detaillierte Darstellung der großen Boom-und Bust-Zyklen im Laufe der Zeit erinnert daran, dass wir alle ständig dazulernen...«

Daniel Breeze, BMO Capital Markets

»Der Begriff ›*Boom und Bust*‹ wird oft mit horrenden Gewinnen und Verlusten in Verbindung gebracht. Torsten entmystifiziert und navigiert durch stürmische Marktbewegungen, so dass wir die *aufregende Fahrt* spüren können, um zukünftige Investmentchancen besser zu erkennen.«

Greg Harris – CIBC World Markets

»Unabhängig davon ob es vor 300 Jahren oder heute ist ziehen die Kapitalmärkte nach wie vor Glücksritter an. Alle paar Jahre scheinen Anleger, die aus der Vergangenheit hätten lernen sollen, die gleichen Fehler zu machen. Gier und Angst werden daher auch weiterhin die Märkte dominieren. In seinem neuen Buch *Von Tulpen zu Bitcoins* hat Dr. Torsten Dennin die großen Blasen der letzten Jahrhunderte eindrucksvoll zusammengefasst. Ein spannendes und lehrreiches Buch für den erfahrenen Investor oder jeden, der es werden möchte.«

Hannes Huster, Goldreport

»Ein *must-read* für jeden, der an Rohstoff- und Kryptowährungsmärkten interessiert ist! Lesen Sie dieses Buch – und lernen Sie aus der Vergangenheit.«

Dr. Jan Peter Firnges, Berlin Institute of Finance, Innovation and Digitalization e.V.

»Ein fantastisches Buch! Definitiv der neue Standard!«

Ronald-Peter Stöferle, Incrementum AG

»Ich habe mich sehr auf das Buch gefreut! Die einzelnen historischen Ereignisse für sich genommen sind schon spannend genug – so geballt phantastisch…!«

Thomas Rehmet, COO and Founding Partner, Bloxolid AG

»Erfolg und Misserfolg auf den Rohstoff- wie auf den Kryptomärkten liegen eng beieinander. Prof. Dr. Dennin versteht es gekonnt den ökonomischen Hintergrund mit den involvierten Personen zu verbinden. Eine spannende Lektüre für jeden am Kapitalmarkt interessierten Leser!«

Christian Angermeyer, Apeiron Investment Group

»Eine imposante und fesselnde Reise durch die Geschichte der Rohstoffmärkte und ihrer Übertreibungen. Wahr bis zum heutigen Tag! Brillant!«

Björn Jesch

»Ein faszinierender Blick hinter die Kulissen auffälliger Preisbewegungen an den Rohstoffmärkten. Dieses Buch ist nicht nur für den Anleger interessant!«

Oliver Frey, Union Investment

»Den Finanzmärkten im Allgemeinen und den Rohstoffmärkten im Besonderen ist gemein, dass Phasen des Überschwangs Phasen tiefer Depression folgen. Die schwierigste und herausforderndste Aufgabe ist es, die Marktphase zu erkennen und zu analysieren, wenn man mittendrinn steckt. Um dies zu erreichen ist es notwendig von Zeit zu Zeit einen Schritt zurückzutreten, ein gutes Buch zu lesen und sein Handeln zu überdenken. Ich finde diesen Beitrag, den mein guter Freund und langjähriger Kollege Torsten Dennin hierzu geschrieben hat, eine sehr wertvolle Hilfe um genau dies zu erreichen!«

Marcel Hoffmann, Deutsche Bank AG

Für Alina

»The Wheel of Time turns and Ages come and go, leaving memories that become legend. Legend fades to myth, and even myth is long forgotten when the Age that gave it birth returns again.«

Robert Jordan (1948–2007), Fantasy-Autor, The Wheel Of Time

»Wall Street people learn nothing and forget everything [...] to give way to hope, fear and greed.«

Benjamin Graham (1894–1976), Investment Legende

INHALT

VORWORT
#Commodities

von Jochen Staiger, Swiss Resource Capital

Der Handel mit Rohstoffen und der Terminmarkt haben eine lange Geschichte und reichen in eine Zeit vor der Erfindung von organisierten Börsen zurück, als Landwirte und Produzenten sich gegen unerwartete Marktpreisschwankungen abzusichern versuchten. Die Gründung der Chicago Mercantile Exchange im Jahr 1898 führte zu einer Vereinheitlichung von Termingeschäften. Plötzlich war der Rohstoffmarkt ein sicherer und geregelter Markt und bot Möglichkeiten, auf die Preisentwicklung von Soft Commodities wie Weizen oder Mais zu spekulieren, ohne diese tatsächlich zu besitzen oder physisch zu benötigen. Der Kreis der spekulativen Investoren war zunächst begrenzt, was sich jedoch im Laufe der Zeit änderte. Heute sind es nicht nur Hedgefonds, sondern auch Pensionsfonds, die in Rohstoffe wie Gold, Silber, Kupfer, Schweinebäuche und gefrorenen Orangensaft investieren. Darüber hinaus gibt es große private Investoren, die der Meinung sind, sie könnten die Märkte überlisten. Die Zeiten ändern sich rasant und wir befinden uns zweifellos in der Anfangsphase eines neuen Rohstoffbooms.

Es ist vor allem die neue Ära der Elektromobilität, die die Welt der Rohstoffe in den nächsten 20 bis 30 Jahren dramatisch verändern wird. Bleiben wir beim Beispiel der Mobilität: In Zukunft wollen wir alle umweltbewusst fahren und uns dabei gut fühlen. Das bedeutet, dass wir mehr Kupfer, Lithium, Kobalt, Zink, Nickel, Silber und Blei benötigen, um diese umweltfreundlichen Autos herzustellen. Außerdem steigt der Wert von Uran wieder an, denn bis

2030 müssen wir den Energieverbrauch von 2018 mehr als verdoppeln, um unsere Mobilität anzukurbeln. Mit Wind, Sonne und Wasser allein ist dies nicht zu schaffen! Nicht zuletzt bleibt Gold die ultimative sichere Währung, in die man sein Vermögen anlegen kann. Da es aber noch keine Minen für all diese Rohstoffe gibt, wird bald ein neuer Bullenmarkt für sie entstehen. Wir sind selber dabei, neue Blasen und Boom-und-Bust-Zyklen zu schaffen.

In diesem Buch, eingefasst von der Tulpenmanie und dem Bitcoin-Wahnsinn, beleuchtet Torsten Dennin die verschiedenen Boom-und-Bust-Blasen dieser Märkte. Die Geschichte ist oft ähnlich, nur der Name der Blase ändert sich. Torsten zeigt ein Muster auf, und es ist klug, dieses Buch sorgfältig zu lesen. Anlegern nutzen diese historischen Informationen, um die Rohstoffmärkte heute besser verstehen zu können. Vielleicht können sie etwas aus der Vergangenheit lernen und vermeiden, dieselben Fehler erneut zu machen. Sie werden auch verstehen, dass Rohstoffmärkte genau wie Kryptomärkte immer in Gefahr sind, manipuliert zu werden, da sie manchmal sehr klein sind und finanzielle Vermögenswerte oft auf wenige Hände konzentriert sind, die Hunderte von Milliarden bewegen können. Seltsamerweise werden ja auch Bitcoins »abgebaut«. Aber die Preise haben stark nachgegeben, da hinter ihnen kein echter Wert steckt, und es im Unterschied zu Bodenschätzen keine physischen Reserven im Boden gibt.

Öl, Tulpen, Silber, Sojabohnen – Märkte können durch das »Phantom der Oper« bewegt werden, und Torstens großer Beitrag besteht darin, verborgene Ereignisse auf den Rohstoffmärkten näher zu beleuchten. Torsten ist einer der wenigen in der Branche, der sich seit Beginn des Rohstoffbooms Anfang der 2000er-Jahre intensiv mit diesem Thema auseinandergesetzt hat. Seit über 16 Jahren beschäftigt er sich ausführlich mit einzelnen Rohstoffmärkten und deren heterogenem Verhalten in Bezug auf Nachfrage, Angebot und Preise.

Ich kenne Torsten Dennin seit über 10 Jahren und sehe ihn als einen der wenigen Top-Experten auf den Rohstoffmärkten. Durch die verschiedenen Episoden in diesem Buch zieht er den Leser auf unterhaltsame Weise in den Bann der Themen Rohstoffe, Spekulation, Booms-und-Busts. Mit seinen anschaulichen Lehren aus wichtigen Marktereignissen der Vergangenheit bietet dieses Buch eine echte Bereicherung für private und institutionelle Anleger, die sich mit Rohstoffen beschäftigen.

VORWORT
#Bitcoins&Blockchain

von Thomas Rehmet, Bloxolid

Seit dem Ausbruch der Finanzkrise im Jahr 2008 haben Zentralbanken auf der ganzen Welt die Druckmaschinen angeheizt und die Finanzmärkte mit Hilfe von Quantitative Easing mit Papiergeld in Höhe von Milliarden US-Dollar, Euro, Yen und so weiter überflutet. In dieser Zeit großer Liquidität hat der Rohstoffmarkt zunehmend die Aufmerksamkeit von Investoren auf sich gezogen. Es sind aber nicht nur institutionelle Anleger, die Rohstoffe als Kapitalanlage und zum Schutz großer Vermögen in Betracht ziehen. Sondern immer mehr Privatanleger möchten ihr Vermögen in reale Werte investieren, um sich vor den Risiken einer steigenden Inflation der Fiat-Währungen zu schützen. Der materielle Wert übertrifft den Geldwert – das sind die richtigen Schlagworte!

Aber auch auf den Rohstoffmärkten kam es wiederholt zu Preis-Verzerrungen und Übertreibungen, sei es vor dem Hintergrund wirtschaftlicher, politischer oder gar betrügerischer Entwicklungen.

Zeitgleich mit dem Beginn der Finanzkrise wurde am 1. November 2008 das Gründungsdokument für Kryptowährungen mit dem Titel *Bitcoin: Ein elektronisches Peer-to-Peer-Cash-System* veröffentlicht. Das war der Startschuss, denn die zugrunde liegende Blockchain-Technologie wird heute als DIE revolutionäre neue Technologie auf der ganzen Welt eingestuft.

Durch den jüngsten Kryptowährungs-Hype im Jahr 2017 rückten Bitcoin in den Fokus der weltweiten Aufmerksamkeit, während 2018 ein Reality-Check zwischen Hype und Anwendbarkeit stattfand. 2019/20 wird dagegen die Zeit der Blockchain-Innovationen. Unsere Mission ist es, reale Vermögenswerte wie Edelmetalle mit innovativer Blockchain-Technologie zu kombinieren, um eine neue Klasse sicherer und stabiler Vermögenswerte und Währungen zu schaffen. Bloxolid hat hierzu ARG3NTUM gestartet: die erste Kryptowährung made in Germany, die vollständig durch physisches Silber besichert ist.

Torsten Dennin hat die Highlights der Entwicklung an den Finanz- und Rohstoffmärkten der letzten vier Jahrhunderte auf wunderbare Weise zusammengefasst. *Von Tulpen zu Bitcoins* konzentriert sich nicht nur auf die Extremereignisse, sondern beschreibt detailliert viele Höhen und Tiefen im Laufe der Zeit, chronologisch in 42 Kapiteln zusammengefasst. Ein Muss für jeden interessierten Anleger. Denn letztendlich trifft es zu: »Wer die Vergangenheit kennt, kann die Gegenwart verstehen und die Zukunft gestalten.«*

* Golo Mann, Historiker

Einführung

»The price of a commodity will never go to zero […] you're not buying a piece of paper that says you own an intangible piece of company that can go bankrupt.«

JIM ROGERS

Rohstoffe kamen mit Beginn des neuen Jahrtausends *en vogue*. Denn die Geldanlage in Rohöl, Gold, Silber, Kupfer, Weizen, Zucker und Co. wurde von Banken als »Investment-Thema« und als »neue« Assetklasse vermarktet.

Für den Rohstoffboom, der sich seit der Jahrtausendwende abzeichnete, war überwiegend das rasante Wachstum der chinesischen Volkswirtschaft verantwortlich. Die »Werkbank der Welt« entwickelte einen gigantischen Rohstoffhunger: Die Importe von Eisenerz, Kohle, Kupfer, Aluminium und Zink schnellten in die Höhe und schon bald dominierte China die weltweite Nachfrage. Das rasante Wachstum der chinesischen Wirtschaft katapultierte die Rohstoffmärkte in eine noch nie da gewesene Boomphase: Energieträger, Metalle und Agrargüter – China agierte wie ein gigantischer Staubsauger und die Preise stiegen und stiegen.

Der Kollaps der Investment Bank Lehman Brothers und die sich zuspitzende Finanzkrise bremsten die Entwicklung – zumindest vorübergehend. Der Ölpreis stürzte von seinem Hoch bei knapp 150 US-Dollar im Sommer 2008 auf unter 40 US-Dollar im Frühjahr 2009 ab. Im Laufe des Jahres 2009 erholte er sich und stieg wieder auf über 80 US-Dollar. Auch Industriemetalle profitierten von der einsetzenden konjunkturellen Erholung. Im Nachspiel der Finanzkrise und der Sorge um eine steigende Staatsverschuldung sowie einer drohenden Geldentwertung interessierten sich Investoren ebenfalls verstärkt für Gold: Der Goldpreis kletterte erstmalig auf über 1.200 US-Dollar je Feinunze und durchbrach im Zuge der europäischen Schuldenkrise in 2010 erstmalig auch das Niveau von 1.000 Euro je Feinunze. Aber auch exotische Agrarprodukte wie Zucker, Kaffee und Kakao gehören zu den Gütern, die eine deutliche Verteuerung in 2009 erfuhren – das Gespenst der Agrarpreisinflation ging um und stürzte Regierungen ins Chaos.

Über diese vergleichsweise junge Entwicklung wird zumeist übersehen, dass der organisierte Handel von Rohstoffen an Warenterminbörsen eine bedeutend längere Historie als der Aktienmarkt aufweist. So wurde die Chicago Board of Trade bereits 1848 gegründet, um eine Plattform für den Handel mit Agrargütern wie Weizen und Mais zu bieten. Der Handel und die Spekulation mit Rohstoffen sind jedoch nicht an organisierte Börsen gebunden: Dokumentiert sind beispielsweise Termingeschäfte im Jahr 4.000 vor Christus im sumerischen Zweistromland auf Tontafeln. Oder im antiken Griechenland, bei denen Bauern ihre Olivenernte auf Termin veräußerten. Im Getreidehandel mit Nordafrika sicherten sich römische Händler mit Optionen die Preise für die zukünftige Ernte, um sich gegen unerwartete Preisanstiege abzusichern.

Rohstoff- und Kryptomärkte – Eine Übersicht

Rohstoffe sind alle Rohwaren beziehungsweise primärwirtschaftlichen Güter, die standardisiert sind. Der organisierte Handel mit Rohstoffen hat in den USA eine Historie von fast 200 Jahren, aber der Rohstoffhandel an sich ist viel älter und reicht in organisierter Form mehrere Jahrtausende bis zu den Sumerern, Ägyptern, Griechen und Römern zurück. Im Vergleich hierzu ist der Aktienmarkt, auf dem Besitzanteile von Unternehmen den Eigentümer wechseln, viel jünger. Die Niederländische Ostindien-Gesellschaft war 1602 die weltweit erste börsengehandelte Gesellschaft, die in Amsterdam an die Börse ging. In den USA wurde die New York Stock Exchange 1792 an der Wall Street gegründet.

Rohstoffe lassen sich in die folgenden Kategorien einteilen: **Energie, Metalle, Agrarrohstoffe** und **Viehmärkte**. Ebenso verbreitet ist die Unterscheidung zwischen **hard commodities** wie zum Beispiel Metallen und Rohöl, die gefördert werden, und **soft commodities**, die wachsen, wie zum Beispiel Weizen, Mais, Zucker oder Baumwolle.

Der mit Abstand wichtigste Rohstoffsektor ist Rohöl und dessen Produkte wie Benzin, Diesel, Heizöl oder Flugzeugbenzin. Die Welt verbraucht mehr als 100 Millionen Barrel Rohöl am Tag, was einem Marktwert von mehr als 6 Milliarden US-Dollar am Tag oder etwa 2,2 Billionen US-Dollar pro Jahr entspricht. Rund drei Viertel allen Öls verschluckt der Transportsektor, also Autos, Lkws, Flugzeuge und Schiffe.

Metallmärkte unterteilen sich in Edelmetalle und Industrie- beziehungsweise Basismetalle. Gemessen am Fördervolumen ist Eisenerz der größte Metallmarkt: mehr als 2,2 Millionen Tonnen Erz werden weltweit pro Jahr gefördert, wovon rund zwei Drittel nach China exportiert werden. Legt man 70 US-Dollar je Tonne Eisenerz zugrunde, ist der Marktwert vergleichsweise gering. Der größte Metallmarkt nach US-Dollar Marktwert ist Gold. Etwa 3.500 Tonnen werden pro Jahr gefördert, was rund 140 Milliarden US-Dollar entspricht. Die Menge des jemals weltweit geförderten Goldes wird auf 190.000 Tonnen geschätzt, was einem Wert von etwa 8 Billionen US-Dollar entspricht. Dem Goldmarkt folgen der Größe nach Kupfer, Aluminium und Zink. Andere Edelmetallmärkte wie Silber, Platin und Palladium sind vergleichsweise klein. Die größten Einzelmärkte im Agrarsektor sind Weizen, Mais, Soja und Zucker.

Bitcoins sind als erste Kryptowährung im Januar 2009 entstanden. Seitdem sind mehr als 4.000 alternative Coins (»Altcoins«) hinzugekommen. Die Webseite *coinmarketcap.com* verfolgt über 2.000 dieser Währungen auf täglicher Basis. Nach der massiven Preiskorrektur von 2018 ist der Marktwert aller gehandelten Kryptowährungen auf unter 200 Milliarden US-Dollar zurückgefallen. Bitcoins sind mit einem Marktanteil von 40 Prozent noch immer die dominierende Kryptowährung. Die nachfolgenden fünf am stärksten gehandelten Kryptowährungen sind **Ripple, Etherum, Stellar, Bitcoin Cash** und **Litecoin**. Zusammen kommen diese fünf Coins auf ein Handelsvolumen von 30 Milliarden US-Dollar, was etwa der Hälfte von Bitcoin entspricht.

Dieses Buch stellt 42 bedeutende Ereignisse aus fast 400 Jahren vor, die mit zum Teil extremen Preisfluktuationen an den Rohstoffmärkten einhergingen, und beleuchtet ihre Hintergründe. Die ersten Kapitel greifen Episoden aus dem 17. bis 19. Jahrhundert auf. Der holländische Tulpenwahn im 17. Jahrhundert gilt als einer der ersten dokumentierten Börsencrashs in der Geschichte. Im 18. Jahrhundert werden am Dojima Reismarkt Vermögen verdient und verloren und – ganz nebenbei – die Candlestick-Charts erfunden, die noch heute in der Finanzindustrie verwendet werden. Rockefeller und der Aufstieg der Standard Oil Company markieren den Beginn des Ölzeitalters. Annähernd zur gleichen Zeit versuchen im Mittleren Westen der USA zwei Männer, durch die Manipulation des Weizenmarktes Reichtümer anzuhäufen, während wenige Jahre zuvor in Kalifornien der Goldrausch ausbrach.

Die Episoden der Rohstoffspekulationen des 20. Jahrhunderts erinnern an das »Who-is-Who« der Wirtschaftsgeschichte: Aristoteles Onassis, Warren Buffett, Bill Gates und George Soros sind nur einige von ihnen. Außerdem spielt Rohöl eine immer gewichtigere Rolle.

Die 1970er-Jahre erleben einen wahren Boom der Rohstoffmärkte. Die Einkaufstour der Sowjetunion auf den Agrarmärkten in den USA verstärkt den bereits positiven Preistrend von Weizen, Mais und Sojabohnen. Der rasante Anstieg der Preise von Rohöl während der zwei Ölkrisen 1973 und 1979 ändert gar die bestehende Weltordnung. Ein Versuch, die Uhr zurückzudrehen, kann im Golfkrieg von 1990 gesehen werden. Der Ölpreis verdoppelt sich in dieser Zeit und wird der Metallgesellschaft zum Verhängnis – das Unternehmen gerät durch Rohöl-Termingeschäfte an den Rand der Zahlungsunfähigkeit.

Dem Boom der Preise von Gold, Silber und Diamanten folgt der Crash – und die Gebrüder Hunt verlieren durch den Kollaps des Silberpreises ihr im Ölgeschäft aufgebautes Vermögen. Nach Nelson und Herbert Hunt finden auch Warren Buffett, Bill Gates und George Soros Gefallen am Silbermarkt. Und im Dschungel von Borneo nimmt derweil der größte Goldschwindel aller Zeiten seinen Anfang, der in der Pleite von Bre-X gipfelt. Auch die Spekulation des japanischen Händlers Hamanaka am Kupfermarkt mündet 1996 in einer riesigen Pleite, die sich knapp zehn Jahre später, infolge der Machenschaften des chinesischen Händlers Liu Qibing, wiederholt.

Der einsetzende Rohstoffboom des neuen Jahrtausends zieht auch neue Spekulanten an. Die Pleite von Amaranth Advisors, verbunden mit einem in wenigen Wochen angehäuften Verlust von 6 Milliarden US-Dollar durch Spekulationen mit Erdgas, macht weltweit Schlagzeilen.

Eine besonders aktive atlantische Hurrikansaison sorgt nicht nur für steigende Ölpreise durch Schäden im Golf von Mexiko, sondern treibt auch den Preis für an den Börsen gehandeltes Orangensaftkonzentrat auf neue Höchststände. Die Überflutung von New Orleans durch Hurrikan Katrina lässt in London die Notierungen für Zink klettern, denn in New Orleans befindet sich ein Großteil der von der London Metal Exchange lizensierten Lagerhäuser für Zink.

Eine »Jahrtausenddürre« macht dem australischen Kontinent zu schaffen, wodurch der Preis von Weizen weltweit auf neue Rekordhöhen steigt. Wenige Jahre später treibt dagegen eine Dürre in Indien den Preis für Zucker auf Niveaus, die seit 30 Jahren nicht mehr zu beobachten waren. Kurz davor führt in Asien der Zyklon Nargis zu einer menschlichen Katastrophe, Reis wird rationiert und die steigenden Preise führen in mehreren Ländern zu Unruhen in der Bevölkerung.

Diese schicksalhaften Ereignisse stehen oft in Kontrast zu den Spekulationen Einzelner, bei denen es meist um horrende Geldsummen geht. So wie beispielsweise im Fall von Evan Dooley, der sich nur wenige Wochen nach Bekanntwerden des Milliardenverlustes von Jérôme Kerviel mit Weizen-Futures verspekuliert und seinem Arbeitgeber einen Verlust von über 100 Millionen US-Dollar beschert. Die verschiedenen Episoden in diesem Buch zeigen stellvertretend, dass jeder Markt aufgrund einer Veränderung von Angebot, Nachfrage und äußerer Einflussfaktoren einem eigenen Boom-und-Bust-Zyklus unterliegen kann. Angefangen bei einer von Südafrika dominierten Platinförderung, über Frost bei der Kaffee- oder Orangenernte, Unruhen an der Elfenbeinküste, welche den Kakaopreis in die Höhe schießen lassen, den Streiks chilenischer Minenarbeiter, die den Kupfermarkt nervös machen, bis hin zu den Preisfluktuationen von Bitcoins und anderen Kryptowährungen vor dem Hintergrund von Finanzmarktwehen.

Rohstoffe und die Kryptomärkte stehen an der Kreuzung der großen Investment-Megatrends dieser Zeit wie Klimawandel, Demografie, Elektrifizierung und Digitalisierung. Ein Investment in Rohstoffe und in die Anwendungsfelder der Blockchain wird ein aufregender Ritt werden.

1

Tulpenwahn: Die größte Blase in der Geschichte der Finanzmärkte

1637

In den Niederlanden greift im 17. Jahrhundert der Tulpenwahn um sich: Die Blumen avancieren zum Statussymbol der prosperierenden Oberschicht, und der Terminhandel mit Tulpenzwiebeln macht aus Familienvätern ruchlose Zocker, die Haus und Hof riskieren. Tulpenzwiebeln werden mit Gold aufgewogen, bis die Blase 1637 platzt.

»Like the Great Tulip Mania in Holland in the 1600's and the dot.com mania of early 2000, markets have repeatedly disconnected from reality.«
Tony Crescenzi, Pimco

»Soon after, the government stepped in and banned tulip trading overnight, the market crashed. Thousands were left destitute.«
Maria, eine Figur in »Tulpenfieber« (2017)

Die Niederlande stehen zu Beginn des 17. Jahrhunderts an der Schwelle eines Goldenen Zeitalters, einer rund 100 Jahre andauernden wirtschaftlichen und kulturellen Blütezeit. Die dort herrschende Religionsfreiheit zieht die unterschiedlichsten, andernorts aufgrund ihres Glaubens verfolgten Menschen an. In dieser Epoche steigt die kleine, gerade gegründete Republik der Sieben Vereinigten Niederlande zur Weltmacht und einer der führenden Handelsnationen auf, während die Entwicklung im übrigen Europa stagniert. Nicht zuletzt profitieren die junge Seemacht und ihre Kaufleute vom Niedergang der Hanse. Es werden Kolonien und Handelsposten auf der ganzen Welt errichtet: Neu-Amsterdam (das heutige New York), Niederländisch-Indien (Indonesien) und Kolonien in Südamerika und der Karibik wie Aruba und die Niederländischen Antillen. 1602 schließen sich niederländische Kaufmannskompanien zur Niederländischen Ostindien-Kompanie (Vereenigde Oostindische Compagnie; VOC) zusammen, die vom niederländischen Staat mit Hoheitsrechten und Handelsmonopolen ausgestattet wird. Die VOC ist der erste multinationale Konzern und eine der größten Handelsunternehmungen des 17. und 18. Jahrhunderts. Kaufleute aus Haarlem und Amsterdam erleben einen nie gekannten wirtschaftlichen Aufschwung.

Das Tulpenfieber

Tulpen als exotische Blumen und als Schmuck avancieren im niederländischen Wirtschaftsboom des Goldenen Zeitalters zu einem exklusiven Statussymbol der neuen Oberschicht. Die Kombination aus Geld, Knappheit und Begehrlichkeiten treibt die Preise. Werden Tulpen und Tulpenzwiebeln anfangs noch direkt gehandelt, beginnt in den 30er-Jahren des 17. Jahrhunderts ein spekulativer Tulpen-Optionshandel, der breite Bevölkerungskreise in »Zocker« verwandelt, die ihren gesamten Besitz aufs Spiel setzen. Die Aussicht auf großen Reichtum ohne harte Arbeit greift um sich, und es werden immer höhere Fantasiepreise bezahlt, bis Tulpenzwiebeln schließlich mit Gold aufgewogen werden. 10.000 Gulden verlangen Händler Anfang 1637 für die Sorte »Semper Augustus« (»Allzeit erhaben«):

eine Summe, die dem Wert eines großen Hauses oder dem etwa Zwanzigfachen des Jahresgehaltes eines Handwerkers entspricht. Dann platzt die Blase und Tulpenzwiebeln werden über Nacht wertlos. Der Tulpenwahn gilt als erster dokumentierter Börsencrash der Wirtschaftsgeschichte.

Die neureiche Klasse der Kaufleute eifert dem Fürstenstand durch große Anwesen mit riesigen Gärten nach. Es entstehen Herrschaftssitze und Gartenlandschaften. Die Tulpe, die sich von allen anderen Blumen im Gartenbau des 17. Jahrhunderts unterscheidet, avanciert schnell zum Luxusgut und Statussymbol des neuen Geldadels. In der Oberschicht tragen Damen Tulpen zu gesellschaftlichen Anlässen als Schmuck im Haar oder an den Kleidern.

Die exotischen Blumen gelangten aus Armenien und der Türkei im 16. Jahrhundert über Konstantinopel, Wien und Frankfurt am Main ins holländische Leiden und weckten im rasanten wirtschaftlichen Aufschwung schnell Begehrlichkeiten. Das Angebot an Tulpenzwiebeln wächst jedoch nur langsam, obwohl das Angebot nicht künstlich knapp gehalten wird: Nur zwei bis drei Zwiebeln entspringen jährlich einer Mutterzwiebel, die selbst nach wenigen Jahren eingeht. Dann dauert es wiederum Jahre, um aus den neuen Zwiebeln Blumen zu ziehen. So wächst das Angebot langsamer als die Nachfrage und die Preise steigen. Die hohe Nachfrage nach Tulpen und Tulpenzwiebeln eröffnet Zwischenhändlern eine lukrative Nische. Tulpen werden nun nicht mehr pfundweise von Gärtnern an die wohlhabende Kundschaft verkauft, sondern auf Auktionen. Statt an organisierten Börsen findet der Handel in Kneipen und Wirtshäusern statt. Später finden sich Gruppen zu sogenannten Kollegien zusammen und veranstalten Auktionen nach festen Regeln. Zunächst werden die Tulpenzwiebeln nur während der Pflanzzeit gehandelt. Da sich die Nachfrage jedoch über das ganze Jahr erstreckt, verkauft man auch solche Zwiebeln, die sich noch in der Erde befinden: Es werden nicht mehr die Blumen selbst gehandelt, sondern die Rechte an Tulpenzwiebeln: Ein Vorläufer des modernen Terminhandels. Spätestens zu diesem Zeitpunkt in den 1630er-Jahren ist der Tulpenhandel zum reinen Spekulationsgeschäft geworden, denn niemand weiß, wie die

Blumen wirklich aussehen werden. Rund 400 Maler werden mit der Anfertigung von Bildern beauftragt, die potenzielle Käufer überzeugen sollen.

Züchter befriedigen die anspruchsvolle Kundschaft mit immer neuen und prächtigeren Kreationen, die sich durch besonders gleichmäßige Blütenblätter und auffällige Farbmuster auszeichnen. Schließlich macht das Auftreten des Mosaikvirus, ein durch Blattläuse übertragener Befall der Pflanze, aus seltenen Exemplaren kostbare Raritäten: Die bis dahin einfarbige Pflanze überrascht im Frühjahr mit zweifarbigen, geflammten Blütenblättern. In der Hochzeit wechseln die Terminkontrakte manchmal bis zu zehnmal am Tag den Besitzer. Die Preise explodieren und steigen von 1634 bis 1637 auf über das Fünfzigfache an. Im Januar 1637 verdoppeln sich die Preise binnen kurzer Zeit – was dazu führt, dass in Amsterdam ein komplettes Haus für den Gegenwert von drei Tulpenzwiebeln verkauft wird. Den Höhepunkt erreicht die Spekulationsblase am 5. Februar 1637: In Alkmaar treffen sich Händler aus der gesamten Region, 99 Posten Tulpenzwiebeln erzielen rund 90.000 Gulden, was heute dem Gegenwert von knapp 1 Million Euro entspricht. Der Exzess trägt bereits den Keim des Untergangs in sich, denn bereits zwei Tage zuvor hat der Crash in Haarlem seinen Anfang genommen: Bei einer einfachen Wirtshausversteigerung findet sich zum ersten Mal kein Käufer. Das spricht sich schnell herum, und plötzlich wollen alle Marktteilnehmer verkaufen, aber keiner kaufen. Der gesamte Tulpenmarkt in den Niederlanden bricht zusammen.

Tulpen avancieren schnell zum Statussymbol des neuen Geldadels. Die Preise explodieren und steigen zwischen 1634 und 1637 auf über das Fünfzigfache an.

Am 7. Februar 1637 stoppt der Handel ganz. Die Preise sind um 95 Prozent gefallen. Die Anzahl der offenen Kaufverträge übersteigt das real existierende Angebot um ein Vielfaches. Käufer und Verkäufer stehen sich gegenüber und erhoffen sich von der holländischen Regierung eine Lösung. Der Terminhandel wird verboten. Käufer und Verkäufer sind gezwungen, sich untereinander zu einigen.

1637 platzt die Blase: Binnen kurzer Zeit fallen die Preise um 95 Prozent und der Handel kommt zum Erliegen.

Das Tulpenfieber in der Pop Kultur

Die Tulpenmanie ist nicht nur ein angestaubtes Thema in Wirtschaft und Finanzen, sondern auch Gegenstand zahlreicher Adaptionen in Kino und TV. In *Wall Street – Geld schläft nicht* (2010) erklärt Michael Douglas Shia LaBeouf den Hintergrund der Tulpenblase, und ein Bild mit Tulpen ist alles, was als Spott in seinem Apartment verbleibt.

Im 2017 läuft im Kino die Adaption *Tulpenfieber* der Harvey Weinstein Company im Kino. Vor dem Hintergrund der beginnenden Tulpenmanie in Amsterdam spielt die Liebesgeschichte um den Geschäftsmann Cornelis Sandvoort und seiner deutlich jüngeren Ehefrau Sophia (Christoph Waltz und Alicia Vikander), die sich in den Maler Jan van Loos (Dane DeHaan) verliebt. Sophia und der Künstler kommen sich langsam näher und beschließen irgendwann, gemeinsam fortzugehen. Die Geschichte hinter dem Blockbuster stammt aus dem gleichnamigen Roman der britischen Autorin Deborah Moggach.

Große Teile der niederländischen Bevölkerung waren vom Tulpenfieber infiziert worden. Adlige, Kaufleute, Bauern bis zu Gelegenheitsarbeitern und Tagelöhnern; sie alle stiegen zumeist ohne Kenntnis des Marktes in das Geschäft mit der exklusiven Zwiebel ein und verwetteten Haus und Hof, um ihr Startkapital im Tulpenhandel zu erhöhen. Und sie werden bitter enttäuscht. Doch die florierende Wirtschaft kann die negativen wirtschaftlichen Auswirkungen der Spekulationsblase dämpfen.

Der Tulpenwahn gilt als erster dokumentierter Börsencrash der Geschichte, und die Systematik des Ablaufs lässt sich 1:1 auf die Dotcom-Blase 1998 bis 2001 oder die Bitcoin-Blase 2017/2018 übertragen. In den Jahrzehnten nach dem Tulpenwahn entwickelt sich die Tulpe von einer Blume der Oberschicht zu einer weit verbreiteten Zierpflanze, was sie auch heute noch ist, fast 400 Jahre nach der Tulpenmanie. Und noch immer stammen fast 80 Prozent der weltweiten Tulpenproduktion aus den Niederlanden.

MERKE

- Während des wirtschaftlichen Booms der Niederlande im 17. Jahrhundert (»Goldenes Zeitalter«) wurden Tulpen zu einem exklusiven Statussymbol der neuen, wohlhabenden Oberschicht.
- Die Preise explodierten und stiegen zwischen 1634 und 1637 um mehr als das fünfzigfache. Große Teile der niederländischen Bevölkerung wurden vom spekulativen Fieber, einer wahren Manie, erfasst.
- Auf dem Hochpunkt der Entwicklung wurden einige Tulpenzwiebeln für den Wert eines Hauses in Amsterdam gehandelt. Im Februar 1637 platzte dann die Blase. Die Preise crashten und sanken um 95 Prozent.
- Die Tulpenmanie ist der erste gut dokumentierte Marktcrash in der Geschichte der Finanzmärkte. Und fast vier Jahrhunderte lang war sie die größte Finanzblase der Geschichte, viel größer als der Schwarze Freitag oder der Dotcom-Crash des Jahres 2000.

2

Reis: Der Dojima Reismarkt und der »Gott der Märkte«

1750

Am Dojima Reismarkt, Osaka/Japan, werden im 18. Jahrhundert Terminkontrakte auf Reis eingeführt. Der japanische Reishändler Homma Munehisa verdient sich durch seine Marktkenntnis den Beinamen »Gott der Märkte« und wird zum reichsten Mann Japans.

»After 60 years of working day and night I have gradually acquired a deep understanding of the movements of the rice market.«

Homma Munehisa, 1755

Osaka ist im 18. Jahrhundert das Zentrum des japanischen Reishandels. Während der Edo-Periode, der längsten ununterbrochenen Friedensperiode des Landes, erstarken der Binnenhandel und die Landwirtschaft. In dieser Zeit, zum Ende des 17. Jahrhunderts, entsteht in Osaka der Dojima Reismarkt. Zuerst wird in Dojima Reis gegen Waren wie Seide oder Tee getauscht. Eine gemeinsame Währung hat sich noch nicht durchgesetzt, aber Reis wird neben seiner Funktion als Hauptnahrungsmittel auch als Zahlungsmittel anerkannt.

Aufgrund des Finanzbedarfs vieler Feudalherren beginnen Warenhäuser anstatt der Waren, auch Schuldscheine zu akzeptieren, die eine Lieferung erst einige Monate später versprechen. Viele Landbesitzer verpfänden ihre Reisernten bereits auf Jahre hinaus. Bald werden diese Lagerscheine am Dojima Reismarkt eine eigenständige Handelsware.

Im Jahr 1749 wechseln in Osaka rund 100.000 Ballen Reis durch »leere« Reiskupons den Besitzer – zur gleichen Zeit gibt es in Japan jedoch nur etwa 30.000 Ballen Reis.

An der Börse in Dojima entwickelt sich ein reger Handel mit den sogenannten Reiskupons. Doch mit der Zeit kommen in Dojima immer mehr Reiskupons in Umlauf, mehr als es tatsächlichen Reis gibt. Mitte des 18. Jahrhunderts wird in Japan beinahe die vierfache Menge an Reis durch Reiscoupons gehandelt, als zu dieser Zeit produziert wird.

Was sind Reiskupons?

Reiskupons versprechen in standardisierter Form eine zukünftige Reislieferung, bei der Preis, Menge und Lieferdatum festgelegt sind. Liegt der Marktpreis zum Liefertermin über dem vereinbarten Preis, macht der Händler einen Gewinn. Notiert der Reispreis zu diesem Zeitpunkt unter dem vertraglich festgelegten, erleidet er einen Verlust. Die Reiskupons sind die ersten bekannten standardisierten Warenterminkontrakte der Welt, und die Reisbörse von Dojima kann vor Amsterdam, London und New York als die erste Terminbörse angesehen werden.

In dieser Zeit, 1750, übernimmt Homma Munehisa im Alter von 36 Jahren das väterliche Reis-Handelsunternehmen. Selbst Besitzer großer Reisfelder im Nordwesten Japans, hat sich Homma auf den Handel mit dem Getreide spezialisiert. Seine Handelsaktivitäten konzentrieren sich zunächst auf seine Heimat Sakata, später zieht er nach Osaka, das damalige Zentrum des Reishandels. Dort beginnt er, mit Reis-Terminkontrakten zu handeln und baut hierzu ein eigenes Kommunikationssystem über rund 600 Kilometer auf, um in Osaka möglichst schnell über die aktuelle Erntesituation in Sakata informiert zu sein.

Die Reisfelder seiner Familie in Sakata bedeuten für Homma wertvolle Insiderinformationen. Daneben beschäftigt er sich wahrscheinlich als Erster in diesem Umfang mit historischen Preisbewegungen und erfindet eine graphische Darstellung, die später als Candlestick-Chart bekannt werden wird. Im Unterschied zum europäischen Linienchart zeigen die Kerzen nicht nur den Schlusskurs eines Tages an, sondern gleichzeitig Eröffnungs-, Tief- und Höchstkurs. Homma ist der Überzeugung, durch die Analyse der Kursbewegungen sich wiederholende Muster erkennen zu können, von denen er profitieren kann.

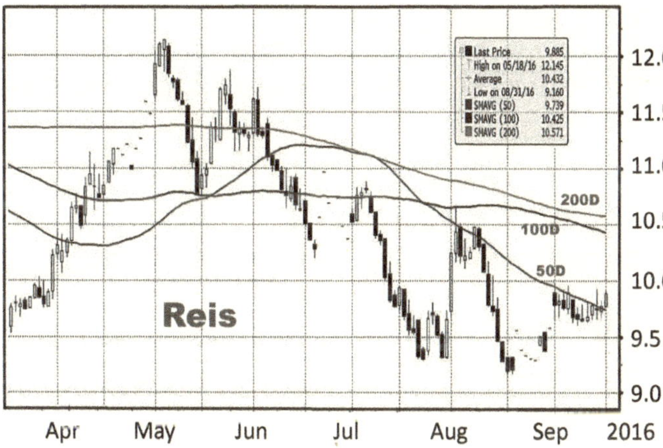

Abbildung 1: Wertentwicklung von Reis in 2016 (Candlestick-Chart mit gleitenden Durchschnitten), in US-Dollar an der Chicago Board of Trade, Daten: Bloomberg 2019

Überliefert ist folgende Episode: Über Tage kauft Homma an der Reisbörse von Dojima immer mehr Reis von den verkaufswilligen Reisbauern und scheint dabei über mehr Hintergrundwissen zu verfügen als seine Händlerkollegen. Immer wieder zieht er sein Papier mit den Symbolen zurate, die entfernt an Kerzen erinnern. Am vierten Tag trifft ein Bote aus dem Landesinneren in Osaka ein, der von Ernteeinbußen durch ein Unwetter berichtet. Die Preise für Reis an der Dojima-Börse schnellen in die Höhe, doch es ist kaum mehr Reis zu bekommen. So soll Homma innerhalb von vier Tagen den gesamten Reismarkt von Japan unter seine Kontrolle gebracht und dabei ein großes Vermögen verdient haben. Nach seinen Erfolgen an der Börse von Dojima geht Homma nach Edo (das heutige Tokio) und kann dort seine Erfolge fortsetzen. Sein Beiname »Gott der Märkte« begleitet ihn; Homma wird in den Adelsstand erhoben und fungiert als Finanzberater der japanischen Regierung. Es vergehen knapp 200 Jahre, bis seine Erfindung, der Candlestick-Chart, wiederentdeckt und populär gemacht wird.

MERKE

- Der Händler Homma Munehisa cornerte 1750 erfolgreich den japanischen Reismarkt, indem er physisch Reis kaufte und zusätzlich Reiskupons auf der Grundlage seiner überlegenen Marktinformationen erwarb.
- Er erhielt den Spitznamen »Gott der Märkte« und wurde der reichste Mann des Landes.
- Homma hat die Candlestick-Charts (»Kerzencharts«) erfunden, die bis heute noch in der technischen Wertpapieranalyse verwendet werden.

3

Gold: Der Goldrausch in Kalifornien

1849

Goldrausch! 100.000 Abenteurer strömen allein 1849 auf der Suche nach schnellem Reichtum nach Kalifornien. Der Wert der Goldproduktion übersteigt den gesamten amerikanischen Bundeshaushalt, und aufgrund dieser Reichtümer wird Kalifornien 1850 als 31. Staat in die USA aufgenommen.

»Gold! Gold! Gold from the American River!«
SAMUEL BRANNAN

Vor 1848 gehört Kalifornien zu Mexiko, ein unwirtlicher und abgelegener Ort, an den Küstenregionen besiedelt von Spaniern und Mexikanern. Unter den noch wenigen Siedlern im Inland ist auch der Schweizer Johann August Sutter, der ein großes Stück Land im Sacramento Valley besitzt, bekannt als Neu-Helvetien. Dort, am Zusammenfluss des American River und des Sacramento River, errichtet Sutter ein Fort, und es entsteht später die Hauptstadt von Kalifornien: Sacramento. In der Nähe des Ortes Coloma am Südarm des American River lässt Sutter eine Sägemühle bauen. Bei den Arbeiten findet am Morgen des 24. Januar 1848 der

Schreiner James Wilson Marshall im Wasser des Flusses einen Goldnugget. Sutter und Marshall beschließen, den Fund geheim zu halten, und kaufen nach und nach immer mehr Land. Aber die Nachricht von dem spektakulären Fund lässt sich nicht lange verheimlichen, denn Sutters Mitarbeiter bezahlen bei vielen Gelegenheiten mit dem gefundenen Gold.

Die nun folgende Entwicklung ist nicht mehr aufzuhalten: Um sein Geschäft mit Goldgräberausrüstung anzukurbeln, füllt Samuel Brannan, ein Ladenbesitzer aus Coloma, einige Goldnuggets in eine Flasche und reist nach San Francisco. Hier reitet er, dabei die Flasche schwenkend, durch die Straßen und posaunt den Goldfund heraus – dies markiert den Anfang des kalifornischen Goldrausches.

Goldrausch!

Der Schweizer Johann August Sutter (1803–1880) lässt nach dem Konkurs seiner Firma Frau und Kinder zurück und wandert nach Kalifornien aus. Auf seinen weitreichenden Ländereien im Sacramento Valley – die ihm auch die Beinamen »General Sutter« und »Der Kaiser von Kalifornien« verschaffen – findet einer seiner Arbeiter, James Wilson Marshall (1810–1885), am 24. Januar 1848 beim Bau einer Sägemühle am Südarm des American River einen Goldnugget. Der Fund lässt sich nicht lange verheimlichen und löst einen beispiellosen Goldrausch aus. Dass während des Goldrausches vor allem die Händler und Geschäftsleute reich wurden, zeigen unter anderem die Beispiele von Samuel Brannan (1819–1889) und Levi Strauss (1829–1902).

Die Preise für Goldgräberausrüstung verzehnfachen sich, und die Umsätze von Brannans Geschäft in Coloma explodieren auf 150.000 US-Dollar pro Monat. Mit Blechpfannen schaufeln die Goldsucher Sand aus den Flüssen. Ist die Ausbeute üppig, können sie an einem Tag etwa zwanzigmal so viel verdienen wie ein Arbeiter an der Ostküste. In vielen Fällen verdienen Goldsucher mit sechs Monaten harter Arbeit in den Goldfeldern dasselbe wie in sechs Jahren »normaler« Arbeit. Von einer kleinen Gruppe von Goldsuchern ist zum Beispiel bekannt, dass sie 1848 innerhalb weniger Monate am Feather River Gold im heutigen Wert von 1,5 Millionen finden. Die Goldproduktion von 1851 beträgt rund 77 Tonnen. Der Wert dieser Goldmenge übersteigt den gesamten damaligen amerikanischen Bundeshaushalt. Doch von den Gewinnen bleibt den Goldsuchern oft kaum etwas übrig: Fernab der Zivilisation lassen sich Händler ihre Waren teuer bezahlen; Alkohol und Glücksspiel in den Saloons tun ein Übriges, so dass die eigentlichen Gewinner des Goldrausches oft nicht die Goldgräber, sondern Geschäftsleute wie Samuel Brannan sind, die von ihnen profitieren. Der heute berühmteste von ihnen ist wohl der bei Bamberg geborene Unternehmer Levi Strauss; er unterhält in San Francisco einen Handel für Kurzwaren und Stoffe. Um den Anforderungen der Goldgräber an strapazierbare Hosen nachzukommen, schneidert Strauss Hosen aus Zeltbahnen – die Geburtsstunde der Jeans.

Der kalifornische Goldrausch 1849 löst eine wahre Völkerwanderung aus und bietet Stoff für viele Abenteuergeschichten. Knapp 50 Jahre später, 1896, wird am Klondike River in Alaska Gold gefunden und Boomtowns wie Dawson City entstehen. Der australische Goldrausch um 1851 verzehnfacht innerhalb eines Jahrzehnts die Bevölkerung des Kontinents und führt zu großen gesellschaftlichen Veränderungen: Australien entwickelt sich von einer Sträflingskolonie zu einem zivilisierten Staat. In 1886 wird am Witwaterstrand südlich von Pretoria in Transvaal/Südafrika Gold gefunden – nur wenige Jahre später steigt Transvaal zum größten Goldproduzenten der Welt auf.

Fast 100.000 Menschen kommen allein im Jahr 1849 nach Kalifornien – bis 1855 werden es über 300.000 sein.

1848 strömen über 6.000 Menschen nach Kalifornien, um Gold zu suchen; aber das richtige Goldfieber bricht erst im Folgejahr aus. Die Nachricht vom kalifornischen Goldfund hat sich mittlerweile verbreitet und Goldsucher und Händler aus der ganzen Welt strömen an die amerikanische Westküste. Eine beschwerliche Reise, denn ohne Panamakanal müssen Schiffsreisende aus Europa oder von der amerikanischen Ostküste Südamerika umrunden. Mit einem Segelschiff dauert diese Route fünf bis sieben Monate, mit einem Dampfschiff immerhin noch etwa drei Monate. Fast 100.000 Menschen auf der Suche nach dem schnellen Glück und Reichtum kommen im Boomjahr 1849 nach Kalifornien – an diese später als

»Forty-Niners« bezeichnete Einwanderungswelle erinnert noch heute der Name der Football-Mannschaft von San Francisco (San Francisco 49ers). 1848 leben in Kalifornien weniger als 15.000 Menschen. 1852, vier Jahre nach dem ersten Goldfund, hat sich die Einwohnerzahl versechzehnfacht. Zunehmend kommen auch Chinesen nach Gum San – den »Berg aus Gold«, wie sie Kalifornien nennen.

Bis 1855 ziehen mindestens 300.000 Goldsucher, Händler und andere Immigranten von überall auf der Welt nach Kalifornien. Die Einwohnerzahl von San Francisco explodiert von weniger als 1.000 Einwohnern in 1848 auf rund 25.000 Bewohner in 1850. Mit dem Reichtum und der Bevölkerung steigt auch das politische Gewicht Kaliforniens, und bereits 1850 wird »The Golden State« als 31. Bundesstaat in die USA eingegliedert. Der ärmere Nachbarstaat Arizona dagegen muss sich noch bis 1912 mit seiner Aufnahme in die Union gedulden.

Bereits um 1860 sind die einfach zugänglichen Goldreserven abgebaut und viele Städte werden verlassen. So sinkt die Einwohnerzahl der erst zehn Jahre zuvor gegründeten Goldgräberstadt Columbia von 20.000 auf 500 Personen; aus blühenden Siedlungen werden Geisterstädte. August Sutter stirbt verarmt im Jahr 1880.

MERKE

- Die Entdeckung von Gold durch Johann August Sutter und James Wilson Marshall löste einen *globalen* Goldrausch aus. Im Gegensatz zu den meisten Goldgräbern waren es jedoch vor allem die Kaufleute, die durch den Verkauf von Ausrüstung reich wurden.
- Der Goldrausch in Kalifornien löste eine riesige Einwanderungswelle aus – allein in 1849 wurden 100.000 Neuankömmlinge gezählt.
- Die Entdeckung von Gold beschleunigte die Entwicklung Kaliforniens und führte bereits 1850 zur Eingliederung in die Vereinigten Staaten von Amerika.
- Das Muster des Goldrausches wiederholte sich in kurzer Zeit in Australien, Südafrika und in Kanada.

4
Weizen: Old Hutchs fette Beute

1866

1848 wird die Chicago Board of Trade gegründet und Benjamin Hutchinson, später auch als »Old Hutch« bekannt, erlangt Berühmtheit durch die erfolgreiche Manipulation des Weizenmarktes. Er übt zeitweilig die völlige Kontrolle über den Weizenpreis aus und verdient Millionen.

»Did you hear what Charlie said? Charlie said we were philanthropists! Why bless my buttons, we're gamblers. You're a gambler and I'm a gambler.«
BENJAMIN HUTCHINSON

Im 19. Jahrhundert etabliert sich Chicago als das Umschlagzentrum für Agrarerzeugnisse des Mittleren Westens der Vereinigten Staaten von Amerika. Mit den Ernten kommen jeweils so große Mengen von Getreide in die Stadt, dass die Preise regelmäßig stark unter Druck geraten. Mehr und mehr Lagerhäuser entstehen, um Angebot und Nachfrage besser koordinieren zu können. 1848 wird die Warenterminbörse Chicago Board of Trade (CBOT) gegründet. Benjamin Hutchinson erlangt Berühmtheit als der Erste, der den Markt für Weizen zu seinen Gunsten manipuliert. Hutchinson wettet auf eine bevorstehende schlechte Erntesaison: Er baut eine wachsende Position in Weizen im Kassa-Markt und in Terminkontrakten während der Monate Mai und Juni 1866 auf. Sein Einstand liegt dabei bei durchschnittlich 88 US-Cent pro Scheffel. Im August steigt der Preis tatsächlich stetig aufgrund von unterdurchschnittlichen Ernten in Illinois, Iowa und anderen Bundesstaaten, die Getreide nach Chicago liefern. Am 4. August handelt der Weizenpreis zwischen 90 und 92 US-Cent. In den nächsten Tagen wird den Haltern der Gegenpositionen (»Shorts«) langsam klar, dass sie nicht in der Lage sein werden, ihren Lieferverpflichtungen nachzukommen, da es aufgrund der Erntesituation nicht genug Weizen gibt. Bis zum 18. August lässt Hutchinsons Anspruch auf Lieferung den Preis für Weizen auf 1,85 US-Dollar klettern – und Hutchinson wird ein reicher Mann. Als Reaktion auf diese Ereignisse erklärt die CBOT die Praxis, Terminkontrakte zu erwerben und gleichzeitig zu versuchen, die physische Lieferung zu verhindern, für illegal. Doch bleibt das oft ohne Konsequenzen.

Das Schicksal von »Old Hutch«

Benjamin Peters Hutchinson, auch bekannt unter dem Spitznamen »Old Hutch«, wird 1829 in Massachusetts geboren. Mit 30 Jahren kommt er nach Chicago, wird Mitglied der Chicago Board of Trade (CBOT) und steigt in den Getreidehandel ein. Berühmtheit erlangt »Old Hutch« 1888, indem er durch die Manipulation des Weizenmarktes an der CBOT ein Vermögen verdient. 1891 allerdings ruinieren ihn Fehlspekulationen. Er verlässt Chicago und stirbt 1899.

Denn 1888 ist die Zeit für einen weiteren spektakulären Trade gekommen: Hutchinson beginnt im Frühjahr, Weizen auf dem Kassa-Markt zu kaufen und erwirbt mehr und mehr Terminkontrakte mit Fälligkeit und Lieferverpflichtung im September. Im Kassa-Markt kontrolliert Hutchinson zu dieser Zeit bereits den Großteil des in Chicago verfügbaren Weizens, wobei die Lagerkapazitäten der Stadt bei rund 15 Millionen Scheffel liegen. Wie bereits einige Jahre zuvor liegt sein durchschnittlicher Einstand bei unter 90 US-

Cent pro Scheffel. Doch diesmal steht »Old Hutch« mit John Cudahy, Edwin Pardridge und Nat Jones eine Gruppe von potenten Short-Sellern gegenüber – es entbrennt ein Machtspiel um den September-Weizen-Kontrakt. Die Strategie der Short-Seller ist es, zu Beginn der Saison Kontrakte zu verkaufen, da sie davon ausgehen, dass mit der Erntesaison die Preise unter Druck geraten und sie ihre Positionen mit Gewinn schließen können.

Was ist eine Terminbörse?

Die Chicago Board of Trade (CBOT) wird 1848 gegründet und ist eine der ältesten organisierten (Waren-)Terminbörsen der Welt. Die Funktion von Terminbörsen besteht darin, für Käufer und Verkäufer einen zentralen Handelsort zu bieten, um standardisierte Verträge (Futures und Optionen) abzuwickeln, die erst zu einem zukünftigen Zeitpunkt erfüllt werden müssen. An der CBOT sind dies vornehmlich Agrarerzeugnisse wie Weizen, Mais oder Schweinebäuche. 1864 führt die CBOT die ersten standardisierten börsengehandelten Termingeschäftsverträge ein. 2007 fusionieren CBOT und die Chicago Mercantile Exchange (CME) zur CME Gruppe.

Bis August verharren die Preise für Weizen bei rund 90 US-Cent pro Scheffel. Aber dann stellt sich heraus, dass Hutchinson wieder den richtigen Riecher hat: Frost im Nordwesten hat einen großen Teil der dortigen Ernte zerstört. Diese Nachrichten lassen den Preis für Weizen steigen, und am 22. September durchbricht der Weizenpreis die psychologisch wichtige Marke von 1 US-Dollar. Drei Tage vor Fälligkeit des September-Kontraktes, am 27. September, eröffnet der Weizenpreis bei 1,05 US-Dollar und steigt bis auf 1,28 US-Dollar, was zu einer Panik bei einigen Marktteilnehmern führt, die auf der falschen Seite stehen:

Am 22. September 1888 durchbricht der Weizenpreis die psychologische Marke von 1 US-Dollar. Einen Tag vor Kontraktfälligkeit steht der Preis bereits bei 1,50 US-Dollar und Hutchinson setzt den Settlement-Preis auf 2 US-Dollar.

Es kommt zu einem Short-Squeeze. Mit seinen Weizen-Positionen übt Hutchinson nun die Kontrolle über die Preise aus. Am Tag vor der Fälligkeit bietet er den großen Short-Sellern 1,50 US-Dollar an und setzt den Settlement-Preis am 29. September 1888 auf 2 US-Dollar herauf. In Anbetracht des durchschnittlichen Einstandspreises von Hutchinson wird sein Gewinn auf rund 1,5 Millionen US-Dollar geschätzt. Spätestens jetzt ist Benjamin Hutchinson als erfolgreicher Händler etabliert und hat sich den Spitznamen »Old Hutch« wahrlich verdient. Innerhalb der nächsten drei Jahre verliert Hutchinson jedoch wieder den gesamten Gewinn – und später sogar sein gesamtes Vermögen.

MERKE

- Benjamin Peters Hutchinson, auch »Old Hutch« genannt, war ein Getreidehändler in Chicago, der spektakulär den Markt für Weizen *cornerte*, indem er Weizen aufkaufte und gleichzeitig Kontrakte für eine zukünftige Lieferung an der Chicago Board of Trade erwarb. In zwei Episoden, 1866 und 1888, spekulierte er erfolgreich und konnte seine Investitionen innerhalb weniger Wochen verdoppeln.
- Die CBOT wurde 1848 gegründet und zählt zu den ältesten organisierten Warenterminbörsen der Welt. Nach den Erfahrungen mit Old Hutch erklärte die Börse die Praxis, einen Markt in die Enge zu treiben, indem das physische Angebot verknappt wird und gleichzeitig Terminkontrakte erworben werden, für illegal.
- CBOT und Chicago Mercantile Exchange (CME) fusionierten 2007 zur CME-Gruppe. Heute zählt die CME Gruppe zu den führenden Warenterminbörsen der Welt.

5
Erdöl: Rockefeller und die Standard Oil Company

1870

Der Amerikanische Bürgerkrieg löst einen wahren Öl-Boom aus. Während dieser Zeit gründet John D. Rockefeller die Standard Oil Company. Durch eine aggressive Geschäftspolitik beherrscht Rockefeller nach wenigen Jahren den amerikanischen Ölmarkt von der Produktion und der Verarbeitung bis hin zu Transport und Handel.

»Competition is a sin.«
John D. Rockefeller

Die Herstellung von Petroleum (Kerosin) aus Kohle oder Erdöl als Brennstoff für Lampen – als preiswerte Alternative zu Walöl – wird gemeinhin als Beginn der modernen Erdölindustrie angesehen. Am 27. August 1859 stößt Colonel Drake nahe Titusville in Pennsylvania, USA, auf eine ergiebige Ölquelle. Der Amerikanische Bürgerkrieg von 1861 bis 1865 bildet die Initialzündung eines wahren Öl-Booms in Pennsylvania: Ölbohrtürme verbreiten sich auf den Farmen im Nordwesten des

Bundesstaates, und es entstehen Hunderte kleiner und kleinster Raffinerien nahe den Ölquellen und entlang der Transportrouten nach Pittsburgh und Cleveland. Denn hier liegen die wichtigen Eisenbahnknotenpunkte: Durch Cleveland laufen die New York Central und die Erie Railroad, Pittsburgh ist der Ost-West-Knotenpunkt der Pennsylvania Railroad. Der Großteil des Frachtverkehrs besteht noch aus Getreide und Industriegütern, doch das Volumen der Ölprodukte wächst rasant.

Rohöl und die in Plastik eingepackte Gurke im Supermarkt

Petroleum bleibt bis zum rasanten Wachstum der Automobilindustrie in den 1920er-Jahren die wichtigste Verwendung von Erdöl. Die Familie Rockefeller als Begründer der Standard Oil Company setzt die Verwendung des Erdölprodukts Benzin als Kraftstoff durch, statt des von Henry Ford zunächst vorgesehenen Ethanols. In einer Raffinerie wird Erdöl in seine unterschiedlichen Bestandteile wie leichtes und schweres Heizöl, Kerosin sowie Benzin aufgespalten. In weiteren Schritten können aus dem Erdöl die verschiedensten Alkane und Alkene erzeugt werden.

Heute ist Erdöl mit Abstand der wichtigste Energieträger, Grundlage jeder Industriegesellschaft und Ausgangsstoff für zahlreiche Produkte der chemischen Industrie wie Düngemittel, Kunststoffe, Lacke und Farben, oder auch von Medikamenten bis hin zur Plastikverpackung von Obst und Gemüse.

1863, während des Öl-Booms in Pennsylvania, gründet der 1839 geborene John Davison Rockefeller zusammen mit seinem Bruder William in Cleveland eine kleine Erdölraffinerie. Das Unternehmen ist erfolgreich und wächst. Während des Booms schnellt die Ölproduktion in die Höhe, die

Während des Booms 1861 steigt Öl nach heutigen Preisen auf über 100 US-Dollar pro Barrel.

Preise im Hoch bei 20 US-Dollar pro Barrel (1861) fallen zurück auf rund 10 US-Cent. 1866, ein Jahr nach Ende des Sezessionskrieges, wird für ein Barrel Öl aber bereits wieder mehr als 1,50 US-Dollar bezahlt.

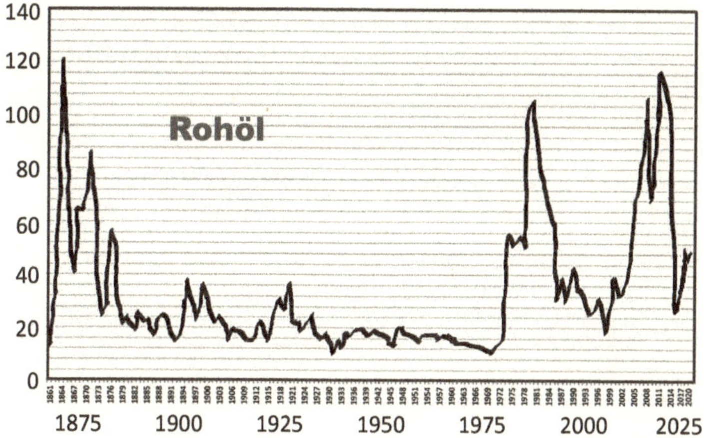

Abbildung 2: Wertentwicklung von Rohöl, 1860 bis 2018, in US-Dollar/Barrel (reale Preise von 2015), Daten: BP Statistical Review of Energy 2019

1870 reorganisiert Rockefeller das Unternehmen und nennt es »Standard Oil Company«. Ein Jahr später bilden einige Raffineriebesitzer um Rockefeller eine Allianz, um von den Eisenbahnen Transportrabatte für ihr Öl zu erhalten. Daneben setzt diese Allianz ebenfalls Preiserhöhungen für Mitbewerber durch, was im Ölkrieg von 1872 gipfelt.

Mit einem Vermögen von rund 900 Millionen US-Dollar im Jahr 1913 gilt Rockefeller als reichster Mensch aller Zeiten.

Das Rockefeller-Imperium

!

John Davison Rockefeller (1839–1937), als Sohn mittelloser deutscher Einwanderer in den USA geboren, arbeitet während seiner Schulzeit als Tellerwäscher und absolviert eine Ausbildung zum

Buchhalter. 1866 gründet er zusammen mit seinem Bruder William eine Raffinerie und legt später zusammen mit seinem Bruder und drei weiteren Partnern den Grundstein zur Standard Oil Company. Bis 1873 gelingt es ihm, nahezu alle ansässigen Raffinerien aufzukaufen. Bereits 1882 kontrolliert der Standard Oil Trust über 90 Prozent des Raffineriegeschäfts der USA. Der gewaltige Energiebedarf im Zuge der Industrialisierung lässt das Unternehmen wachsen, bis es die komplette Wertschöpfungskette der Ölproduktion und -verarbeitung abdeckt. Das Geschäftsgebaren des Unternehmens führt zur ersten Anti-Monopol-Gesetzgebung der USA und schließlich zur Zerschlagung des Unternehmens. Teile von Standard Oil bilden heute die Unternehmen ExxonMobil, Chevron und ConocoPhillips beziehungsweise gehen in anderen Unternehmen wie BP auf.

Ende 1872 übernimmt Rockefeller den Vorsitz der von ihm gegründeten National Refiners Association, die etwa 80 Prozent aller amerikanischen Raffinerien vertritt. Rockefeller forciert aggressiv das Wachstum von Standard Oil: Zwischen 1875 und 1878 reist er durch Amerika und überzeugt die Eigentümer der 15 größten Raffinerien, ein Teil der Standard Oil Company zu werden. Gegenüber kleineren Raffinerien ist das Unternehmen nicht zimperlich: So geht die Betriebsstätte der 1866 gegründeten Vacuum Oil Company in Flammen auf; andere Unternehmer verkaufen ihre Firmen für deutlich unter der Hälfte des aktuellen Verkehrswertes. Aufgrund von Deals mit den Gerichten wird Rockefeller jedoch nie verurteilt. Standard Oil kontrolliert zu Beginn der 1880er-Jahre über 90 Prozent des amerikanischen Raffineriegeschäftes. Als Nächstes wendet sich das Unternehmen dem Pipeline- und Händlernetz zu. Rockefeller baut eigene Vertriebskanäle sowie einen Großhandel auf und drängt die existierenden Händlernetze aus dem Markt. Damit kontrolliert er praktisch die gesamte Öl-Verwertungskette und kann seine Dominanz auch auf den weltweiten Ölmarkt ausdehnen. Durch Umwandlung der Gesellschaft vermag Rockefeller, die Zerschlagung seines Imperiums immer wieder aufzuschieben. Doch 1911 ordnet der Oberste Gerichtshof auf Betreiben von US-Präsident Theodore Roosevelt die Zerschlagung von Standard Oil an. Daraufhin fällt der Aktienkurs ins Bodenlose. Rockefeller kauft jedoch in großem Stil Aktien des eigenen Unternehmens zurück und verdient nach Schätzungen rund 200 Millionen US-Dollar an der einsetzenden Hausse (was etwa 200 Milliarden US-Dollar nach heutiger Rechnung entspricht). Denn der Erste Weltkrieg, die zunehmende Motorisierung durch die Verbreitung des Automobils sowie die fortschreitende Industrialisierung lassen den Bedarf an Öl sprunghaft steigen. Trotzdem wird Standard Oil in 34 einzelne Unternehmen zerschlagen. Aus diesen Firmen sind die heutigen Ölunternehmen ExxonMobil, Chevron und ConocoPhillips hervorgegangen.

Im Jahr 1913 betrug das Vermögen von John D. Rockefeller rund 900 Millionen US-Dollar, was laut *Forbes* einem Wert von 300 Milliarden US-Dollar heute entspricht. Das ist mehr als doppelt so viel wie Jeff Bezos, der Gründer und CEO von Amazon, besitzt, der als reichster Mensch der Welt in 2019 gilt.

Nelson Rockefeller, der Sohn des Dynastie-Gründers, scheiterte nur knapp daran Präsident der Vereinigten Staaten von Amerika zu werden. David Rockefeller, letzter Enkel des Tycoons John D. Rockefeller, starb 2017. Unverändert steht der Name Rockefeller bis heute für unermesslichen Reichtum, aber auch für Philanthropie.

MERKE

- Der amerikanische Bürgerkrieg hat den ersten Erdöl-Boom in der Geschichte angeheizt. Gemessen in heutigen Preisen stieg Rohöl 1861 auf über 100 US-Dollar.
- John D. Rockefeller gründete die Standard Oil Company, ein Unternehmen, das nicht nur den US-amerikanischen Markt für Rohöl, sondern auch den Weltmarkt beherrschte.
- Die Entwicklung der Automobilindustrie und die Industrialisierung beschleunigten die wirtschaftliche Entwicklung und läuteten das Ölzeitalter ein.
- John D. Rockefeller verkörperte dabei den *American Dream* par excellence und stieg vom Tellerwäscher zum Multimilliardär auf; vermögender als Jeff Bezos heute. Selbst 2019 steht sein Name noch als Synonym für unermesslichen Reichtum.
- Standard Oil wurde zerschlagen und aufgelöst, aber seine Nachfolgeunternehmen wie zum Beispiel ExxonMobil, Chevron und ConocoPhillips sind noch heute große und bekannte Ölgesellschaften.

6

Weizen: Der Große Brand von Chicago

1872

Ein Feuer richtet im Oktober 1871 eine unglaubliche Zerstörung in der Stadt an; hierbei werden auch die Lagerkapazitäten für Weizen deutlich reduziert. John Lyon sieht dies als Chance, mit Weizen eine Menge Geld zu verdienen.

»Beeing a firefighter is not something you do, its something you are!«
»CHICAGO FIRE«, TV SERIE

Der Sommer 1871 brennt heiß im Mittleren Westen der USA. In und um Chicago sind von Juli bis Oktober nur 3 Zentimeter Regen gefallen. Die Wasserreserven neigen sich dem Ende zu, immer wieder kommt es zu kleineren Bränden. Am 8. Oktober bricht abends in einer Scheune ein Feuer aus, das später als der »Große Brand von Chicago« bekannt wird.

Wind aus Südwesten facht das Feuer an und steckt benachbarte Häuser in Brand. Außer Kontrolle breitet sich das Feuer in Richtung Stadtmitte aus und überwindet den Chicago River – der Feuersturm kann erst zwei Tage später gelöscht werden. Eine Fläche von mehr als 8 Quadratkilometern und 17.000 Gebäude hat der Brand zerstört, jeder dritte Einwohner der Stadt hat sein Zuhause verloren. Der Schaden wird auf über 200 Millionen US-Dollar geschätzt. Neben großen Teilen der Stadt vernichtet das große Feuer von Chicago sechs von 17 der von der Chicago Board of Trade (CBOT) anerkannten Lagerhäuser für Weizen, und die gesamten Lagerkapazitäten der Stadt gehen von etwa 8 auf 5,5 Millionen Scheffel zurück. Eine Situation, aus der John Lyon, ein großer Weizenhändler, Profit schlagen will. Er schließt sich mit einem anderen Händler namens Hugh Maher sowie dem CBOT Broker P. J. Diamond zusammen, um die Gunst der Stunde zu nutzen und den Marktpreis von Weizen zu manipulieren.

Was ist das mit dem Weizen?

Je nach Zeitpunkt der Aussaat und Klimazonen werden die verschiedenen Weizenarten an vielen Terminbörsen gehandelt. In den USA wird Weizen an der Chicago Board of Trade (CBOT) und an der Kansas City Board of Trade (KCBT) gehandelt, wobei der Chicago-Weichweizen (»Soft Red Winter Wheat«) gegenüber dem Kansas-Hartweizen (»Hard Red Winter Wheat«) überwiegt. An den US-Börsen wird zwischen Frühlings- und Winterweizen unterschieden: Im Frühling angebauter Weizen wird im Sommer und im Herbst, Winterweizen im Frühling geerntet. Das Hauptanbaugebiet von Chicago-Weizen liegt in einem Gebiet, das sich von Mitteltexas bis zu den Großen Seen und dem Atlantik erstreckt. Kansas-Weizen wird in erster Linie in Kansas, Nebraska, Oklahoma und in Teilen von Texas angebaut. An der CBOT wird Weizen unter dem Kürzel W und dem aktuellen Kontraktmonat (z. B. W Z0 für Weizen Dezember 2020) in US-Cent je Scheffel (engl. *bushel*) gehandelt. Ein Kontrakt bezieht sich auf 5.000 Scheffel Weizen, wobei 1 Scheffel 27,2155 Kilogramm entspricht. Ein Kontrakt bezieht sich also auf rund 136 Tonnen Weizen.

Im Frühjahr 1872 beginnt die Gruppe, Weizen am Kassa-Markt und über Terminkontrakte zu erwerben. Der Weizenpreis steigt im Frühling kontinuierlich an, und Anfang Juli handelt der August-Kontrakt zwischen 1,16 und 1,18 US-Dollar pro Scheffel. Ende Juli klettert der Preis auf 1,35 US-Dollar. Durch den Preisanstieg gefördert, nehmen die täglichen Weizenlieferungen nach Chicago zu: Erreichen Anfang Juli durchschnittlich 14.000 Scheffel pro Tag die Stadt, sind es Anfang August bereits 27.000 Scheffel. Doch noch ist das Schicksal John Lyon hold: Durch ein Feuer fällt ein weiteres Lagerhaus aus, und die bereits reduzierten Kapazitäten verringern sich um weitere 300.000 Scheffel. Hinzu kommen Gerüchte, dass schlechte Wetterbedingungen die Ernte verzögern könnten und in der Folge große Teile der Ernte zur Lieferung gegen den August-Kontrakt nicht zur Verfügung stehen. Diese Nachrichten lassen am 10. August den Wert des August-Kontraktes auf 1,50 US-Dollar steigen; am 15. August erreicht der Preis für Weizen sogar Niveaus über 1,60 US-Dollar. Doch ab hier weht der Wind des Schicksals in eine andere Richtung.

Das hohe Preisniveau lockt viele Farmer, ihre Ernten zu beschleunigen. Sogar während der Nacht werden Felder geerntet. In der zweiten Augustwoche gelangen täglich rund 75.000 Scheffel Weizen nach Chicago, eine Woche später sind es bereits durchschnittlich 172.000 Scheffel. Für den restlichen Monat erhöhen sich die täglichen Lieferungen sogar auf annähernd 200.000 Scheffel.

Statt von Chicago über Buffalo an die Westküste transportiert zu werden, gelangt nun zusätzlicher Weizen von Buffalo zurück nach Chicago, weil hier deutlich mehr gezahlt wird. Um den Preis stabil zu halten und um ihren Gewinn zu sichern, muss die Gruppe um Lyon den nach Chicago strömenden Weizen aufkaufen. Bereits hoch bei örtlichen Banken verschuldet, übersteigen die hierfür nötigen Geldmittel bald die finanziellen Möglichkeiten der Gruppe. Neu eröffnete Lagerhäuser erhöhen die Lagerkapazitäten in der Stadt auf über 10 Millionen Scheffel, also 2 Millionen Scheffel mehr als vor dem großen Feuer! Am Montag, dem 19. August muss John Lyon aufgeben: Er kann keinen Weizen mehr am Kassa-Markt kaufen.

Immer mehr Weizen erreicht die Stadt – und Lyon muss schließlich aufgeben.

Der Preis für Weizen mit Lieferung im August fällt daraufhin um 25 US-Cent, am Folgetag um weitere 17 US-Cent. Der Verfall des Weizenpreises ruiniert Lyon, der nicht in der Lage ist, seine Schulden zurückzuzahlen. Der Versuch der Marktmanipulation endet im finanziellen Bankrott.

MERKE

- Das große Feuer von Chicago 1871 führte zu massiven Zerstörungen und machte mehr als 100.000 Menschen obdachlos.
- Da die Anzahl der Getreidelagerhäuser drastisch reduziert wurde, sah eine Gruppe von Spekulanten um John Lyon die Zeit für eine Spekulation auf dem Weizenmarkt gekommen. Gemeinsam versuchten sie, den Weizenmarkt zu cornern, aber Preissteigerungen führten schließlich zu erhöhten Weizenlieferungen in die Stadt. Nachdem der Weizenpreis zunächst auf 1,60 US-Dollar anstieg, brach er anschließend ein.
- Lyon und seine Freunde konnten ihre Margin-Zahlungen nicht erfüllen. Ihr Versuch, den Markt in die Enge zu treiben, endete im Konkurs und finanziellen Ruin.

7
Rohöl: Ari Onassis' Midas Touch

1956

Die Society-Ikone Aristoteles Onassis besitzt ein goldenes Händchen: Aus dem Nichts baut er die größte Fracht- und Tankerflotte der Welt auf, verdient ein Vermögen mit dem Bau von Supertankern und dem Transport von Rohöl. Er schließt exklusive Verträge mit dem saudischen Königshaus, und beim Konflikt um den Suezkanal ist er einer der großen Gewinner.

»The secret of business is to know something that nobody else knows.«
ARISTOTELES ONASSIS

Anfang Dezember 2005 feiert die jüngste Milliardärin der Welt, Athina Roussel, 20 Jahre, ihre Hochzeit mit dem brasilianischen Springreiter Álvaro Affonso de Miranda Neto, 32 Jahre. 1.000 Gäste sind nach São Paulo geladen und 1.000 Flaschen Veuve Clicquot kaltgestellt. Athina ist Alleinerbin der Onassis-Milliarden und gleichzeitig Letzte des Onassis-Clans – ihr Großvater, Aristoteles Onassis, würde dieser Tage seinen 100. Geburtstag feiern. Aristoteles »Ari« Sokrates Onassis ist die zentrale

Figur der High Society der 1950er-, 1960er- und 1970er-Jahre. Der griechische Reeder verdiente sein Vermögen durch den Bau von Supertankern und den Transport von Rohöl. Bekannt ist Onassis aber vor allem durch seine Beziehung mit dem Opernstar Maria Callas und durch die Ehe mit Jacqueline Kennedy, der Witwe des ermordeten US-Präsidenten. Die Feste auf seiner Jacht in Monaco sind legendär; zu seinen Freunden und Gästen zählen das amerikanische Präsidentenpaar Kennedy, Winston Churchill, Ernest Hemingway sowie zahlreiche weitere Größen aus Industrie, Wirtschaft und Film. Wie Rockefeller ist der Name Onassis zu einem Synonym für Reichtum geworden.

Die Familie Onassis ist durch den Tabakhandel wohlhabend geworden; Aristoteles' Vater unterhält bereits zehn Schiffe und der Sohn genießt eine gute Erziehung: Mit 16 spricht er bereits vier Sprachen: Griechisch, Türkisch, Englisch und Spanisch. Als 1922 die Türken das im Ersten Weltkrieg an Griechenland gefallene Smyrna (heute Izmir) zurückerobern, muss seine Familie fliehen und ist gezwungen, alles zurückzulassen. Nahezu besitzlos emigriert Aristoteles im Alter von 16 Jahren nach Argentinien und verdient hier das erste Geld durch den Import von Tabak. Die Weltwirtschaftskrise bietet Onassis in den 1930er-Jahren eine attraktive Gelegenheit: Gerüchte darüber, dass mehrere Frachter der in ernsten finanziellen Schwierigkeiten befindlichen Canadian National Steamship Company zum Verkauf stehen, lassen den ehrgeizigen Jungunternehmer handeln. Er setzt sein gesamtes Vermögen ein und ersteht sechs heruntergekommene Frachter zum Schleuderpreis von zusammen 120.000 US-Dollar; einem Zehntel ihres aktuellen Wertes.

Aristoteles Onassis steigt im großen Stil ins Rohöl-Transportgeschäft ein.

Mit diesem Schritt legt Onassis den Grundstein seines späteren Imperiums. Der Kauf rentiert sich schnell während der folgenden wirtschaftlichen Erholung; 1935 steigt Onassis im größeren Stil ins Öltransportgeschäft ein. Zu Beginn des Zweiten Weltkrieges ist seine Flotte bereits auf 46 Frachter und Tanker angewachsen.

Ari und die Frauen

Aristoteles »Ari« Sokrates Onassis (1906–1975) heiratete in erster Ehe in die erfolgreiche griechische Reederfamilie der Livanos ein. In den 1950er-Jahren führt seine Beziehung zu der gefeierten griechischen Operndiva Maria Callas zur Trennung von Athina »Tina« Livanos; die Callas lässt sich für Onassis von ihrem Ehemann scheiden. In zweiter Ehe heiratet Onassis Jackie Kennedy, die Witwe des 1963 ermordeten US-Präsidenten John F. Kennedy. Zu diesem Zeitpunkt ist Onassis 62 Jahre alt, Jackie 23 Jahre jünger als er. Aufgrund ihrer Ausgaben für Reisen und Einkäufe prägte er für sie den Spitznamen »Supertanker«, da sie ihn genauso viel koste wie der Kauf eines Schiffes.

Bis Kriegsende vermietet Onassis seine Schiffe einträglich an die Alliierten. Gedeckt durch Bankkredite ordert Onassis 1938 bei der schwedischen Werft Götaverken drei 15.000-Tonnen-Tanker. Noch während der Bauzeit verchartert er die zu ihrer Zeit größten Tanker an die Tidewater Oil Company – bereits nach einem Jahr sind dadurch die Kosten gedeckt.

Die Kriegsjahre übersteht das Onassis-Geschwader durch Flaggenwechsel: Schiffe unter der neutralen Fahne Panamas bleiben vom Seekrieg unbehelligt, und je mehr der Krieg die Handelsschifffahrt dezimiert, desto höher schießen die Frachtraten – durch die explodierenden Transportkosten verdient Onassis ein Vermögen. Nach dem Zweiten Weltkrieg gelingt es Onassis, seine Flotte zur größten privaten Handelsflotte der Welt auszubauen. 1950 wird der von Onassis in Auftrag gegebene, mit einer Länge von 236 Metern größte Tanker der Welt bei der deutschen Howaldt-Werft fertiggestellt. Aber erst mit dem Jahr 1954 scheint für Aristoteles Onassis, damals 48 Jahre, der endgültige Durchbruch gekommen: Durch undurchsichtige Kontakte und Freundschaften kommt im Frühjahr 1954 eine lukrative Vereinbarung mit dem Königshaus Saudi-Arabiens zustande. Onassis erhält von König Saud nicht nur ein exklusives Transportrecht für Öl, sondern stellt auch fast monatlich einen neuen Supertanker für das Land her und wird am

Verkauf des Rohöls beteiligt. Saudi-Arabien gründet zusammen mit Onassis die Saudi Arabian Tanker Co., die in Zukunft über 25 bis 30 Schiffe mit etwa 500.000 Tonnen verfügen soll und rund 10 Prozent der zu exportierenden Ölmenge befördern kann. Im April ergeht ein königliches Dekret, die Arabian American Oil Company (Aramco) habe für den Teil der Tonnage, der bisher in Charterschiffen verschifft wurde, in Zukunft saudi-arabische Schiffe zu benutzen. Die Aramco – ein Verbund aus den Gesellschaften Standard Oil (New Jersey), Standard Oil of California, Socony Vacuum und Texas Co. –, die 1933 einen Konzessionsvertrag mit König Ibn Saud geschlossen hat, ist für fast 10 Prozent der weltweiten Ölproduktion verantwortlich. Etwa die Hälfte der in Saudi-Arabien geförderten Ölmenge erreicht über eine Pipeline Sidon im Libanon, die andere Hälfte wird mit Tankern befördert. Von dieser Menge werden 40 Prozent über Aramcos Tanker verschifft; für die restlichen 60 Prozent chartert die Gesellschaft am freien Markt. In dieses System bricht nun Onassis ein und macht sich mächtige Feinde. Die USA versuchen, das Abkommen zu torpedieren und ihren Einfluss zu sichern; auch Europa ist nicht begeistert, stammen doch in den 1950er-Jahren rund 90 Prozent der europäischen Ölversorgung aus dem Nahen Osten, Saudi-Arabien ist der mit Abstand größte Produzent. Nach einiger Zeit platzt das Geschäft mit Saudi-Arabien, und Onassis erhält keine Frachtaufträge mehr, weder für seine alten noch seine neuen Schiffe, die in den Werften auf der ganzen Welt auf ihren Einsatz warteten. Das Imperium des Griechen gerät in arge Bedrängnis. Die Rettung bringt ihm die Suezkrise 1956.

Mit zunehmender wirtschaftlicher Bedeutung des Erdöls ist die Abhängigkeit der europäischen Mächte von der Nutzung des Suezkanals stetig gestiegen. Die nationalistische Politik des neuen ägyptischen Präsidenten Gamal Abdel Nasser verschärft den Konflikt mit Israel als auch mit Frankreich und Großbritannien, die an der Kontrolle über den Suezkanal festhalten. 1956 blockiert Ägypten den Golf von Akaba und sperrt den Suezkanal für israelische Schiffe; am 26. Juli 1956 verstaatlicht Nasser schließlich den Suezkanal. Großbritannien unter Premierminister Anthony Eden wettert

Die Suezkrise bietet Onassis enorme Möglichkeiten.

und plant mit Israel und Frankreich eine Intervention zur Sicherung ihres Einflusses: Am 29. Oktober 1956 startet Israel die Invasion des Gazastreifens und der Sinai-Halbinsel und stößt schnell in Richtung des Kanals vor. Am 31. Oktober beginnen Großbritannien und Frankreich mit der Bombardierung ägyptischer Flughäfen im Rahmen der »Operation Musketeer«. Zwar wird die ägyptische Armee schnell geschlagen und der Kriegsschauplatz bis zum 22. Dezember 1956 wieder geräumt, doch versperrten versenkte Schiffe die Durchfahrt noch bis 1957. Erst in der zweiten Aprilhälfte 1957 können wieder Schiffe den Suezkanal befahren. Die Krise, die sich trotz militärischem Erfolg zu einer Demütigung Großbritanniens entwickelt, bedeutet die Erlösung für Aristoteles Onassis: Kein Reeder verfügt mehr über nennenswerte freie Kapazitäten, während Onassis über 100 freie Tanker bereitstellt und die Transportkosten verdoppeln kann. In dieser Zeit verdient Onassis mit dem Transport ein Vermögen. 1967 wiederholt sich dieses Spiel, und 1973, im Jahr der großen Ölkrise, fährt Onassis' Gesellschaft Olympic Maritime einen Gewinn von über 100 Millionen US-Dollar ein.

Das private Vermögen von Onassis wird zu dieser Zeit auf mehr als 1 Milliarde US-Dollar geschätzt. Bereits frühzeitig verteilt Onassis mit den Gewinnen aus dem Ölgeschäft seine Geschäftsfelder: er erwirbt Banken in Genf, gründet die Fluglinie Olympic Airways, baut in New York den Olympic Tower an der 5th Avenue und erwirbt die griechische Insel Skorpios.

Aristoteles Onassis gelangt durch den Transport von Rohöl zu Reichtümern und wird durch seinen extravaganten Lebenswandel zur Society-Ikone.

Er verliebt sich in das kleine, zum damaligen Zeitpunkt marode Fürstentum Monaco. In Monte Carlo kauft er die schönsten Hotels, Dutzende Häuser und Villen auf, baut städtische Einrichtungen und Strandbäder, renoviert das Casino und den Hafen. Fürst Rainier von Monaco verkuppelt er mit der amerikanischen Schauspielerin Grace Kelly und macht Monaco zum Urlaubsparadies der Reichen und Schönen in Europa.

MERKE

- Aristoteles »Ari« Sokrates Onassis verdiente ein Vermögen durch den Transport von Rohöl mit seiner riesigen Tankerflotte und durch seine hervorragenden Beziehungen zur saudischen Königsfamilie.
- Er profitierte massiv von der Suezkrise von 1956 und den Ölkrisen der 1970er-Jahre.
- Onassis war dank seiner Beziehung mit Opernstar Maria Callas und seiner Ehe mit Jacqueline Kennedy, der Witwe von John F. Kennedy, eine Ikone des internationalen Jetsets.
- Mit einem Privatvermögen von mehr als 1 Milliarde US-Dollar unterstützte Onassis Fürst Rainer von Monaco und etablierte das Fürstentum als *der Place to be* für die Reichen und Schönen.

8

Sojabohnen: Versteckspiel in New Jersey

1963

Sojaöl befeuert die US-Kreditkrise von 1963. Der Versuch, den Markt für Sojabohnen in die Enge zu treiben, endet im Chaos, treibt viele Firmen in den Ruin und verursacht einen Schaden in Milliardenhöhe. Unter den betroffenen Firmen sind American Express, die Bank of America und Chase Manhattan.

»You have caused terrific loss to many of your fellow Americans!«
Bundesrichter Reynier Wortendyke während des Prozesses gegen De Angelis

Normalerweise Stoff, aus dem Hollywood-Filme gemacht werden: Arbeiter, die Lagerhaus-Inspektoren hinters Licht führen; mit Wasser gefüllte Öltanks; abenteuerliche Betrügereien im Umfeld eines der größten Kreditbetrugsfälle in den USA. Beim Versuch, den Markt für Sojabohnen in die Enge zu treiben, stürzt 1963 ein fragiles Kartenhaus ein und verursacht einen Schaden von über 150 Millionen US-Dollar, nach heutigen Preisen rund 1,2 Milliarden US-Dollar. Das amerikanische Bankensystem und der Unternehmenssektor tragen mehr als bloß ein paar Schrammen davon.

!

Was ist das nur mit den Sojabohnen?

Vorwiegend dienen Sojabohnen der Herstellung von Sojamehl und Sojaöl; die Verarbeitung der Bohnen zu Öl oder Mehl wird als »Crushing« bezeichnet. Bei einem Großteil der Weltproduktion wird zuerst das Öl extrahiert, die Restmasse überwiegend als Futtermittel genutzt. Die wichtigsten Produzenten und Exportländer von Soja sind die USA, Brasilien und Argentinien, die zusammen rund 80 Prozent der weltweiten Sojabohnenernte von rund 215 Millionen Tonnen auf sich vereinen. Die Anbaugebiete in den USA liegen hauptsächlich in Illinois und Iowa, dem »Corn Belt«, in dem fast ausschließlich Mais und Sojabohnen produziert werden. Sojabohnen und Sojabohnenöl werden an der Chicago Board of Trade mit dem Symbol S beziehungsweise BO und dem jeweiligen Kontraktmonat (beispielsweise S F0 = Sojabohnen Januar 2020) gehandelt.

Im Zentrum steht die Firma Allied Crude Vegetable Oil in New Jersey und ihr Besitzer Anthony (»Tino«) De Angelis. Die Szene weist eine Analogie zur Insolvenz von Lehman Brothers in 2008 auf: An einem Novemberabend sitzt eine Gruppe von Mitarbeitern des Wall-Street-Brokers Ira Haupt & Co. in einem Konferenzraum zusammen und spricht am Telefon mit Anthony De Angelis. Der Managing-Partner Morton Kamerman stößt zu ihnen, während die Unterhaltung heftiger wird und De Angelis Haupt & Co. vorwirft, ihn und seine Firma zu ruinieren. Kamerman ist nicht zuständig für das Rohstoffgeschäft des Brokers, weiß aber, dass De Angelis einer der größten Kunden seiner Firma ist. Verzweifelt suchen die Geschäftspartner von Haupt & Co. jemanden, der bereit ist, in großen Mengen Sojaöl zu kaufen – vergebens. Am nächsten Morgen versteht Kamerman eine Menge mehr vom Rohstoffgeschäft seiner Firma – dieser Wissenszuwachs geht allerdings einher mit der Tatsache, dass Haupt & Co. zahlungsunfähig ist, verursacht durch die Pleite von De Angelis' Firma Allied Crude.

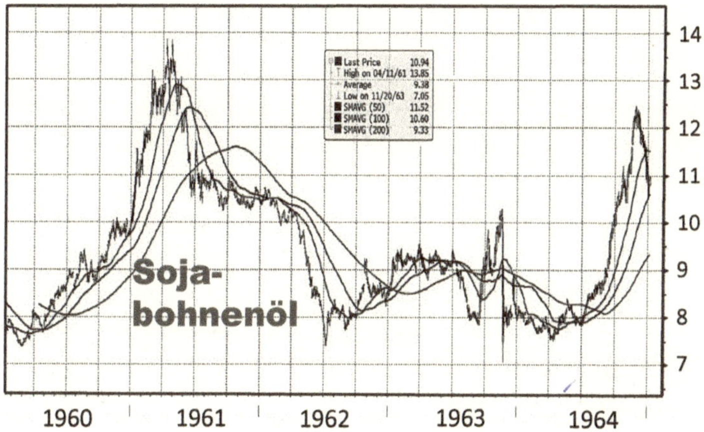

Abbildung 3: Entwicklung des Preises für Sojabohnenöl, 1960 bis 1964, in US-Cent/Pfund an der Chicago Board of Trade, Daten: Bloomberg 2019

Anthony De Angelis gründet die Firma Allied Crude Vegetable Oil in New Jersey, um von der Regierung subventionierte Sojabohnen zu kaufen, zu Sojabohnenöl zu verarbeiten und dieses ins Ausland zu verkaufen. Zwischen 1958 und 1962 lässt De Angelis eine Raffinerie in Bayonne, New Jersey, bauen und least 139 Öltanks, viele so hoch wie fünfstöckige Gebäude. American Express Warehousing, eine Tochtergesellschaft von American Express, wird von Allied Crude für die Lagerung, Inspektion und Garantie der Ölmengen gegen Lagerscheine bezahlt. 1962 ist De Angelis bereits verantwortlich für rund drei Viertel des gesamten US-Sojabohnen- und Baumwollsamenöls. Um das rapide Wachstum der Firma in einer sehr umkämpften Branche zu finanzieren, nimmt er hohe Kreditsummen auf, die größtenteils durch von ihm produziertes Öl besichert sind. Und an dieser Stelle beginnt der Betrug: Denn Allied Crude Vegetable Oil besitzt nie so viel Öl, wie für die Besicherung der Kredite nötig wäre. Eine Prüfung bei American Express Warehousing hätte ergeben, dass De Angelis allein mehr Öl lagern müsste, als es nach den monatlichen Berichten des US-Landwirtschaftsministeriums im ganzen Land gibt – aber De Angelis ist mittlerweile der größte Kunde der

Geschäftssparte von American Express. Inspektoren, die die Besicherung der Kredite überprüfen, werden auf abenteuerliche Weise getäuscht: Öl wird von Tank zu Tank umgeleitet, oder Tanks sind hauptsächlich mit Wasser und nur einer geringen Ölmenge gefüllt. Durch diesen Schwindel kann das Unternehmen immer neue Kreditlinien erhalten.

In der Spitze beträgt das Kreditvolumen mehr als das Dreifache der Ölmenge, die alle Tanks in Bayonne fassen können. Aber statt das operative Geschäft auszubauen, benutzt das Unternehmen in 1962 die immer größer werdenden Kreditlinien für Spekulationen mit Sojabohnen-Terminkontrakten an der Warenterminbörse von Chicago. De Angelis geht große Wetten auf einen steigenden Preis für Sojabohnen ein und muss nur rund 5 Prozent der zukünftigen Kaufsumme als Margin hinterlegen. In einem Versuch, den gesamten Markt durch weitere Positionen in die Enge zu treiben, benötigt De Angelis immer größere Kreditsummen.

Die Wall-Street-Broker Ira Haupt und J. R. Williston & Beane, die ebenfalls Termingeschäfte für ihn abwickeln, willigen in weitere Kredite gegen Lagerscheine auf nicht existierendes Öl ein; die beiden Institute finanzieren sich auf der Grundlage der Lieferscheine bei den Geschäftsbanken Chase Manhattan und Continental Illinois. Bis Mitte 1963 hat De Angelis ein Sojabohnen-Volumen von rund 120 Millionen US-Dollar beziehungsweise 1,2 Milliarden Pfund angesammelt; mit jeder Preisbewegung von nur 1 US-Cent bei Sojabohnen gewinnt oder verliert De Angelis 12 Millionen US-Dollar. Für eine gewisse Zeit scheint die Spekulation aufzugehen, denn der Preis für Sojabohnen steigt. In nur sechs Wochen im Herbst 1963 klettert der Preis für Sojabohnenöl von 9,20 US-Cent pro Pfund auf 10,30 US-Cent, doch am 15. November bricht der Markt ein – und mit ihm Allied Crude Vegetable Oil.

Mit Gangstermethoden täuscht De Angelis seine Kreditgeber und verursacht einen Schaden in Milliardenhöhe.

Der Markt läuft gegen De Angelis, der seinen Zahlungsverpflichtungen nicht mehr nachkommen kann.

Im US-Senat wird der russische Weizenkauf debattiert; der Ausblick ist negativ. Innerhalb von vier Stunden fällt Sojabohnenöl auf 7,60 US-Cent pro Pfund zurück. Die Terminbörse fordert von Ira Haupt & Co. zusätzliche Margin-Leistungen ein, die diese nicht erbringen können, denn ihr wichtiger Kunde De Angelis ist dazu auch nicht in der Lage. Auch weitere 30 Millionen US-Dollar – geborgt von amerikanischen und britischen Banken – können Ira Haupt nicht retten. Aufgrund mangelnder Kapitaldeckung ist auch Williston & Beane gezwungen, mit Walston & Co. zu fusionieren.

Allied Crude geht ebenfalls in den Bankrott. Kreditgeber beginnen nun mit der Überprüfung der Tanks von Allied Crude – und finden statt 1,8 Milliarden Pfund gerade einmal 100 Millionen Pfund; ein Unterschied im Wert von rund 130 Millionen US-Dollar.

Banken, Broker, Öl-Händler und Lagergesellschaften gehören zu den durch den Bankrott und Betrug betroffenen Häusern: Bank of America, Chase Manhatten, Continental Illinois, Ira Haupt, Williston & Beane, Bunge Corp., Harbor Tank Storage Co. – um nur einige zu nennen. Als Hauptverlierer stellt sich die Muttergesellschaft von American Express Warehousing heraus: American Express sieht sich Klagen von 43 Unternehmen mit der Gesamtsumme von über 100 Millionen US-Dollar gegenüber. Die Aktie von American Express verliert nach Bekanntwerden des Skandals mehr als 50 Prozent ihres Wertes. Der Skandal erhält jedoch nur eingeschränkte Beachtung: Die öffentliche Aufmerksamkeit wird durch das Attentat auf Präsident Kennedy zwei Tage später schnell anderweitig in Beschlag genommen. Ira Haupt & Co. sind mit fast 40 Millionen US-Dollar bei anderen Banken verschuldet – Mittel, die sie nicht bedienen können –, und über 20.000 Kunden des Brokers fürchten um ihr Vermögen. Die Kreditkrise hinterlässt neben den direkten Opfern einen immensen Reputationsschaden an der US-Wirtschaft. Anthony De Angelis wird 1965 wegen Betrugs zu einer zehnjährigen Haftstrafe verurteilt.

MERKE

- Im Jahr 1963 befanden sich Anthony (»Tino«) De Angelis und sein Unternehmen Allied Crude Vegetable Oil im Epizentrum einer der größten Unternehmensskandale vor Enron und Lehman Brothers rund 40 Jahre später.
- Durch dreisten Betrug unter anderem durch das Vortäuschen von nicht vorhandenen Lagerbeständen erhielt Allied Crude umfangreiche Kreditlinien für die Spekulation mit Sojabohnen- und Sojaöl-Futures. Letztlich brach der Markt für Sojabohnen im November 1963 zusammen und brachte Allied Crude Vegetable Oil mit sich zu Fall.
- Betroffen von der Zahlungsunfähigkeit von Allied Crude waren mehrere große Banken, Broker, Ölhändler und Lagerhaus-Betreiber, darunter bekannte Namen wie American Express, Bank of America und Chase Manhattan.
- Der riesige Skandal wurde jedoch durch die Ermordung von Präsident John F. Kennedy zwei Tage später überschattet.

9

Weizen: Der russische Bär hat Hunger

1972

Die Sowjetunion kauft in den Vereinigten Staaten Weizen in großem Stil, dessen Preis sich in der Folge verdreifacht. Richard Dennis legt in dieser Zeit den Grundstein seiner bahnbrechenden Karriere durch die Spekulation mit Rohstoffen.

»If you live among wolves you have to act like a wolf.«

NIKITA CHRUSCHTSCHOW, EHEMALIGER REGIERUNGSCHEF DER SOWJETUNION

Das Jahr 1972 ist in der Börsengeschichte auch als das Jahr des großen russischen Getreideraubs (»The Great Russian Grain Robbery«) bekannt. Sowjetische Kommissionäre sind im ganzen Land unterwegs und kaufen so viel Weizen, wie sie können.

Anfang der 1970er-Jahre verabschieden sich die USA vom Goldstandard, und in der Folge wertet die US-Währung gegenüber vielen Handelspartnern ab. Gleichzeitig befindet sich der Preis für Weizen an der Marke von 1 US-Dollar und damit auf einem historisch niedrigen Niveau; darüber hinaus ist er staatlich subventioniert. Doch der fallende US-Dollar macht nun schrittweise amerikanische Produkte inklusive vieler Agrargüter wettbewerbsfähiger; in der Folge steigen die Exporte und mit ihnen die Preise vieler Agrargüter. Die Preise für Getreide erwachen langsam aus ihrem Dornröschenschlaf. Ein sensibler Faktor in der Preisentwicklung von Agrarrohstoffen ist das Wetter: Nach vormals guten Ernteergebnissen geht 1972 die weltweite Getreideproduktion zurück. Schlechte Wetterbedingungen sind für die geringeren Erträge verantwortlich und machen vor allem den wichtigen Erzeuger- und Exportländern USA, Australien und Kanada sowie der Sowjetunion zu schaffen.

Im Juli und August 1972 kaufen die Sowjets in den Vereinigten Staaten beinahe 12 Millionen Tonnen Weizen im Wert von rund 700 Millionen US-Dollar. Dies entspricht in etwa 30 Prozent der durchschnittlichen US-Weizenproduktion der vorangegangenen fünf Jahre und mehr als 80 Prozent der heimischen Lebensmittelversorgung durch Weizen in der gleichen Periode. Da die amerikanischen Farmer ohnehin schon Probleme haben, die ständig wachsende Nachfrage zu bedienen, schießen die Preise in die Höhe. Und die Lagerbestände nähern sich auch kritisch niedrigen Niveaus: Gegenüber 1970/71 sind die Bestände an Weizen 1973/74 in Australien, Kanada und den USA um 93, 64 beziehungsweise 59 Prozent gefallen.

Im Sommer 1972 kauft die Sowjetunion in den USA rund 30 Prozent der gesamten Weizenproduktion auf.

In der Folge steigt der Weizenpreis von Niveaus von unter 2 US-Dollar zu Anfang des Jahrzehnts auf über 6 US-Dollar im Februar 1974; Mais verteuert sich in der gleichen Zeit von unter 1,50 US-Dollar auf fast 4 US-Dollar, während Sojabohnen ihren höchsten Stand von über 12 US-Dollar bereits im Juni 1973 erreichen – ihr Preis hat sich ausgehend von 4 US-Dollar binnen kurzer Zeit mehr als verdreifacht.

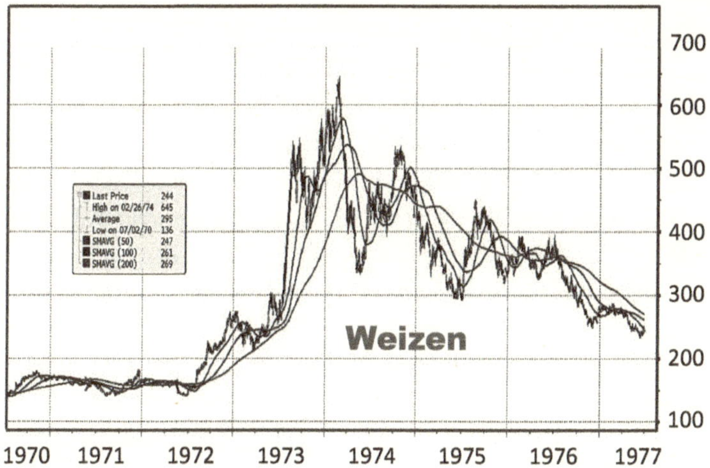

Abbildung 4: Entwicklung des Weizenpreises, 1970 bis 1977, in US-Cent/Scheffel an der Chicago Board of Trade, Daten: Bloomberg 2019

Weizen und das Wetter

Die Ernte von US-Kansas-Weizen (»Hard Red Winter Wheat«), der in großen Teilen exportiert wird, wird in drei Jahreszeiten von klimatischen Schwankungen bedroht: im späten Herbst, wenn es zu heiß und trocken oder zu kalt und feucht für das Keimen der Saat ist; im Winter, wenn plötzliche Temperaturwechsel das Wachstum bedrohen; und schließlich im Frühjahr, wenn anhaltender Regen die Befruchtung der Samenstände verhindert. Aus diesem Grund können die Erntemenge und damit auch der Preis großen Schwankungen unterliegen.

Die rasante Preisbewegung bei Weizen kommt Richard Dennis zugute. Dennis arbeitet in seiner Jugend als Laufbursche an der Chicago Mercantile Exchange und studiert in Chicago und an der Tulane University, Lousiana. Als Student beginnt er mit einem Startkapital von 2.000 US-Dollar seiner Familie, an der Börse zu spekulieren, zuerst mit kleinen Kontrakten an der

Mid America Exchange, später an der Chicago Mercantile Exchange. 1972, im Alter von gerade einmal 23 Jahren, erkennt Dennis den durch die tiefen, subventionierten Preise und die sowjetische Nachfrage einsetzenden Trend der Agrarmärkte. Er setzt auf weiterhin steigende Weizenpreise, bleibt investiert und ist mit 25 Jahren Millionär. Anfang der 1980er-Jahre sind aus seinem Startkapital rund 200 Millionen US-Dollar geworden. Mit 35 Jahren zählt Dennis, auch bekannt als »Prince of the Pit«, zu den einflussreichsten Rohstoffspekulanten der Welt.

Als der sowjetische Präsident Breschnew 1977 mit einer Weizenproduktion von weniger als 200 Millionen Tonnen eine Missernte verkünden muss, düpiert er den amerikanischen Nachrichtendienst CIA und das US-Landwirtschaftsministerium, die von einer guten sowjetischen Ernte ausgegangen waren. Zu diesem Zeitpunkt hatten sich die Sowjets bereits zwischen 18 und 20 Millionen Tonnen Weizen von den USA, Kanada, Australien und Indien gesichert. Zwar liegt die gesamte weltweit produzierte Weizenmenge laut der Ernährungs- und Landwirtschaftsorganisation FAO bei rund 600 Tonnen, jedoch gelangt nur ein kleiner Teil der produzierten Menge auf den Weltmarkt. Große Teile der Ernte werden von den Erzeugerländern selbst verbraucht, so dass die Weltmarktpreise bereits bei relativ kleinen Handelsveränderungen entsprechend sensibel reagieren können.

Die sowjetische Einkaufstour von 1972 wiederholt sich 1977 nach einer weiteren schlechten Ernte im Ostblock.

In der Zwischenzeit entwickelte sich Dennis' Karriere prächtig. Anfang der 1980er-Jahre überstieg sein Vermögen 200 Millionen US-Dollar. Mit 35 war er als »Prince of the Pit« bekannt und einer der angesehensten Händler weltweit. 1983 und 1984 rekrutierte Dennis 21 Männer und Frauen, die er als Händler ausbildete. Die Gruppe wurde später bekannt als »Turtle Trader«, denn Dennis war der Meinung, Händler könne man züchten wie Schildkröten in einem Labor. Fünf Jahre später hatte ihm die Gruppe einen Gewinn von 175 Millionen US-Dollar verdient.

MERKE

- Nach einer schlechten Ernte kauften Gesandte der Sowjetunion schnell und unter der Hand rund 30 Prozent der gesamten Weizenernte in den USA auf. Deshalb wurde 1972 als das Jahr des »Großen russischen Getreideraubs« berühmt.
- Eine anziehende Nachfrage und der Schock durch die russischen Käufe führten zu einer Rally der Agrarpreise: Weizenpreise, die 1970 bei 2 US-Dollar notierten, stiegen bis Februar 1974 auf über 6 US-Dollar. Mais stieg ebenfalls von 1,50 auf fast 4 US-Dollar, während Sojabohnenpreise im Sommer 1973 über 12 US-Dollar notierten.
- Mit 23 Jahren erkannte Richard Dennis den neuen Trend auf den Agrarmärkten und setzte auf steigende Preise. Zwei Jahre später war er Millionär. Nach einem Jahrzehnt lag sein Gewinn bei über 200 Millionen US-Dollar und Dennis erhielt den Spitznamen »Prince of the Pit«.

10
Gold: Das Ende des Goldstandards

1973

Gold und Silber waren Jahrhunderte als gesetzliche Zahlungsmittel anerkannt. Im späten 19. Jahrhundert verliert Silber diese Funktion allmählich, während sich Gold noch bis zum Scheitern des Bretton-Woods-Systems 1973 behaupten kann. Das aktuelle Ausmaß der staatlichen Verschuldung in Europa, USA und Japan lässt viele Investoren wieder zu Edelmetallen zurückkehren.

»Gold and silver, like other commodities, have an intrinsic value, which is dependent on their scarcity, the quantity of labour bestowed in procuring them, and the value of the capital employed in the mines which produce them.«

DAVID RICARDO

»You have to choose between trusting to the natural stability of gold and the natural stability of the honesty and intelligence of the members of the government. And, with due respect to these gentlemen, I advise you to vote for gold.«

GEORGE BERNARD SHAW

»Only gold is money. Everything else is credit.«
J. P. Morgan

Im Juni 2011 vermeldet die amerikanische Münzprägeanstalt US Mint einen Anstieg der Verkäufe von Silbermünzen um 30 Prozent gegenüber dem Vormonat. Mit über 3,6 Millionen verkauften Silver Eagles stößt die US Mint an ihre Kapazitätsgrenzen, so groß ist das Interesse der Investoren an den Silbermünzen. Ähnliche Zahlen vermelden die kanadische Münzprägeanstalt, die Royal Canadian Mint, die australische Perth Mint und auch die in Wien sitzende Münze Österreich als Produzent des Wiener Philharmoniker. Im März macht der US-Bundesstaat Utah mit der Überlegung, Gold und Silber wieder als gesetzliches Zahlungsmittel einzuführen, international Schlagzeilen. Utah ist in den USA kein Einzelfall, auch in Colorado, Georgia, Carolina, Tennessee, Vermont und Washington ist man an einer Rückkehr zu einer wertstabilen Währung interessiert. Was auf den ersten Blick kurios wirkt, lässt viele Investoren auf den zweiten Blick nachdenklich werden – ist doch eine reine Papierwährung ohne die Bindung an Gold oder Silber ein Experiment, das noch gar nicht so lange Bestand hat. Erst mit dem Scheitern von Bretton-Woods, des Systems fester Wechselkurse und der Konvertierbarkeit aller Währungen in Gold im Jahr 1973 wurde der Goldstandard de facto abgeschafft. Somit ist das Experiment Papierwährung noch keine 50 Jahre an den internationalen Finanzmärkten etabliert.

Der Goldstandard ist bis zum Ersten Weltkrieg das vorherrschende Währungssystem. Bei einem reinen Goldstandard entspricht die Geldmenge dem Goldbesitz eines Landes. In der Folge der Weltwirtschaftskrise 1929 und der darauf folgenden Bankenkrise 1931 gerät der Goldstandard jedoch zunehmend unter Druck. Die Aussetzung der Goldkonvertibilität des Britischen Pfund Sterling im September 1931 (Sterlingkrise) läutet den Zerfall des internationalen Goldstandards ein. Auch die USA lösen sich vom Goldstandard und werten den US-Dollar schrittweise ab.

Das Internationale Währungssystem – losgelöst von Gold und Silber – existiert in dieser Form noch keine 50 Jahre.

Gold oder Silber?

Im historischen Kontext ist auch der Goldstandard eine kurze Übergangszeit an den weltweiten Finanzmärkten – viele Jahrhunderte ist Silber das vorherrschende Zahlungsmittel. Die meisten Länder verwendeten einen Silberstandard beziehungsweise einen Bimetallstandard. Analog zum Goldstandard ist mit einem Silberstandard die gesamte sich im Umlauf befindende Geldmenge durch Silber abgesichert, während ein Bimetallstandard zusätzlich ein festgelegtes Tauschverhältnis zwischen Silber und Gold vorschreibt, wie zum Beispiel in den USA viele Jahre 1:16. Die Gold-Silber-Ratio gibt an, wie viele Einheiten Silber benötigt werden, um eine Einheit Gold zu kaufen. Mit dem Ende sowohl des Silber- als auch des Goldstandards liegt die Schwankungsbreite dieser Ratio zwischen 1:10 und 1:100. Zu Beginn der 1980er-Jahre sinkt die Verhältniszahl auf Werte von unter 1:20 – Anfang der 1990er-Jahre gab es einen Höhepunkt bei knapp 1:100. In den Jahren 2009 und 2010 stieg der Silberpreis deutlich stärker als der Goldpreis. Mussten Ende 2008 für 1 Unze Gold noch 80 Unzen Silber bezahlt werden, so waren es Mitte 2011 noch rund 40 Unzen. Heute liegt das Verhältnis wieder bei rund 1:80. Den natürlichen Rohstoffvorkommen und der Menge der jährlichen Förderung entspricht dagegen ein Verhältnis von 1:10.

Nach dem Zweiten Weltkrieg verschiebt sich das wirtschaftliche und politische Zentrum der Welt in Richtung der USA – mit dem Bretton-Woods-System wird das internationale Währungssystem neu geordnet und der mit Gold hinterlegte US-Dollar avanciert zur neuen weltweiten Leitwährung. Alle Zentralbanken sind anderen Zentralbanken gegenüber verpflichtet, Währung gegen Gold zu einem festen Kurs von 35 Dollar pro Feinunze einzutauschen. Doch ist das System nicht von Dauer.

Seit den 1960er-Jahren schmelzen die Goldreserven der USA durch die wachsenden Leistungsbilanzdefizite ab. Ausgaben zur Armutsbekämpfung und steigende Belastungen durch den Vietnam-Krieg lassen das Leistungsbilanzdefizit der USA ansteigen, die Inflation steigt und das internationale Vertrauen in den US-Dollar sinkt. 1970 übersteigt die Geldmenge der USA erstmalig die Menge der Goldreserven. US-Präsident Nixon stoppt im August 1971 die Konvertierung von US-Dollar in Gold (»Nixon-Schock«), aber erst 1973 wird das Bretton-Woods-System offiziell außer Kraft gesetzt und durch ein System freier Wechselkurse ersetzt. Der Goldstandard gehört seitdem endgültig der Geschichte an.

Die USA versetzen dem Goldstandard den Todesstoß.

Abbildung 5: Entwicklung des Gold/Silber-Preisverhältnisses (Gold/Silber-Ratio), 1973–2013, Daten: Bloomberg 2019

Gold hat die Nase vorn

!

Erst im späten 19. Jahrhundert verliert Silber allmählich die Funktion als Zahlungsmittel. Zum einen kann Großbritannien als führende Wirtschaftsnation sich mit dem Goldstandard gegen die von Frankreich dominierte Lateinische Münzunion durchsetzen, die auf dem Silberstandard basiert. Zum anderen führen Goldfunde in Kalifornien und Australien zu einer Verzehnfachung der weltweiten Goldfördermenge und damit zu niedrigeren Goldpreisen. Dadurch gewinnt der Goldstandard an Attraktivität. Auch Deutschland wechselt 1871 während des durch die französischen Reparationszahlungen ausgelösten Gründerbooms zum Goldstandard. Der Übergang vom Silber- beziehungsweise Bimetallstandard auf einen reinen Goldstandard führte zu einem Überangebot von Silber und belastet mehrere Jahrzehnte den Silberpreis.

Heute steht erneut die Zahlungsfähigkeit vieler Länder darunter die USA, Japan und einiger europäischer Volkswirtschaften im Fokus der Aufmerksamkeit. Denn die Bekämpfung der Finanz- und Wirtschaftskrise, die im Frühjahr 2007 mit der US-Immobilienkrise begann, ließ die Staatsverschuldung sowie die Geldmengen explosionsartig ansteigen. Weltweit stieg die Summe der Schulden von Haushalten, Unternehmen und Staaten auf über 320 Billionen US-Dollar, während die weltweite Wirtschaftsleistung es gerade einmal auf 80 Billionen bringt. Allein die Staatsverschuldung der USA überstieg in 2019 22 Billionen US-Dollar. Kein Wunder, dass die Kaufkraft des US-Dollar seit 1971 bis heute um mehr als 90 Prozent gefallen ist.

Vor diesem Hintergrund ist es nicht verwunderlich, dass heute, zum Beginn der 2020er-Jahre, Gold und Silber, auch wenn sie kein gesetzliches Zahlungsmittel mehr sind, stetig wachsenden Zuspruch finden. Gleichzeitig tauchten Bitcoins und andere Kryptowährungen als Alternative zum System schuldenbelasteter Fiat-Währungen auf. Es scheint, als würde der Goldstandard – gedeckt durch physisches Gold oder digitales Gold – durch private Initiative wieder auferstehen.

MERKE

- 1933 erließ US-Präsident Franklin D. Roosevelt die Executive Order 6102, die den privaten Besitz von Goldmünzen und -barren für illegal erklärte und mit bis zu zehn Jahren Gefängnis bestraft. Alle privaten Goldbestände mussten gegen Papiergeld zu 20,67 US-Dollar je Feinunze an die Federal Reserve übergeben werden. Dieses Verbot des privaten Goldbesitzes wurde erst 1975 von US-Präsident Gerald Ford wieder aufgehoben.
- Nach dem Zweiten Weltkrieg wurde der US-Dollar zur weltweiten Leitwährung und zu einem festen Wechselkurs an Gold gebunden. Viele andere Währungen waren dann an den US-Dollar gekoppelt – dies war das Bretton-Woods-System fester Wechselkurse.
- Als die Verschuldung der USA außer Kontrolle geriet, beendete US-Präsident Nixon 1971 die Konvertibilität des US-Dollar in Gold (»Nixon-Schock«).
- Mit dem endgültigen Ende des Bretton-Woods-Systems im Jahr 1973 begann eines der größten wirtschaftlichen Experimente: ein System freier und flexibler Wechselkurse für Währungen, die keine anderen Sicherheiten als den Glauben an die nationalen Regierungen haben (»Fiat-Währung«).

11
Erdöl: Die Ölkrisen der 1970er-Jahre

1973 & 1979

Die 1970er-Jahre müssen zwei globale Ölkrisen verkraften: 1973 und 1979. Die arabischen Länder setzen Öl als politische Waffe ein, und die Industrienationen – bislang unbesorgt um ihre Energieversorgung – stehen vor einem Chaos.

»Peak oil is the point in time when the maximum rate of global petroleum extraction is reached, after which the rate of production enters terminal decline.«
WIKIPEDIA, ART. »PEAK OIL«

»Just like global warming, the rationale for peak oil sounds great, it makes sense, but there is just one small problem, the facts don't support it … it is a myth.«
SEEKINGALPHA.COM

Am Sonntag, dem 25. November 1973, sind die deutschen Straßen leergefegt: Fahrverbot! In der Vorwoche, am 19. November 1973, wurden ein »Sonntagsfahrverbot« für alle Autofahrer für vier Wochen sowie ein Tempolimit von 100 Kilometer pro Stunde auf Autobahnen und 80 Kilometer pro Stunde auf Landstraßen eingeführt. Auch in Dänemark, den Niederlanden, Luxemburg und der Schweiz fährt am 25. November fast kein Auto. Das »Sonntagsfahrverbot« ist die Reaktion der deutschen Regierung auf die sprunghaft angestiegenen Energiepreise infolge der Ölkrise.

Anfang der 1970er-Jahre spitzt sich der Nahostkonflikt zwischen den arabischen Staaten und Israel zu: Im Sechstagekrieg hat Israel 1967 die Golanhöhlen und die Sinai-Halbinsel erobert und das Westjordanland, den Gaza-Streifen und Ost-Jerusalem besetzt. Die arabischen Länder fordern einen umgehenden Rückzug aus den besetzten Gebieten. Der internationale Druck auf Israel wird größer, Warnungen über mögliche Vergeltungsmaßnahmen der arabischen Welt werden ignoriert, ebenso wie das ägyptische Angebot eines Friedensvertrages, sofern die Halbinsel Sinai zurückgegeben würde. Am 6. Oktober 1973, dem höchsten jüdischen Feiertag Jom Kippur (Versöhnungstag), greifen Ägypten und Syrien gemeinsam Israel an. Syrien verzeichnet auf den Golanhöhen, Ägypten auf der Sinai-Halbinsel anfängliche Erfolge.

Allerdings unterstützen die USA Israel mit erheblichen militärischen Mitteln, und schließlich kann das kleine Land eine Wende im Kriegsverlauf herbeiführen. Die arabischen Staaten greifen in der Folge auf ein anderes Druckmittel zurück: Am 17. Oktober 1973 beschließt die Organisation der arabischen Erdöl exportierenden Länder als Reaktion auf die israelischen Erfolge eine Reduktion des Öl-Angebots um 5 Prozent gegenüber dem Niveau vom September 1973. Gegen die USA und die Niederlande, die als enge Verbündete Israels gelten, wird sogar ein kompletter Lieferboykott für Erdöl verhängt. Die arabischen Ausfuhrländer verkünden, ihre Erdölförderungen so lange einzuschränken, bis die von Israel besetzten Gebiete »befreit« und die Rechte des palästinensischen Volkes wiederhergestellt seien – dies markiert den Beginn der ersten Ölkrise.

Am 17. Oktober 1973 beschließt die OPEC als Reaktion auf den Jom-Kippur-Krieg eine Drosselung des Öl-Angebots.

Was ist die OPEC?

Die Organisation erdölexportierender Länder (OPEC) wurde 1960 von den fünf Gründungsmitgliedern Irak, Iran, Kuwait, Saudi-Arabien und Venezuela in Bagdad ins Leben gerufen. Die Erschließung immer neuer Quellen und das Überangebot auf dem Weltmarkt ließen den Ölpreis in den 1950er-Jahren kontinuierlich sinken. Das Ziel der OPEC ist, durch Absprache aller OPEC-Mitgliedsländer die gemeinsame Rohölproduktion so festzulegen, dass der Weltmarktpreis für Rohöl innerhalb eines festgelegten Zielkorridors liegt. Das Kartell besteht heute aus 14 Mitgliedern: Algerien, Angola, Ecuador, Äquatorialguinea, Gabun, Iran, Irak, die Republik Kongo, Kuwait, Libyen, Nigeria, Saudi-Arabien, die Vereinigten Arabischen Emirate und Venezuela. Katar verließ die OPEC im Januar 2019.

Das Kartell ist für etwa 40 Prozent der weltweiten Erdölproduktion verantwortlich und vereint zusammen rund drei Viertel aller Ölreserven. Saudi-Arabien ist mit Abstand der größte Produzent innerhalb der OPEC – 2018 lag die Fördermenge des Landes bei knapp 12 Millionen Barrel pro Tag. Andere, nicht in der OPEC organisierte große Ölproduzenten sind Russland, USA, China, Mexiko, Kanada, Norwegen und Brasilien.

Bis zu diesem Zeitpunkt hatte in den westlichen Industrieländern die Überzeugung geherrscht, die globalen Energiereserven seien unerschöpflich. Das plötzliche Embargo löst daher einen Schock in vielen Industrieländern aus, bildet doch Erdöl einen wichtigen Produktionsfaktor und Eckpfeiler der Energieversorgung. Deutschland deckt beispielsweise zu dieser Zeit über 50 Prozent des Energiebedarfs durch importiertes Erdöl, von dem rund drei Viertel aus den arabischen Ländern stammt.

Bis zur Ölkrise dachten die Industrienationen, die globalen Energiereserven seien unerschöpflich.

Es zeigt sich, dass selbst bei sparsamem Verbrauch die Reserven lediglich drei Monate reichen würden – in der Bevölkerung verbreitet sich Panik. Um die Ausgaben zu begrenzen und den Grad der Abhängigkeit zu reduzieren, reagieren die europäischen Länder mit Energiesparmaßnahmen, dem Rückgriff auf alternative Rohöllieferanten und einheimische Ölquellen, der Erschließung alternativer Energiequellen sowie dem Aufbau strategischer Ölreserven.

!

Die Wirtschaft bebt!

Der erste Ölpreis-Schock in Deutschland führt zur Stagflation: wirtschaftliche Stagnation bei steigenden Preisen. Die steigenden Energiepreise heizen die Inflation an und lassen gleichzeitig die Konjunktur taumeln: Die Wirtschaftsleistung (BIP) schrumpft von Zuwachsraten von über 5 Prozent in 1972 auf 0,4 Prozent in 1974 beziehungsweise –1,8 Prozent in 1975. Viele Branchen wie das Baugewerbe (–16 Prozent) oder die Automobilindustrie (–18 Prozent) verzeichnen einen massiven Rückgang der Produktion. Der Börsenwert deutscher Unternehmen sinkt drastisch und notiert Ende September 1974 mit einem Abschlag von beinahe 40 Prozent gegenüber den Kursen von Juli 1972. Die Arbeitslosigkeit steigt von Quasi-Vollbeschäftigung auf 2,6 Prozent in 1974 und auf 4,8 Prozent in 1975.

Unmittelbar zeigen sich die Auswirkungen der Förderkürzungen auf dem Ölmarkt – die Preise schießen in die Höhe: Ende 1972 handelt US-Öl bei rund 3,50 US-Dollar, im September 1973 ist es auf 4,30 US-Dollar gestiegen, am Jahresende 1973 steht der Ölpreis über der Marke von 10 US-Dollar. Die Einnahmen der OPEC-Staaten wachsen von rund 14 Milliarden US-Dollar in 1972 auf über 90 Milliarden US-Dollar in 1974.

Die Ölwaffe der arabischen Länder führt schnell zu politischen Ergebnissen: Am 5. November 1973 fordern die europäischen Außenminister in einer Nahost-Erklärung Israel zur Räumung der seit 1967 besetzten Gebiete auf. Daraufhin gibt die OPEC erste Signale für eine Entspannung und lockert schrittweise die Abgabebeschränkungen.

Aber auch nach der schrittweisen Entspannung und der Anhebung der Ölproduktion bleiben die Preise für Rohöl auf hohem Niveau. 1974 verteuern sich alleine die Ölimporte von Deutschland um über 150 Prozent gegenüber dem Vorjahr.

Während der ersten Ölkrise 1973 steigt der Ölpreis von 3,50 auf über 10 US-Dollar; während der zweiten Ölkrise 1979 springt der Ölpreis von unter 15 auf fast 40 US-Dollar.

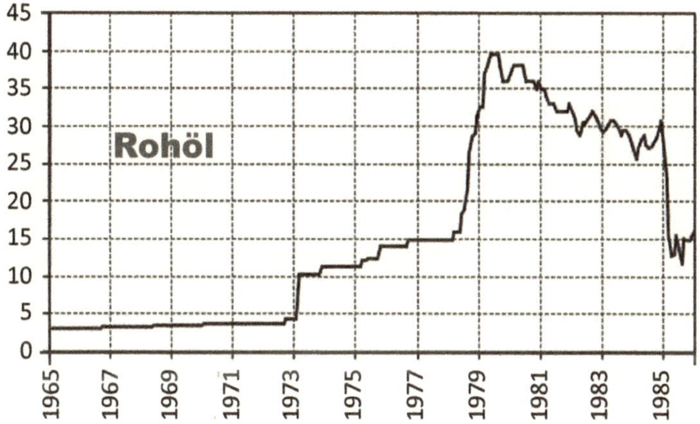

Abbildung 6: Entwicklung des Rohölpreises, 1965 bis 1986, in US-Dollar/Barrel, Daten: Datastream 2019

Nach stagnierenden Rohölpreisen in den Folgejahren kommt es 1979/80 wieder zu sprunghaft steigenden Preisen. Nach der Iranischen Revolution und dem Angriff Iraks auf das Nachbarland (Erster Golfkrieg) steigt erneut die Verunsicherung der Industrienationen über die Versorgung mit Rohöl. Ausgehend von Preisen von weniger als 15 US-Dollar/Barrel zu Beginn des Jahres 1979 steigt der Ölpreis innerhalb von zwölf Monaten auf fast 40 US-Dollar – die zweite Ölkrise ist geboren.

Der OPEC-Preis wird auf 24 US-Dollar pro Barrel angehoben; Libyen, Algerien und der Irak fordern sogar 30 US-Dollar für ihr Öl. 1980 erreicht die Hochpreispolitik der OPEC ihren Höhepunkt, als Libyen 41 US-Dollar verlangt, Saudi-Arabien 32 US-Dollar und die restlichen OPEC Staaten 36 US-Dollar pro Barrel. Im Folgejahr verringert sich der Ölabsatz aufgrund der schwächeren Konjunktur in den Industrieländern. Dies und die Investitionen in alternative Energiequellen lassen den weltweiten Ölverbrauch zwischen 1978 und 1983 um 11 Prozent sinken, und der OPEC-Anteil am Rohölmarkt verringert sich auf 40 Prozent. Mangelnde Kartelldisziplin trägt dazu bei, dass dieser Anteil weiter zurückgeht: 1985 liegt er an der Weltproduktion bei nur noch 30 Prozent und der Ölpreis sinkt sogar kurzzeitig wieder unter die Marke von 10 US-Dollar.

MERKE

- Im Jahr 1973 nutzte die Organisation erdölexportierender Länder (OPEC) ihre Dominanz in der weltweiten Ölproduktion als politische Waffe und schränkte ihre Ölexporte in die westlichen Industrieländer massiv ein. Dies löste die erste Ölkrise aus. Die Rohölpreise explodierten von 3,50 US-Dollar Ende 1972 auf über 10 US-Dollar innerhalb von 12 Monaten.
- Die Ölkrise war für alle industrialisierten Länder ein Schock, der das Wirtschaftswachstum stark beeinträchtigte und zu steigender Arbeitslosigkeit führte.
- Während der zweiten Ölkrise im Jahr 1979 stiegen die Ölpreise von weniger als 15 auf fast 40 US-Dollar.

12

Diamanten: Der Crash der härtesten Währung der Welt

1979

Trotz individueller Bewertung weisen Diamanten über lange Jahre eine stabile Wertentwicklung auf. 1979 verliert der Monopolist De Beers die Kontrolle über den Diamantenmarkt, und sogenannte »Anlagediamanten« verlieren in kurzer Zeit 90 Prozent an Wert.

»Diamonds are a girl's best friend.«
MARILYN MONROE, ALS LORELEI LEE IN »BLONDINEN BEVORZUGT«

Edelsteine wie Diamanten, Rubine, Saphire, Smaragde und Opale sind vor allem durch ihre Verwendung als Schmucksteine bekannt – Diamanten bilden dabei den mit Abstand größten Teilmarkt.

Bedeutende individuelle Steine lassen sich seit ihrer Entdeckung durch die Geschichte verfolgen, berühmte Beispiele sind der Blue Hope, der Cullinan, der Millennium Star, der Excelsior, der Koh-i-Noor oder der Orlow. Die weltweite Ausbeute an Rohdiamanten liegt zwischen 20 und 25 Tonnen pro Jahr, was ungefähr 100 bis 130 Millionen Karat und einem Wert von annähernd

10 Milliarden US-Dollar entspricht. Neben Schmuckdiamanten unterscheidet man Industriediamanten, denn nur etwa 20 Prozent aller geförderten Diamanten werden in der Schmuckindustrie verwendet. Zusätzlich zur natürlichen Ausbeute werden pro Jahr rund 100 Tonnen Diamanten künstlich hergestellt. Die größten Vorkommen befinden sich in Russland, Australien, Kanada und in Afrika – hier insbesondere Südafrika, Namibia, Botswana, Sierra Leone und der Demokratischen Republik Kongo.

Der Wert der jährlichen Diamantenförderung liegt zwischen 100 und 130 Millionen Karat – das entspricht etwa 10 Milliarden US-Dollar.

Die vier »C« der Diamantenbranche

Im Unterschied zu vielen anderen Rohstoffen gibt es bei Diamanten keinen einheitlichen Wert pro Gewichtseinheit. Der Wert eines Diamanten setzt sich nach verschiedenen Kriterien zusammen, von denen die »vier C« die bekanntesten sind: *color, clarity, cut* und *carat,* also Farbe, Reinheit, Schliff und Gewicht. Spricht man von den »fünf C«, kommt noch die Expertise (*certificate*) hinzu, der man die durch ein anerkanntes Institut zertifizierten physischen Eigenschaften des jeweiligen Steins entnehmen kann. Die Farbklassifizierung beginnt bei D, was hochfeinem Weiß beziehungsweise beinah farblos entspricht, und setzt sich über die Kategorien E, F, G, H (einfaches Weiß) und so weiter fort. Die Einteilung der Farbstufen richtet sich danach, wie nahe ein Stein der Farblosigkeit kommt. Farbige Diamanten (z. B. gelb, rot, blau oder grün) sind besonders selten, dementsprechend kostbar und werden auch als *fancy diamonds* bezeichnet. Der Reinheitsgrad eines Diamanten (*clarity*) bestimmt das Maß von Einschlüssen – je reiner ein Diamant, desto seltener ist er. Die Skala beginnt bei IF (*internally flawless*, lupenrein) und setzt sich über kleine bis hin zu deutlichen und groben Einschlüssen fort. Der Schliff bezieht sich auf die Winkel und Proportionen eines Diamanten – der beliebteste Schliff ist der Brillantschliff. Das Gewicht von Diamanten wird traditionell in Karat (1 ct = 0,2 Gramm) angegeben.

Die größten Diamantenbörsen befinden sich in Antwerpen, Amsterdam, New York, Ramat Gan (Israel), Johannesburg und London, wobei das belgische Antwerpen der wichtigste Börsenplatz ist: 85 Prozent der weltweit geförderten Rohdiamanten und rund die Hälfte der geschliffenen Steine werden im direkt am Bahnhof gelegenen »Diamantenviertel« umgeschlagen. Der Handel spielt sich in verschiedenen Stufen ab: Er beginnt bei den Minen, die die Steine explorieren und fördern, geht dann weiter über von den Rohsteinaufkäufern zu den Verarbeitern. Die nächsten Stationen sind Großhändler, Börsenhändler, Zwischenhändler bis hin zu den Juwelieren oder anderen Einzelhändlern.

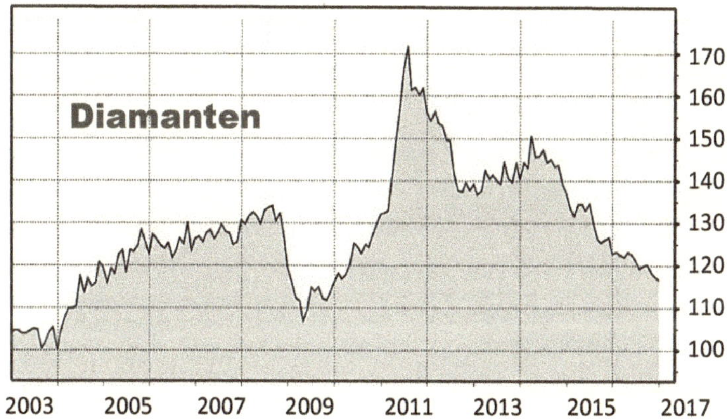

Abbildung 7: Wertentwicklung von Diamanten, 2003 bis 2016, Preis indexiert über verschiedene Größen und Qualitäten, Daten: Polishedprices.com, Bloomberg 2019

Die Bewertung von Diamanten verläuft nicht einfach linear zu ihrer Größe: Größere Steine sind viel seltener und damit exponentiell kostbarer. Außerdem fluktuieren die Preise an den Übergängen von einer Größenklasse in die nächste: Beispielsweise kann bei 0,49 gegenüber 0,5 Karat – der Unterschied beträgt nur 100 Milligramm oder weniger – der Preis um mehr als 1.000 US-Dollar variieren. Anfang April 2019 reichen die Preise für Diamanten der Größe von 1 Karat von 500 US-Dollar bis zu über 12.000 US-Dollar, allein abhängig vom Grad der Reinheit und der Farblosigkeit. Aufgrund ihrer Größe in Relation zu ihrem Wert sind Diamanten eine leicht zu konvertierende Währung; als »Blutdiamanten« erlangte ein Teil von ihnen traurige Berühmtheit.

Die mit Abstand wichtigste Größe im Diamantenmarkt – analog des Einflusses der OPEC im Ölmarkt – stellt De Beers dar. Das südafrikanische Unternehmen ist der größte Diamantenproduzent und -händler der Welt und heute Teil des Minenkonzerns Anglo American.

De Beers kontrolliert etwa 30 Prozent der weltweiten Diamantenförderung, übt aber auch im Handel noch immer einen dominierenden Einfluss aus. Denn das Unternehmen bestimmt, wie viele Rohdiamanten in welcher Qualität die Händler überhaupt kaufen können. Die Diamond Trading Company (DTC) kauft den größten Teil der weltweiten Produktion von Rohdiamanten auf, teilt den Bergbaugesellschaften Förderquoten zu und steuert den Absatz über die Central Selling Organisation. Die Central Selling Organisation (CSO) – als verlängerter Arm der von De Beers kontrollierten Diamond Trading Company (DTC) – veranstaltet regelmäßig in London »sights« auf denen den rund 150 zugelassenen Verwertern und Händlern (»sightholder«), den Einkäufern der Schleifer und Großhändler, Zusammenstellungen von Rohdiamanten zum Kauf angeboten werden. Das De-Beers-Syndikat ist Garant für stabile Preise; Ende der 1970er-Jahre entgleitet dem Unternehmen jedoch die Kontrolle über den Diamantenmarkt.

Vergleichbar der OPEC auf dem Ölmarkt dominiert De Beers den weltweiten Diamantenhandel.

De Beers – Die Macht im Diamantenmarkt

!

De Beers ist der größte Diamantenproduzent und -händler der Welt und übt seit über 100 Jahren das Monopol im Diamantenhandel aus. Der Name des Unternehmens geht auf die erste Mine in Kimberley zurück, befindlich auf der Farm der Brüder Johannes Nicolaas und Diederik Arnoldus de Beer. Hier werden 1871 Diamanten gefunden, und Glücksritter verwandeln den Ort in die Welthauptstadt der Diamanten. Cecil Rhodes kauft nach und nach sämtliche

Schürfrechte auf und gründet 1888 De Beers. Heute ist De Beers zu 45 Prozent im Besitz von Anglo American und zu 40 Prozent im Besitz der Familie Oppenheimer. Ernest Oppenheimer, 1880 in Friedberg in der Nähe von Frankfurt am Main geboren, zieht im Alter von 32 Jahren die politischen Fäden in der Diamantenmetropole Kimberley. 1916 gründet Ernest Oppenheimer die Anglo American Corporation, die schnell zu einem der erfolgreichsten Bergbaukonzerne der Welt aufsteigt und 1926 die Aktienmehrheit von De Beers übernimmt. 1890 wird das London Diamond Syndicate gegründet, welches die gesamte Produktion von De Beers aufkauft. Dieses Syndikat ist der Grundstein, auf dem Ernest Oppenheimer die Diamond Corporation erschafft, aus der später die Central Selling Organisation (CSO) hervorgeht. In den 1930er-Jahren, zur Zeit der großen Depression, kauft Oppenheimer die internationalen Diamantenmärkte leer, um die Preise zu stabilisieren; De Beers und die Central Selling Organisation bilden seitdem ein Kartell, das weltweit exklusiv den Handel mit Diamanten betreibt.

In den 1970er-Jahren verliert der US-Dollar gegenüber anderen Währungen deutlich an Wert, die Inflation in den USA steigt, und Investoren suchen verstärkt Anlagemöglichkeiten abseits der traditionellen Anlagekategorien, um den Geldwert zu erhalten. Das Interesse vieler Kapitalanleger an Diamanten als »harte« Währung und zur stabilen Wertanlage nimmt zu und lässt besonders die Nachfrage nach hochwertigen Steinen steigen. Das De-Beers-Syndikat weitet das Angebot in dieser Zeit jedoch nur moderat aus, was zu weiter steigenden Preisen führt. Dies macht wiederum breitere Anlegerkreise auf das Thema Diamanten als Investitionsobjekt aufmerksam. Auch in Israel werden Rohdiamanten beliebtes Anlageobjekt: Um Tel Aviv als aufstrebendes Zentrum der Diamantenverarbeitung zu unterstützen, vergibt die Regierung große Kreditsummen zu günstigen Konditionen an die Banken. In der Folge werden aber auch viele Diamanten-Investitionsfirmen gegründet, die als Nachfrager die traditionellen Abnehmer zurückdrängen und die Steine an Privatanleger verkaufen. Ein Teufelskreis zeichnet sich ab, und eine Hysterie um Anlagediamanten beginnt.

Im Jahr 1979 verdoppelt sich der durchschnittliche Preis für Diamanten. Der Preis für die besonders nachgefragten Anlagediamanten, Einkaräter der höchsten Qualität, steigt im gleichen Jahr um das Zehnfache und notierte eine Zeit lang bei rund 60.000 US-Dollar! Eine schrittweise Abkühlung des überhitzten Marktes durch eine sukzessive Angebotsausweitung durch De Beers gelingt nicht. Der Markt ist völlig aus den Fugen geraten. Der unvermeidliche Absturz der Preise geht von Japan aus: Hier ist es eine verbreitete Praxis, Diamanten als Besicherung von Krediten zu akzeptieren. Als die ersten Banken bei den spekulativ getriebenen Preisen Diamanten nicht mehr als Sicherheit akzeptieren, bricht das Kartenhaus zusammen. Durch erste Verkäufe kann der Preis für Anlagediamanten leicht korrigiert werden, jedoch hat bereits ein Wettlauf im Verkauf von Diamanten begonnen: Bankrotte Spekulanten müssen ihre Bestände veräußern, und immer mehr Kreditnehmer fallen unter ihre Besicherungsgrenze und müssen ebenfalls Geld nachschießen. Mehr und mehr Diamanten kommen auf den Markt, der durch die Angebotsausweitungen von De Beers unter normalen Bedingungen bereits übersättigt ist. Selbst ein Verkaufsstopp und der Rückkauf von Diamanten über den Markt durch De Beers helfen nicht – der Preis kollabiert und Anleger können der Wertentwicklung ihrer vermeintlich stabilen Kapitalanlage nur noch hinterherschauen. Die weltweite Rezession beschleunigt den Abwärtstrend zusätzlich. Innerhalb eines Jahres fällt der Preis von Anlagediamanten von 60.000 US-Dollar auf 6.000 US-Dollar zurück; was ungefähr dem Preisniveau vor der Diamantenhysterie entspricht. Von diesem Niveau erholen sich die Diamantenpreise nur langsam, obwohl Anfang der 1980er-Jahre die Central Selling Organisation Diamanten im Gegenwert von über 6 Milliarden US-Dollar vom Markt nimmt, De Beers die Förderquoten kürzt und eine eigene Mine in Südafrika schließt. Methoden, die das beherrschende Unternehmen im Diamantenmarkt auch nach der Finanzkrise in 2009 anwendet, um die Preise von Diamanten aufgrund der zurückgegangenen Nachfrage nach Luxusgütern zu stabilisieren.

Hysterie: Der Wert von Diamanten verdoppelt sich in 1979; der Preis für Einkaräter der besten Qualität verzehnfacht sich.

MERKE

- Das südafrikanische Unternehmen DeBeers, heute Teil der Anglo-American-Gruppe, dominiert die internationale Diamantenproduktion und den Diamantenhandel.
- Nach einem unglaublichen Boom verlor das Unternehmen 1979 kurzfristig die Kontrolle über den Diamantenmarkt. Die durchschnittlichen Diamantenpreise verdoppelten sich innerhalb eines Jahres und die Preise für Anlagediamanten von einem Karat bester Qualität verzehnfachten sich sogar, nur um danach um 90 Prozent einzubrechen als die Blase platzte.

13

Silber: Der »Silver Thursday« und der Ruin der Gebrüder Hunt

1980

Die Brüder Nelson Bunker und Herbert Hunt versuchen 1980, den Silbermarkt in die Enge zu treiben und scheitern am amerikanischen Finanz-Establishment. Der 27. März 1980 wird bekannt als »Silver Thursday«: als Tag, an dem Silber die Hälfte seines Wertes einbüßt.

»The U.S. government has a technology, called a printing press, that allows it to produce as many U.S. dollars as it whishes.«
BEN BERNANKE, FED CHAIRMAN, 2006-2014

Der Hunt-Clan gehört zu den schillerndsten Familien in den Vereinigten Staaten: Haroldson Lafayette Hunt (1889–1974), Glücksritter, Gelegenheitsarbeiter und professioneller Pokerspieler sowie auch als »Arkansas Slim« bekannt, gewinnt in den 1920er-Jahren bei einer Pokerrunde eine Bohrlizenz in El Dorado, Arkansas, und stößt dort nach den ersten Probebohrungen auf Öl. Mit den ersten Gewinnen aus El Dorado erwirbt er Bohrlizenzen im texanischen Kilgore und findet hier das bis dato größte Ölfeld der Welt. 1936 gründet er die Hunt Oil Company, die der größte unabhängige Ölproduzent der USA wird. 1957 schätzt *Fortune* sein Vermögen auf zwischen 400 und 700 Millionen US-Dollar, womit Hunt einen Platz unter den zehn reichsten Amerikanern einnimmt. Die Hunts – vor der Enteignung durch Gaddafi auch im Besitz großer Teile der libyschen Ölquellen – gelten noch vor den Rockefellers als reichste Familie des Landes. Ebenfalls schillernd ist das Privatleben von H. L. Hunt: Mit seiner ersten Frau Lyda Bunker zeugt er sechs Kinder, darunter Nelson Bunker, Lamar und Herbert. Später beginnt er eine Affäre mit Frania Tye, die er später heiratet und mit der er vier Kinder hat, bevor sie sich 1942 trennen. Weitere vier Kinder hat Hunt mit einer seiner Sekretärinnen, Ruth Ray, die er schließlich 1957 heiratet. Anders als die Rockefellers, deren Familienname für immer mit Reichtum, Rohöl und der Standard Oil Company verknüpft ist, verbindet man mit dem Namen Hunt die große fehlgeschlagene Silberspekulation von 1980.

Silber und die Hunts – Eine Krise im Zeitraffer

Nelson Bunker und Herbert Hunt beginnen Anfang der 1970er-Jahre mit dem Erwerb von Silber zur Wertsicherung ihres Vermögens. Privater Goldbesitz war in den USA zu dieser Zeit noch verboten. Die zur damaligen Zeit wohlhabendste Familie der USA begründete das Familienvermögen auf Rohöl. Die anfängliche Investition in 200.000 Unzen Silber (1970) wird zwischen 1973 und 1974 auf 55 Millionen Unzen ausgebaut, was beinahe 10 Prozent des weltweiten Angebotes ausmacht. Zusammen mit physisch lieferbaren Termingeschäften an CBOT und COMEX wird in der Spitzenzeit rund 50 Prozent des weltweit lieferbaren Silbers gehalten. Der Preis für Silber steigt von 1,50 US-Dollar/Feinunze (1970) exponentiell über die nächsten Jahre und schließt im Januar 1980 bei über 50 US-Dollar/Feinunze was rund 120 US-Dollar in heutigen Preisen entspricht. CBOT und COMEX ändern ihre Handelsstatuten, die FED interveniert, und schließlich wird der Silberhandel an den Terminbörsen suspendiert. Der Silberpreis beginnt zu fallen – am

27. März 1980 (»Silver Thursday«) eröffnet er bei 15,80 US-Dollar/Feinunze und schließt bei 10,80 US-Dollar/Feinunze. Die erheblichen Margin-Verpflichtungen gipfeln Ende der 1980er-Jahre im Privatkonkurs der Gebrüder Hunt sowie in einer Verurteilung wegen »Verschwörung zur Manipulation des Marktes«.

Die meisten Industriestaaten führen im 19. Jahrhundert einen Goldstandard ein, der den zuvor vorherrschenden Silberstandard der Währungssysteme ablöst; mit der Einführung des Goldstandards verliert Silber an wirtschaftlicher Bedeutung.

Bedeutende Einflussgrößen der vergangenen 50 Jahre für Edelmetalle stellen das Verbot privaten Goldbesitzes in den USA und der Zusammenbruch des 1944 geschaffenen Bretton-Woods-Systems dar: Im Kampf gegen die »Große Depression« erklärte 1933 der amerikanische Präsident Franklin D. Roosevelt den privaten Besitz von Gold im Wert von mehr als 100 US-Dollar für illegal; wenig später werteten die USA ihre Währung massiv ab, indem der Umtauschkurs von Gold von 20,67 auf 35 US-Dollar angepasst wurde. Die 1970er-Jahre sind nicht nur politisch turbulent, sondern auch von großen Verunsicherungen an den Finanzmärkten geprägt: Jom-Kippur-Krieg, Sturz des Schahs im Iran, Afghanistankrieg der UdSSR, Ölkrise. In den USA kommt es zu einem massivem Anstieg der Staatsverschuldung infolge des Vietnamkriegs, einer massiven Ausweitung der Geldmenge und steigenden Inflationsraten. Seit 1971 kann die US-Zentralbank ihren Verpflichtungen nicht mehr nachkommen, die Goldmenge der Vereinigten Staaten reicht zur Deckung der Währung bei Weitem nicht mehr aus: 1973 bricht das Bretton-Woods-System, das internationale Währungssystem mit einem durch den Goldstandard gedeckten US-Dollar als Leitwährung, endgültig zusammen. Durch die Abschaffung von Silber- und Goldstandard verlieren beide Metalle an wirtschaftlicher Bedeutung, und große Mengen gelangen zudem auf den Markt. Dies treibt nicht nur den Preis für Silber auf unter 2 US-Dollar pro Feinunze, sondern wirkt sich auch nachhaltig negativ auf die Silberförderung aus, denn zu diesem geringen Preis wollen nur wenige Staaten das Metall fördern.

Legendär ist die Silberspekulation der Gebrüder Hunt, die 1980 im Zusammenbruch des Silberhandels gipfelt. Die Brüder William Herbert und Nelson Bunker Hunt erkennen als erste Großinvestoren die Chancen, die der Silbermarkt in dieser Zeit bietet: eine konstante Nachfrage aus der Industrie, eine geringe Förderung aufgrund des niedrigen Preises sowie ein geringe Marktgröße frei handelbaren Silbers. Aus seinen Vorbehalten gegenüber »dem Papiergeld« – aufgrund der abgeschafften Goldbindung der US-Währung – macht Nelson Bunker Hunt keinen Hehl: Jeder Depp könne eine Druckmaschine laufen lassen und fast alles sei besser als Papiergeld, äußert er. Der zu diesem Zeitpunkt reichste amerikanische Clan sorgt sich um den Erhalt des Familienvermögens, und da privater Goldbesitz noch immer verboten ist, fokussiert sich sein Interesse neben Ländereien und Immobilien auf den Silbermarkt. An den folgenden Geschehnissen am Silbermarkt sind die Brüder Nelson Bunker, Herbert und Lamar Hunz beteiligt. Zwischen 1970 und 1973 kaufen Bunker und Herbert rund 200.000 Unzen Silber – innerhalb dieser drei Jahre verdoppelt sich der Silberpreis von 1,5 US-Dollar auf 3 US-Dollar je Feinunze. Durch den ersten Erfolg ermutigt, erweitern die Brüder ihre Aktivitäten an den Terminbörsen und erwerben bis Anfang 1974 Terminkontrakte im Gegenwert von 55 Millionen Feinunzen Silber, bei denen sie die physische Auslieferung abwarten. Die physische Lieferung war damals wie heute ungewöhnlich, und mit ständigen Käufen erzeugen die Hunts eine künstliche Knappheit auf dem Silbermarkt. Im Hinblick auf die staatliche Enteignung des privaten US-Goldbesitzes in den USA vor 40 Jahren lassen sie den Großteil des Edelmetalls ins Ausland bringen; in europäischen Bankhäusern in Zürich und London wähnen sie ihre Silberbestände vor dem Zugriff der amerikanischen Behörden sicher. Im Frühjahr 1974 steigt der Silberpreis auf über 6 US-Dollar, Gerüchte darüber, dass die Hunts – mittlerweile im Besitz von fast 10 Prozent des weltweiten Angebots – eine marktbeherrschende Stellung anstrebten, machen die Runde. Bis 1978 lassen sich Bunker und Herbert weitere 20 Millionen Feinunzen Silber ausliefern und versuchen, weitere Investoren zu gewinnen. Zusammen mit zwei

Im Januar 1980 steigt Silber auf über 50 US-Dollar. Noch wenige Jahre zuvor kostet die Feinunze Silber gerade einmal 1,50 US-Dollar!

saudischen Scheichs gründen sie die »International Metal Investment Group« und erwerben bis 1979 weitere Terminkontrakte über 40 Millionen Unzen Silber an den Terminbörsen COMEX und CBOT.

!

Edelmetalle im Rückblick

Die zwei wichtigsten Ereignisse der Neuzeit für Gold und Silber sind das Verbot privaten Goldbesitzes in den USA und die Abschaffung des Bretton-Woods-Systems. 1933 erklärte US-Präsident Franklin D. Roosevelt privaten Goldbesitz über 100 US-Dollar für illegal (dies änderte sich erst wieder 40 Jahre später). Mit dem Nixon-Schock 1971 änderten die USA von einem Tag auf den anderen die Konvertierbarkeit von US-Dollar in Gold. Hierzu zwangen sie die steigenden Staatsschulden aufgrund des Vietnam Krieges. Das System fester Wechselkurse und die Deckung des US-Dollars mit Gold sind damit wenig später, 1973, zu einem Eintrag in den Geschichtsbüchern geworden. Ohne Gold- oder Silberstandard der Währungssysteme verloren beide Metalle an wirtschaftlicher Bedeutung und die Preise fielen. Die Feinunze Silber taumelte unter den Wert von 2 US-Dollar, was einen bleibenden negativen Effekt auf die Silberförderung der nächsten Jahre bedeutete.

Über fast zehn Jahre kaufen die Hunts und ihre Partner auf diese Art und Weise rund 150 Millionen Unzen Silber zusammen, rund 5.000 Tonnen. Dies entspricht der Hälfte der amerikanischen und etwa 15 Prozent der weltweiten Silbervorräte. Dazu kommen rund 200 Millionen Unzen in Form von Silber-Kontrakten an den Terminbörsen. Die weltweite Nachfrage nach Silber ist inzwischen auf rund 450 Millionen Unzen gestiegen, während die Produktion aufgrund des noch wenige Jahre zuvor eher geringen Preisniveaus bei unter 250 Millionen Unzen liegt. Inzwischen nimmt der Silberpreis Anlauf auf die Marke von 8 US-Dollar, innerhalb von nur zwei Monaten verdoppelt er sich aufgrund der zunehmenden physischen Knappheit auf 16 US-Dollar. CBOT und COMEX verfügen zusammen aber nur über

120 Millionen Unzen Silber, und die Strategie der Hunts, auf physischer Lieferung zu bestehen, wird mittlerweile von einer zunehmenden Anzahl von Marktteilnehmern imitiert.

Ende 1979 gibt die CBOT bekannt, dass kein Investor mehr als 3 Millionen Silber-Kontrakte halten darf; alle Kontrakte über diesem Limit müssen bis zum Februar 1980 liquidiert werden. Auch die Einschusspflicht wird erhöht. Bunker interpretiert diese Regeländerungen als Zeichen einer drohenden Knappheit und kauft weiter. Auch Lamar steigt zu diesem Zeitpunkt ein und investiert 300 Millionen US-Dollar. Bunker Hunt hält mittlerweile 40 Millionen Unzen Silber im Ausland und 90 Millionen Unzen Silber zusammen mit den Partnern der International Metal Investment Group, die wiederum weitere 90 Millionen Unzen mit Liefertermin März 1980 halten. Zu Handelsschluss Ende 1979 steigt der Silberpreis auf 34,45 US-Dollar. Im Januar zieht die COMEX nach und ändert ihre Regeln dahingehend, dass jeder Investor nur noch Kontrakte über maximal 10 Millionen Unzen halten darf.

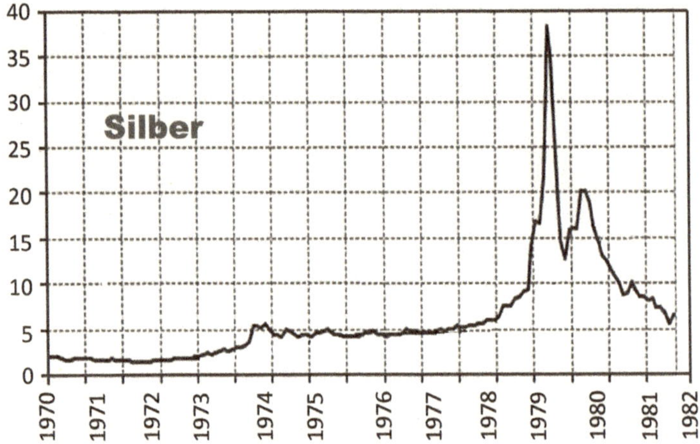

Abbildung 8: Wertentwicklung von Silber, 1970 bis 1982, in US-Dollar/ Feinunze, Daten: Bloomberg 2019

Mitte Januar 1980 überwindet der Silberpreis die Marke von 50 US-Dollar, in heutige Preise umgerechnet etwa 120 US-Dollar – die Silberbestände des Hunt Clans erreichen einen Wert von 4,5 Milliarden US-Dollar!

Mit der Aussetzung des Silberhandels an der COMEX Ende 1980 wendet sich dann das Blatt. Die Börse nimmt nur noch Liquidierungsaufträge an, der Preis beginnt zu fallen. Zudem erhöht die FED die Zinsen und der stärkere US-Dollar belastet die Preise für Gold und Silber. Bis Mitte März 1980 fällt der Silberpreis auf rund 21 US-Dollar zurück. Zusätzlich beschleunigt wird der Preisverfall durch die panikartigen Verkäufe kleiner Spekulanten und Anleger, die dem Beispiel der Hunts gefolgt sind. Auch steigt das physische Angebot, weil aufgrund des Preisanstiegs private Silberbestände wie Tafelsilber, Schmuck und Münzen auf den Markt kommen.

Ende März 1980 können die Hunts den Nachschusspflichten ihrer Termingeschäfte nicht mehr nachkommen und sind gezwungen, Silber im Wert von 100 Millionen US-Dollar zu verkaufen. Der 27. März 1980 geht in die Geschichte als »Silver Thursday« ein: Silber eröffnet bei 15,80 US-Dollar und schließt bei 10,80 US-Dollar. Für die Hunts, deren durchschnittlicher Einstand bei ihren Silber-Terminkontrakten bei 35 US-Dollar liegt, bedeutet dies eine Schuldenposition von 1,5 Milliarden US-Dollar! Viele Investoren, darunter auch Offizielle der COMEX, gehen Short-Positionen ein und verstärken den Abwärtstrend beim Silberpreis deutlich. Der Silberpreis erholt sich zwar bis Mitte 1980 wieder auf rund 17 US-Dollar, doch die Hunts müssen Konkurs anmelden und werden wegen Verschwörung zur Manipulation des Marktes verurteilt. Im Gegensatz zu den Hunt-Brüdern kommen die Short-Investoren, die zum Teil auf Basis von Insiderinformationen handeln, jedoch ungeschoren davon. Auch die rückwirkende Regeländerung der Terminbörsen wird kaum diskutiert.

Am 27. März 1980 eröffnet Silber bei 15,80 US-Dollar und schließt bei 10,80 US-Dollar je Feinunze – ein Wertverfall von über 30 Prozent!

Der Fehler der Hunts lag im Einsatz von zu viel Fremdkapital, wodurch sie von Banken und Terminhändlern abhängig wurden; ansonsten hätten sie den Absturz des Silberpreises aussitzen können, ohne so massiv Positionen auf den Markt werfen zu müssen. Mit den steigenden Zinsen wurden die Belastungen aus den Kreditgeschäften immer höher, und auch die gestiegenen Sicherheitsleistungen machten der Familie zu schaffen. Diese wurden von den Börsen erhöht, um die Silberspekulationen zu begrenzen. Den Medien galten die Hunts nun als Inbegriff von Marktmanipulation. Die Spekulation der Gebrüder Hunt, der anschließende Zusammenbruch des Silberpreises, der auch unzähligen Privatanlegern erhebliche Verluste bescherte, fügte der Reputation des Silbermarktes auf Jahrzehnte hinaus nachhaltig Schaden zu.

MERKE

- Haroldson Lafayette Hunt, auch bekannt als »Arkansas Slim«, begründete das Familienvermögen der Hunts auf Rohöl. In der Folge stiegen die Hunts zu den zehn reichsten Familien der USA auf.
- Die Brüder Nelson Bunker und William Herbert Hunt zielten darauf ab, das Familienvermögen durch Investitionen in Silber zu erhalten und vor Inflation zu schützen. Mit ihren Käufen cornerten sie den Silbermarkt, indem sie das Metall physisch kauften und gleichzeitig große Positionen von Terminkontrakten aufbauten.
- Der Preis für Silber stieg von unter 2 US-Dollar pro Feinunze im Januar 1980 auf über 50 US-Dollar. Das Vermögen der Familie Hunt überstieg die Marke von 4,5 Milliarden US-Dollar. Aber am 27. März 1980, dem »Silver Thursday«, brach Silber um 30 Prozent ein. Die Hunts mussten Insolvenz anmelden und wurden beschuldigt, den Silbermarkt manipuliert zu haben.

14

Rohöl und der Golfkrieg. Kein Blut für Öl?

1990

Machtpolitik im Nahen Osten: Der hoch verschuldete Irak überfällt Kuwait, wird aber von einer Koalitionsstreitmacht unter Führung der Vereinigten Staaten von Amerika zurückgeschlagen. Auf dem Rückzug stecken irakische Truppen die kuwaitischen Ölfelder in Brand. Innerhalb von drei Monaten verdoppelt sich der Ölpreis von unter 20 US-Dollar auf über 40 US-Dollar pro Barrel.

»Once [Saddam Hussein] acquired Kuwait ... he was clearly in a position to be able to dictate the future of worldwide energy policy, and that gave him a stranglehold on our economy and on that of most of the other nations of the world as well.«

Richard »Dick« Cheney, US-Verteidigungsminister, 1990

Während des Ersten Golfkrieges, dem Iran-Irak-Krieg in den 1980er-Jahren, erfreut sich der Irak guter Beziehungen zu den USA und Europa. Der Westen unterstützt das Land insbesondere auf militärischem Gebiet, um einer weiteren islamischen Ausbreitung sowie einer sowjetischen Einflussnahme entgegenzuwirken.

1980 fördert der Irak rund 6 Millionen Barrel Rohöl pro Tag, der Iran etwa 5 Millionen Barrel, wovon das meiste aus der ölreichen südwestlichen Provinz Chusistan stammt. Kombiniert macht die irak-iranische Rohölförderung rund 20 Prozent des täglichen weltweiten Verbrauchs aus. Der achtjährige Krieg mit dem Khomeini-Regime in Teheran hat die irakische Wirtschaft stark in Mitleidenschaft gezogen und auf beiden Seiten insgesamt einer Million Menschen das Leben gekostet. Hauptgeldgeber für den Irak waren die arabischen Staaten, allen voran Saudi-Arabien und Kuwait; nach dem Krieg ist das Land hoch verschuldet. Um die Grenzregion Irak-Kuwait schwelen seit der Gründung Kuwaits permanent Konflikte; der Irak bestreitet von jeher die Legitimität der kuwaitischen Unabhängigkeit. Der Irak strebt nach einer Annullierung beziehungsweise Neuverhandlung der Schulden gegenüber Saudi-Arabien und Kuwait.

Die irakische Führung hofft, durch eine Senkung der Ölförderquoten eine Verteuerung des Ölpreises zu erwirken, um so die Staatsschulden abzutragen. Doch Kuwait macht ihr einen Strich durch die Rechnung, indem das Land seine Förderquote im Gegenzug erhöht und die Preise senkt, um sich einen Vorteil in den Grenzstreitigkeiten zu schaffen.

Am 17. Juli 1990 wirft der Irak seinem Nachbarland und den Vereinigten Arabischen Emiraten vor, weit mehr als die im Rahmen der OPEC vereinbarte Menge an Erdöl zu fördern und damit die Preise zu drücken. Dadurch seien dem Irak Verluste im Wert von 14 Milliarden US-Dollar entstanden. Darüber hinaus bezichtigt der Irak den Nachbarn, entlang der gemeinsamen Grenze Öl aus irakischen Ölfeldern gefördert zu haben. Verhandlungen zwischen dem Irak und Kuwait am 31. Juli 1990 scheitern, und der Irak lässt seine Streitkräfte an den Grenzen Kuwaits aufmarschieren. Während eines Treffens der amerikanischen Botschafterin mit dem irakischen Präsidenten Saddam Hussein beteuern die USA, keine Position bei innerarabischen Streitigkeiten sowie des Grenzkonfliktes zwischen dem Irak und Kuwait beziehen zu wollen; außerdem bestünden keine spezifischen Verteidigungs- oder Sicherheitsabkommen der USA mit Kuwait. Der irakische Präsident deutet dies als Duldung seines weiteren Vorgehens: Am 2. August 1990 marschieren 100.000 irakische Soldaten in Kuwait ein – der Beginn der Golfkriege.

Hegemonie am Golf – Drei Golfkriege im Überblick

Der Iran-Irak Krieg (1980–1988) galt ursprünglich als *der* Golfkrieg, bis die Bezeichnung durch den Irak-Kuwait Konflikt (1990/91) abgelöst wurde. Folgerichtig wird der Irak-Krieg (2003–2011) als Dritter Golfkrieg bezeichnet.

Im September 1980 marschierte der Irak unter Saddam Hussein in den Iran ein, was zu einem achtjährigen Krieg in der Region führte. Die USA unterstützten den Irak, da sie eine Ausbreitung der Islamischen Revolution unter Ayatollah Khomeini fürchteten.

Die Karten sind neu gemischt, als Irak 1990 das Nachbarland Kuwait überfällt. Die USA führen unter dem Oberbefehl von General Schwarzkopf eine Koalitionsstreitmacht von über 500.000 Soldaten an und zwingen den Irak mit den Operationen Desert Shield und Desert Storm zum Rückzug. Dabei setzt der irakische Präsident brennende Ölquellen als strategische Waffe ein. Nach Kriegsende verbleiben fast 100.000 US-Soldaten in der Region. In der Operation Desert Fox bombadieren die USA und Großbritannien zwischen dem 16. und dem 20. Dezember 1998 irakische Ziele, um die Einhaltung von Sanktionen und Flugverbotszonen durchzusetzen. Mit dem Angriff der US-Streitkräfte am 20. März 2003 beginnt der Dritte Golfkrieg, um das Regime von Saddam Hussein zu stürzen.

Heute ist der Kampf um die Vorherrschaft erneut ausgebrochen, welcher auch ein islamischer Konflikt zwischen Sunniten und Schiiten ist. Mit fast 90 Prozent ist die überwiegende Mehrheit aller Muslime sunnitischer Konfession.

Der Ölpreis markiert im Juni 1990 ein Tief bei rund 15 US-Dollar pro Barrel, während die Notierungen in den Vormonaten zwischen 15 und 25 US-Dollar pendeln. Ende Juli, am Vorabend des Krieges, steht der Preis für US-Rohöl (WTI) bereits wieder bei 20 US-Dollar, am 3. August bei knapp 25 US-Dollar, Ende August werden 30 US-Dollar überschritten, im September 35 US-Dollar; Ende September handelt Öl erstmalig bei 40 US-Dollar und markiert im Oktober 1990 ein Hoch bei über 40 US-Dollar.

Strategisch ist Kuwait für den Irak äußerst wertvoll: Obwohl keine 20.000 Quadratkilometer groß, weist Kuwait 500 Kilometer Küstenlinie auf; der Irak mit einer Fläche von fast 450.000 Quadratkilometer dagegen nur knapp 60 Kilometer. Durch die Annexion des Nachbarlandes kann der Irak seine Küstenlinie beinah verzehnfachen. Bei der Invasion erbeutet der Irak Gold im Wert von über 600 Millionen Euro und gewinnt Zugriff auf die kuwaitischen Ölquellen, die wichtigsten Ressourcen des kleinen Landes.

Zusammen kontrollieren der Irak und Kuwait rund 20 Prozent der weltweiten Ölreserven.

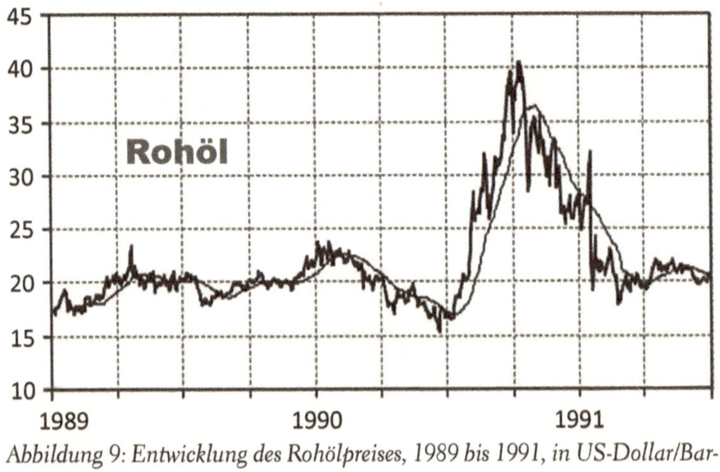

Abbildung 9: Entwicklung des Rohölpreises, 1989 bis 1991, in US-Dollar/Barrel, Daten: Bloomberg 2019

Doch wenn Saddam Hussein auf die noch kurz zuvor erklärte Nichteinmischung der Vereinigten Staaten in innerarabische Angelegenheiten gebaut hatte, so sieht er sich jetzt mit einer völlig anderen Position von US-Präsident George Bush konfrontiert. Allerdings ist die Frage, ob es den USA nur um die kuwaitischen oder auch indirekt um die irakischen Ölfelder geht: Der Irak kontrolliert allein 10 Prozent der weltweiten Ölreserven, mit der Annexion von Kuwait kommen weitere 10 Prozent hinzu. Und wie der damalige US-Verteidigungsminister (und spätere CEO von Halliburton beziehungsweise US-Vizepräsident) Richard »Dick« Cheney wenige Wochen nach der irakischen Invasion anmerkt, stehen irakische Truppen nur wenige 100 Kilometer entfernt von weiteren 25 Prozent der weltweiten Ölreserven im östlichen Saudi-Arabien.

Innerhalb nur weniger Stunden nach Beginn der Invasion verabschiedet der UN-Sicherheitsrat die Resolution 660, die den Rückzug der irakischen Truppen verlangt. Innerhalb einer Woche verhängt der Sicherheitsrat ein Wirtschafts- und Finanzembargo gegen den Irak (Resolution 661), durch das die irakischen Rohölexporte zum Erliegen kommen. Die USA bilden ein Militärbündnis von insgesamt 34 Staaten gegen den Irak unter dem Oberbefehl von US-General Norman Schwarzkopf; von den über 900.000 zum Einsatz kommenden Soldaten sind rund 75 Prozent Angehörige von US-Truppen. Am 8. August treffen zwei Flugzeugträger der US-Navy in der Region ein, und Präsident Bush ruft die Operation Desert Shield mit der Begründung aus, Saudi-Arabien vor einem Einmarsch des Irak zu schützen. Mit der Resolution 662 erklärt der UN-Sicherheitsrat die Annexion Kuwaits durch den Irak als nichtig und fordert die Wiederherstellung der Souveränität des Emirats. Am 25. August sanktioniert der UN-Sicherheitsrat alle Maßnahmen der Koalitionsstreitkräfte, im Rahmen der Operation Desert Shield das Embargo durchzusetzen. Zu dieser Zeit sind 70 Kriegsschiffe im Golf im Einsatz. Die irakische Führung setzt in dieser Zeit ausländische Geiseln als menschliche Schutzschilde ein; Verhaftungen, Verschleppungen, Folterungen und Hinrichtungen sind im besetz-

Mit den Operationen Desert Shield und Desert Storm beginnt die Invasion des Irak – der Ölpreis steigt von 15 auf über 40 US-Dollar je Barrel im Oktober 1990.

ten Kuwait an der Tagesordnung. Am 5. September 1990 ruft der irakische Präsident Saddam Hussein zum »Heiligen Krieg« gegen die Präsenz der USA am Persischen Golf sowie zum Sturz des saudi-arabischen Königs Fahd auf. Die kuwaitische Königsfamilie hatte sich nach der Warnung der USA vor einer bevorstehenden Invasion nach Saudi-Arabien geflüchtet. Am 29. November 1990 stellt der UN-Sicherheitsrat dem Irak ein Ultimatum für einen Rückzug aus Kuwait bis zum 15. Januar 1991. Der amerikanische Kongress stimmt am 12. Januar 1991 für einen Militäreinsatz; am frühen Morgen des 17. Januar 1991 beginnt das Koalitionsbündnis einen massiven Luftkrieg (Operation Desert Storm) gegen den Irak. Innerhalb der ersten 24 Stunden werden rund 1.300 Angriffe geflogen.

Nach Ablauf eines weiteren Ultimatums beginnen die USA am 24. Februar den Bodenkrieg. Bereits zwei Tage später ist der Krieg faktisch beendet; die irakischen Truppen beginnen offiziell mit dem Rückzug aus Kuwait. Hierbei stecken sie kuwaitische Ölfelder in Brand und öffnen die Sperrriegel vieler Ölterminals. Nach kuwaitischen Angaben sind rund 950 Ölquellen in Brand gesetzt oder durch die irakischen Streitkräfte vermint worden. Darüber hinaus bleibt die Erdölförderung bis Sommer 1991 unterbrochen. Erst nach Löschung der letzten Brände im November 1991 nimmt die Erdölförderung wieder zu. Der amerikanische und britische Wunsch, die militärische Macht des Irak und damit auch dessen Hegemonialstreben in der Golfregion ein für allemal zu beseitigen, bleibt jedoch unerfüllt. Erst mit dem Dritten Golfkrieg 2003 wird das Regime Saddam Hussein gestürzt.

MERKE

- Der Präsident des Irak, Saddam Hussein, strebte bereits in den 1980er-Jahren nach der Hegemonie im Nahen Osten, der ölreichsten Region der Welt. Aber er konnte den Iran-Irak Krieg trotz acht Kriegsjahren nicht gewinnen.
- Kuwait war trotz seiner geringen geografischen Größe aufgrund seiner Erdölreserven, seines Zugangs zur Küste und des Hafens von strategischer Bedeutung für den Irak.
- Der Golfkrieg von 1990–1991 begann mit der Invasion Kuwaits durch den Irak und endete durch die Intervention der USA, die ihre geopolitischen Interessen bedroht sah, mit den Operationen Desert Shield und Desert Storm. Als Folge von Lieferengpässen, Versorgungsunsicherheit und der Inbrandsetzung von Ölfeldern sprang der Ölpreis von 15 auf über 40 US-Dollar.
- Nach dem 11. September wurde Saddam Hussein von den USA beschuldigt, Massenvernichtungswaffen zu besitzen, und sein Regime im Irak wurde durch einen Krieg 2003 endgültig gestürzt, um die Region zu stabilisieren.

15

Erdöl: Der Fall der Metallgesellschaft

1993

Rohöl-Termingeschäfte bringen die Metallgesellschaft an den Rand der Zahlungsunfähigkeit und führen beinahe zum größten Unternehmenszusammenbruch in Deutschland seit dem Zweiten Weltkrieg. Unternehmenschef Heinz Schimmelbusch muss 1992/93 einen Verlust von über 1 Milliarde US-Dollar verantworten.

»Wir sind zurück! Wir haben es geschafft!«

KAJO NEUKIRCHEN, MG-VORSTANDSVORSITZENDER

Er ist einer der Stars der deutschen Wirtschaft: 1989 wird Heinz Schimmelbusch der jüngste Vorstandsvorsitzende der deutschen Wirtschaftsgeschichte. Schimmelbusch ist Chef der deutschen Metallgesellschaft (MG), einem 1881 gegründeten Konglomerat mit dem Schwerpunkt Rohstoffhandel und Bergbau. Mit ihm weht in dem Traditionsunternehmen ein neuer Wind – die Abhängigkeit vom traditionellen Metallgeschäft, das fast zwei Drittel des Konzernumsatzes und -gewinns ausmacht, soll verringert werden. Anlagenbau, Umwelttechnik und Finanzdienstleistungen sind Wachstumsfelder – Schimmelbusch ist auf Einkaufstour und stellt in kurzer Zeit ein Imperium zusammen: Feldmühle Nobel, Dynamit Nobel, Buderus und Cerasiv stehen auf der Einkaufsliste. Ein Imperium von über 15 Milliarden US-Dollar und mehr als 250 Tochtergesellschaften entsteht. 1991 kürt ihn das *Manager Magazin* zum Manager des Jahres. Doch vier Jahre nach seinem Antritt endet die Amtszeit von Heinz Schimmelbusch in einer Schlammschlacht.

Denn der MG-Konzern wird nicht nur größer, sondern auch unübersichtlicher. Anfang der 1990er-Jahre schwächt sich das konjunkturelle Umfeld ab, dem Konzern machen billigere osteuropäische Konkurrenten zu schaffen, die Automobilindustrie schwächelt, die hohen Schulden der Metallgesellschaft beginnen zu drücken. Aber das Damoklesschwert des Konzerns schwebt über einer amerikanischen Tochtergesellschaft.

Die Metallgesellschaft Refining and Marketing (MGRM) in New York verkauft Heizöl, Benzin und Diesel an Tankstellenketten, Speditionen und Regierungsdienststellen zu langfristig vereinbarten Preisen. Im Detail schließt MGRM Verträge mit Laufzeiten von fünf bis zehn Jahren ab, monatlich eine bestimmte Menge Öl zu einem Festpreis zu liefern. Die Vertragspartner gehen von steigenden Rohölpreisen aus und sichern sich durch diese Verträge ab. Die MG Refining and Marketing selbst verfügt nicht über Öl durch eigene Ölquellen oder Lagerbestände und muss sich zu diesem Zweck mit Öl zu Marktkonditionen eindecken. Aufgrund der volatilen Entwicklung des Ölpreises sieht sich die MGRM einem Marktpreisrisiko in Höhe von über 600 Millionen US-Dollar gegenüber, was einem Zehntel der Bilanzsumme der Muttergesellschaft entspricht. Das Marktpreisrisiko sichert die MGRM über die Terminmärkte ab. Zu diesem Zweck tritt die Gesellschaft am Terminmarkt als immer größerer Käufer von Öl-Kontrakten auf, die vor Fälligkeit an die aktuellen Vertragsgrößen adjustiert und in den nächsten Kontraktmonat verlängert werden.

Die US-Tochtergesellschaft von MG geht riskante Öl-Wetten ein.

!

Besonderheiten des Ölmarktes

Von 1984 bis 1992 befindet sich der Ölmarkt überwiegend in einer Terminstruktur, die von Händlern als Backwardation bezeichnet wird. Als Terminstruktur werden die unterschiedlichen Terminpreise von Rohölkontrakten zu unterschiedlichen Fälligkeiten bezeichnet, ähnlich einer Zinsstruktur. Backwardation bedeutet, dass die Preise zukünftig zu liefernden Rohöls mit einem Abschlag zum aktuellen (Kassa-)Preis gehandelt werden. Die Konsequenz für den Käufer von Öl-Kontrakten ist neben einem Zinsgewinn auf das eingesetzte Kapital ein Gewinn aus der Differenz zwischen Termin- und Kassa-Preis. Die Überroll-Absicherungsstrategie von MGRM wirft also neben der Absicherungsfunktion einen kontinuierlichen Profit ab.

Doch im Jahr 1993 ändern sich die Rahmenbedingungen, denn der Verfall des Ölpreises lässt die Terminkurve von Backwardation in Contango drehen. Während der aktuelle Ölpreis unter dem Niveau von 18,50 US-Dollar pro Barrel notiert, handelt Öl mit einjähriger Lieferung über 1 US-Dollar höher. Aus dem monatlichen Roll-Gewinn für MGRM wird ein sich ausweitender Roll-Verlust. Und dazu kommt ein weiterer, von MGRM vernachlässigter Faktor: die steigenden Cashflow-Risiken während der Vertragslaufzeit.

Durch den Preisverfall von Rohöl dreht die Öl-Terminkurve von Backwardation in Contango, und die Hedging-Strategie von MG verwandelt sich in eine Verlustrechnung.

Während auf Endfälligkeit die Lieferverpflichtungen den Lieferansprüchen entsprechen, sieht sich MGRM nun im Umfeld fallender Preise immer größer werdenden Margin-Zahlungen der Clearingstelle der Terminbörse zur Aufrechterhaltung ihrer Positionen gegenüber. Dies wird für MGRM bilanzwirksam, da realisierte Verluste nicht mit zukünftigen Gewinnen verrechnet werden können.

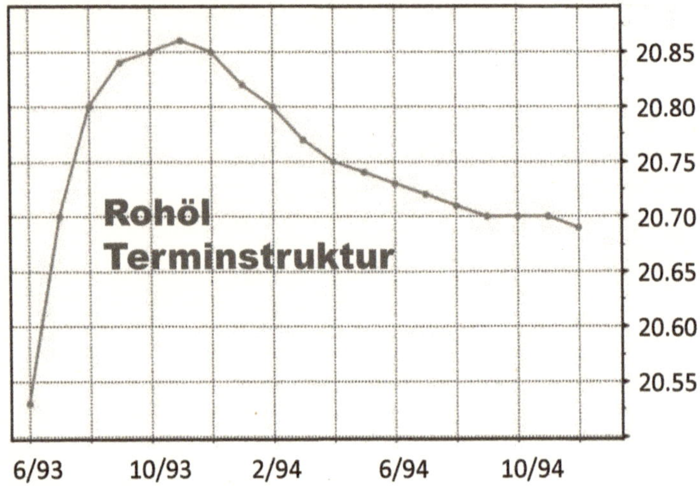

Abbildung 10: Terminkurve von Rohöl in 1993, in US-Dollar/Barrel, Daten: Bloomberg 2019

Die Situation spitzt sich zu: MGRM leidet zunehmend unter Liquiditätsproblemen, und die schlechteren Bonitätseinschätzungen der Banken führen zu sich verschlechternden Kreditkonditionen. Im Umfeld weiter nachgebender Ölpreise ist MGRM in einem Teufelskreis gefangen. Die Manager setzen alles auf eine Karte, und es werden zusätzliche Verträge mit Kunden abgeschlossen. Am Tiefpunkt der Krise ist MGRM alleine für 10 bis 20 Prozent aller ausstehenden einmonatigen Termingeschäfte verantwortlich. Das Spiel geht jedoch nicht auf: Auf Druck der Gläubigerbanken ist MGRM gezwungen, mit einem Verlust von 1,5 Milliarden US-Dollar Insolvenz anzumelden. Damit stürzt auch das Kartenhaus der Muttergesellschaft, der deutschen Metallgesellschaft, ein. Angeschlagen durch die wirtschaftliche Abkühlung und die hohe Schuldenlast konnte bereits 1991/92 eine Dividende nur durch Auflösung stiller Reserven gezahlt werden; im Folgejahr macht der Fehlbetrag bereits fast 350 Millionen D-Mark aus. Und wenig später die Hiobsbotschaft aus den USA: Die amerikanische Tochtergesellschaft hat

Durch die Auflösung der Rohöl-Termingeschäfte realisiert MG einen Verlust von über 1 Milliarde US-Dollar.

durch riskante Öltermingeschäfte hohe Verluste angehäuft und den gesamten Konzern an den Rand der Zahlungsunfähigkeit gebracht.

Im Februar 1993 nimmt Schimmelbusch ein umfangreiches Devestitionsprogramm in Angriff, um umgerechnet 600 Millionen US-Dollar zu erlösen. Doch der Verlust der US-Tochter wächst weiter und übersteigt bald die Marke von 1 Milliarde US-Dollar. Schimmelbusch wendet sich nun auf der Suche nach neuen Geldern an die Großaktionäre des Unternehmens, die Deutsche Bank und die Dresdner Bank. Aufgeschreckt durch den drohenden Verlust zieht Ronaldo Schmitz, Vorstandsmitglied der Deutschen Bank und Aufsichtsratsvorsitzender von MG, die Reißleine. MG realisiert durch die Auflösung der Kontrakte Verluste in Höhe von über 1 Milliarde US-Dollar. Damit wachsen die gesamten Schulden des Konzerns auf fast 5 Milliarden US-Dollar an. Am 17. Dezember 1993 werden Schimmelbusch und sein Finanzvorstand Meinhard Forster vom Aufsichtsrat fristlos entlassen, und Kajo Neukirchen wird von Schmitz als Unternehmensretter an Bord geholt. Mit einem 2 Milliarden US-Dollar schweren Banken-Bailout, rigorosen Kosteneinsparungen und der Entlassung von 7.500 Mitarbeitern restrukturiert Neukirchen den Konzern, der sich im Folgenden auf die Bereiche Handel, Anlagenbau, Chemie und Bautechnik konzentriert. Im Februar 2000 beschließt die Hauptversammlung eine Umbenennung in mg technologies, und aus mg technologies wird 2005 die GEA Group.

MERKE

- Heinz Schimmelbusch war der jüngste CEO in Deutschland, als er die Leitung der Metallgesellschaft, einen großen und traditionsreichen Industriekonzern, übernahm.
- MGRM, die US-Tochtergesellschaft für Verarbeitung und Marketing des Unternehmens, verfolgte Praktiken, die den gesamten Konzern ins Wanken brachten.
- MGRM verkaufte Ölprodukte zu einem festen Preis an Kunden und sicherte sich auf dem Terminmarkt gegen Ölpreisschwankungen ab. Unter normalen Marktbedingungen sorgte die Backwardation-Terminstruktur von Rohöl für einen attraktiven Zusatzgewinn für MGRM.
- Dies änderte sich schlagartig, als Rohöl von mehr als 40 US-Dollar im Jahr 1991 auf unter 20 US-Dollar im Jahr 1993 abstürzte und die Laufzeitstruktur von Backwardation in Contango umschlug. Die Verluste eskalierten schnell auf mehr als 1 Milliarde US-Dollar und brachten den Mutterkonzern an den Rand der Insolvenz.

16

Silber: Die drei Weisen aus dem Abendland

1994

George Soros, Warren Buffett und Bill Gates investieren in den 1990er-Jahren auf dem Silbermarkt: Apex Silver Mines, Pan American Silver und physisches Silber. Der Konflikt zwischen Silber und Silberminen – was ist der Königsweg ins neue Jahrtausend?

»The financial markets generally are unpredictable.«
George Soros, Hedgefonds-Manager

Anfang Mai 2006 rasselt Boliviens linksgerichteter Präsident Evo Morales mit dem Säbel und droht mit der Verstaatlichung der heimischen Minenindustrie. Eine Woche zuvor hatte Morales bereits die Verstaatlichung der Erdgasindustrie in die Tat umgesetzt. Die Aktienkurse von Apex Silver fallen daraufhin ins Bodenlose: Anfang April noch bei 26 US-Dollar, stürzt die Aktie von über 20 US-Dollar Anfang Mai auf unter 13 US-Dollar Mitte Juni. Das wichtigste Projekt von Apex Silver ist die 65-Prozent-Beteiligung an der Minera San Cristóbal, einer großen Silber-

Zink-Blei-Mine in Bolivien. Das Beispiel zeigt die oft mit Bodenschätzen verbundenen politischen Risiken. Denn mit San Cristóbal (Apex Silver Mines) und San Bartolomé (Coeur d'Alene Mines) geht es um bedeutende Mengen Silber.

Silber – Das Gold des kleinen Mannes?

Weltweit kommt Silber rund zwanzigmal häufiger vor als Gold; die wichtigsten Vorkommen befinden sich in Nord- und in Südamerika. Nach Branchenschätzungen existieren weltweit gerade einmal 25 »reine« Silberminen. Der überwiegende Teil der weltweiten Silberproduktion fällt als Kuppelprodukt bei der Förderung anderer Metalle an, speziell von Blei, Zink, Kupfer oder Gold. Nach Zahlen des Silver Institute dominieren heute industrielle Anwendungen mit etwa 50 Prozent die Gesamtnachfrage nach dem Edelmetall; danach folgen die Bereiche Schmuck und Fotografie. Für den standardisierten Silberhandel an Rohstoffbörsen steht das Währungskürzel XAG, es bezeichnet den Preis einer Feinunze Silber in US-Dollar. Zentrum des physischen Silberhandels ist der London Bullion Market. Terminkontrakte auf Silber werden an der US-Terminbörse unter dem Kürzel SI gehandelt. Bis 1871 war in Deutschland die Währung durch Silber gedeckt (Silberstandard), nach 1871 wurde der Silber- durch den Goldstandard abgelöst. Mit der Einführung des Goldstandards verliert Silber an wirtschaftlicher Bedeutung; das Wertverhältnis zu Gold sinkt von 1:14 auf 1:100 und liegt heute bei rund 1:80.

Mitte und Ende der 1990er-Jahre erregt das Engagement der Großinvestoren George Sorros, Warren Buffett und Bill Gates im Silbermarkt Aufmerksamkeit in den internationalen Finanzkreisen. Analog den Weisen aus dem Morgenland, deren Verständnis als Sterndeuter, Philosophen und Magier auch treffend Finanzinvestoren beschreibt, folgten sie einem Stern – einem Stern, der in regelmäßigen Abständen über dem Silbermarkt auf- und wieder untergeht. Die »Geschenke« der drei Weisen, die sie sich jedoch selbst machen: physisches Silber sowie Beteiligungen an den Silberminen der Unternehmen Apex Silver Mines und Pan American Silver.

Bekannt wird George Soros durch den zusammen mit Jim Rogers gegründeten Hedgefonds Quantum Fund und 1992 durch seine Wetten gegen das Pfund Sterling, in dessen Folge er die Bank of England zur Abwertung der britischen Währung zwingt. Derzeit wird das Vermögen von George Soros von *Forbes* auf etwa 14 Milliarden US-Dollar geschätzt.

George Soros, Warren Buffett und Bill Gates sehen die Chancen des Silbermarktes.

Abbildung 11: Wertentwicklung von Silber, 1994 bis 2008, in US-Dollar/Feinunze, Daten: Bloomberg 2019

Ende 1994 investiert George Soros durch Quantum Industrial Partners in Apex Silver Mines und hält zusammen mit seinem Bruder Paul zeitweilig mehr als 20 Prozent der Schürfgesellschaft. Seit der Gründung des Unternehmens in 1993 akquiriert Apex Silver Förderprojekte in Argentinien, Bolivien, Mexiko und Peru und geht 1997 an die Börse. Das Flaggschiff-Projekt des Unternehmens ist die zu 65 Prozent im Besitz von Apex Silver befindliche Mine San Cristóbal (Silber-Zink-Blei) im Südwesten Boliviens, der bis zu 450 Millionen Unzen Silber zugeschrieben werden. Dieses Projekt weckt jedoch bald Begehrlichkeiten von Boliviens Staatschef Morales, die schließlich in einer Verstaatlichung vieler bolivianischer Minenprojekte gipfeln. Einen anderen Weg geht Warren Buffett. Warren Buffett ist mit einem geschätzten Privatvermögen von knapp 50 Milliarden US-Dollar der drittreichste Mensch der Welt. Bekannt geworden als CEO der von ihm aufgebauten Investmentgesellschaft Berkshire Hathaway beweist Buffett über Jahrzehnte überragende Anlageentscheidungen. Die Jahreshauptversammlungen von Berkshire Hathaway tragen das Image eines »Woodstock für Kapitalanleger«, bei der mehr als 20.000 Menschen den Ausführungen des »Orakels von Omaha« folgen. Noch vor Veröffentlichung des Jahresabschlusses gibt seine Firma Berkshire Hathaway am 3. Februar 1998 bekannt, zwischen dem 25. Juli 1997 und 12. Januar 1998 insgesamt knapp 130 Millionen Feinunzen Silber erworben zu haben. Umgerechnet ins metrische System sind dies rund 4.000 Tonnen Silber, was etwa 20 Prozent des weltweit verfügbaren Angebots entspricht. (Für Berkshire Hathaway bedeutete dies jedoch eine Position von gerade einmal 2 Prozent der gesamten investierbaren Mittel.) Die Investition in die physischen Metallmärkte überrascht die internationalen Finanzkreise; als Investment-Rationale der Kapitalanlagegesellschaft wird eine sich über die letzten Jahre verschärfende Diskrepanz zwischen Angebot und Nachfrage und in der Folge deutlich sinkende Lagerbestände angegeben. Der anschließende Anstieg des Silberpreises krönt diese Spekulation schließlich mit Erfolg.

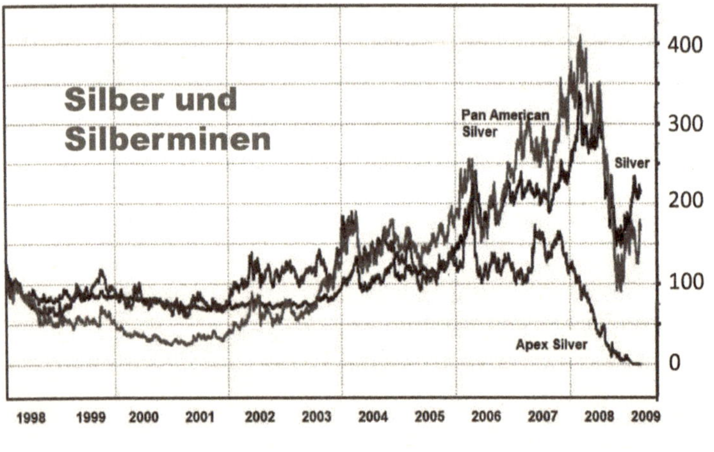

Abbildung 12: Wertentwicklung von Pan American Silver, Apex Silver und physischem Silber, 1998 bis 2009, Daten: Bloomberg 2019

Letzter im Bunde ist Bill Gates: William »Bill« Henry Gates III gründet 1975 gemeinsam mit Paul Allen die Microsoft Corporation und gilt mit einem Vermögen von etwa 53 Milliarden US-Dollar als zweitreichster Mensch der Welt. Durch Eintragung bei der Securities and Exchange Commission (SEC), der US-amerikanischen Börsenaufsichtsbehörde, wird im September 1999 bekannt, dass Bill Gates durch Cascade Investment, L.L.C. seit Februar 1999 einen Anteil von über 10 Prozent an Pan American Silver erworben hatte. Dies entspricht einer Position von über 3 Millionen Aktien, die zu einem durchschnittlichen Preis von rund 5,25 US-Dollar erworben wurden. Das Unternehmen war 1994 gegründet worden und hatte im Verlauf der nächsten Jahre ein Portfolio von Silberminenprojekten in Mexiko, Peru, Bolivien und Argentinien akquiriert.

Betrachtet man die Wertentwicklung des Silberpreises versus der Aktienpreisentwicklung von Apex Silver und Pan American Silver seit dem Börsengang von Apex Silver in 1997, so ergibt sich ein interessantes Bild. Bis Ende 2008 zeigt das direkte Investment in Silber mit einer Wertsteigerung von 63 Prozent die beste Performance, gefolgt von der Aktienpreisentwicklung von Pan American Silver mit 52 Prozent. Nachdem die Aktie von Apex Silver sich zuerst recht gleichläufig sowohl mit dem Preis von Silber als auch mit der Aktie von Pan American Silver entwickelte, beginnt der Absturz: –90 Prozent seit Börsengang in 1997 bis Ende 2008. Bald darauf der Konkurs des Unternehmens: Was ist passiert?

Durch die drohende Verstaatlichung von Minenprojekten in Bolivien waren Investoren verunsichert. Statt einer direkten Verstaatlichung wird zwar nur die Steuerlast in Bolivien deutlich angehoben, was aber Apex Silver zu einem Teilverkauf von San Cristóbal an Sumitomo zwingt. Die Arbeiten an San Cristóbal werden immer kostspieliger, denn die Energiepreise explodieren. Um Kreditlinien zu bekommen, sichert Apex Silver noch nicht geförderte Mengen von Silber, Zink und Blei ab. Als die Rohstoffpreise steigen, führen diese Absicherungen zu immer größer werdenden Verlusten. Im Januar 2009 ist das Unternehmen gezwungen, Konkurs anzumelden. Im März stimmt das

Boliviens Präsident Morales droht mit der Verstaatlichung von Minengesellschaften und die Investoren reagieren mit Panikverkäufen.

US-Konkursgericht des Southern District von New York der Neuordnung des in Colorado ansässigen Unternehmens zu. Teil der Neuordnung ist die Gründung einer neuen Gesellschaft, Golden Minerals.

Die jährliche Fördermenge und die noch zur Verfügung stehenden abbaubaren Ressourcen wirken bei Minengesellschaften als eine Art Hebeleffekt auf den Silberpreis, die sich jeder Investor zusammen mit den unternehmerischen Risiken wie im Falle von Apex Silver Mines und den allgemeinen Risiken des Aktienmarktes einkauft. Dieser Hebel wirkt nach oben und nach unten – die Aktienperformance von Apex Silver als auch von Pan American Silver liegt zeitweilig über der Preissteigerung von Silber, doch erweist sich die Investition in physisches Silber als die sicherere Wette. Einmal wieder beweist sich Warren Buffett als der erfolgreiche Investor.

MERKE

- Warren Buffett, Bill Gates und George Soros überzeugten die Aussichten des Silbermarktes in den 1990er-Jahren.
- In diesem Jahrzehnt stieg der Silberpreis von unter 4 US-Dollar pro Feinunze 1997 auf über 8 US-Dollar. Silber erreichte 10 Jahre später, im Jahr 2008, sogar 22 US-Dollar.
- Silberminen versprechen einen viel höheren Gewinn als Direktinvestitionen in Silber. Doch jeder Gewinn hat auch seinen Preis.
- Aufgrund des steigenden Silberpreises drohte der bolivianische Präsident Evo Morales, die Bergbauindustrie seines Landes zu nationalisieren. Die Aktienkurse von internationalen Silberminen, die Vermögenswerte in Bolivien haben, fielen drastisch.
- Gemessen am IPO-Wert brach der Aktienkurs von Apex Silver um mehr als 90 Prozent ein, und wenig später folgte die Insolvenz.

17
Kupfer: »Mr. Five Percent« bewegt die Märkte

1996

Sumitomos Star-Händler Hamanaka führt in Tokio ein Doppelleben, manipuliert den Kupfermarkt und beschert seinen Vorgesetzten Rekordgewinne. Am Ende muss Sumitomo aber einen Rekordverlust von 2,6 Milliarden US-Dollar verkraften, und Hamanaka wird zu acht Jahren Gefängnis verurteilt.

»Who is Mr. Copper?«
INVESTOPEDIA

Der Japaner Yasuo Hamanaka ist in Tokio Chef-Händler bei Sumitomo Trading, der Handelstochter des japanischen Mischkonzerns Sumitomo. In Insiderkreisen trägt er die Spitznamen »Kupferfinger«, »Mr. Copper« oder »Mr. Five Percent«, denn in Spitzenzeiten kontrolliert er allein 5 Prozent des Weltmarktes für Kupfer. Jahrelang beschert er seinem Unternehmen große Gewinne. Doch am 5. Juni 1996 eröffnet Hamanaka seinen Vorgesetzten einen angehäuften Verlust von 1,6 Milliarden

US-Dollar. Die Sumitomo-Affäre gilt seitdem als einer der größten Finanzskandale der neueren Geschichte.

Kupfer – das Rückgrat der Wirtschaft

Kupfer kommt überwiegend in der Bauindustrie, der Elektrotechnik und im Maschinenbau zum Einsatz. Die weltweite Kupferproduktion liegt bei rund 20 Millionen Tonnen. Mit einem Anteil von etwa einem Drittel der Weltproduktion ist Chile (Codelco) der größte Produzent, mit großem Abstand folgen Indonesien, die USA und Australien. Ein besonderes Merkmal ist, dass Kupfer ohne Qualitätsverlust recycelt und wiederverarbeitet werden kann. Zusammen mit Aluminium ist Kupfer das am häufigsten gehandelte Industriemetall; die beiden bedeutendsten Börsenplätze sind die London Metal Exchange (LME) und die New York Mercantile Exchange (NYMEX). Kupfer notiert an der LME in US-Dollar pro Tonne und an der NYMEX in US-Dollar pro amerikanisches Pfund. In den USA ist das Börsenkürzel für Kupfer HG, gefolgt vom Kontraktmonat (z. B. HGZ0, Kupfer mit Lieferung im Dezember 2020). Aktuell kostet Kupfer 2,90 US-Dollar pro Pfund, oder 6.500 US-Dollar pro Tonne.

1985 wird Yasuo Hamanaka als Börsenhändler von der Sumitomo Corporation eingestellt. Der 37-Jährige ist Experte für den Handel mit Kupfer an den Terminmärkten. Bereits Mitte der 1980er-Jahre erleidet die Kupfer-Handelsabteilung von Sumitomo einen erheblichen Verlust, den zunächst der damalige Chef und später Hamanaka mit versteckten Geschäften auszugleichen versuchen. Entgegen der Firmentradition, nach der jeder einzelne Händler nach einer gewissen Zeit sein Aufgabengebiet wechselt, bleibt Hamanaka für elf Jahre auf seinem Posten, denn er kann jedes Jahr hohe Gewinne vorweisen. Vorwürfe über Marktmanipulation und Bilanzfälschung auch von Seiten der LME bleiben ungehört. Mit seiner oft von der Finanzpresse publizierten Einschätzung, die Nachfrage nach Kupfer steige weiter und es werde eine künstliche Verknappung des Angebots eintreten, gelingt es ihm, die Preise zu bewegen. Der Star-Händler von Sumitomo tritt zwar bescheiden auf, führt aber beruflich wie privat ein Doppelleben: Tagsüber handelt er offiziell für Sumitomo, nachts heimlich – über die London Metal Exchange und die New York Mercantile Exchange –, zum Teil auch privat. Er wohnt mit seiner vierköpfigen Familie in einem kleinen Haus in Kawasaki, einem unattraktiven Vorort von Tokio, und fährt einen Kleinwagen. Gewöhnt daran, illegal Millionen zu scheffeln, unternimmt er teure Luxusreisen mit seiner Geliebten aus einem Club im Vergnügungsviertel Ginza und eröffnet ein Schweizer Bankkonto.

Ab 1993 wettet der Japaner gegen die Chinesen: Er erkennt, dass die chinesische Wirtschaft aufgrund der Industrialisierung einen enormen Bedarf an Kupfer hat. Doch die Chinesen setzen den Markt durch verbale Interventionen unter Druck und die Verluste beginnen, sich zu häufen. Hamanaka fälscht Bilanzen, Handelsberichte und Unterschriften seiner Vorgesetzten, weil er weitere Kredite benötigt, um damit seine Positionen zu vergrößern, und den Markt in die »richtige« Richtung zu bewegen. Doch China scheint es mit seinen Käufen nicht eilig zu haben. Ende 1995 und 1996 wird die Situation langsam kritisch. Hamanaka beginnt zu trinken und bricht innerlich zusammen.

Der Japaner Hamanaka ist die bestimmende Größe an den weltweiten Kupfermärkten – doch die Wette gegen China verliert er.

Im Juni 1996 muss der Star-Händler die hohen Verluste bekanntgeben: 1,8 Milliarden US-Dollar haben sich an Verlusten in Form ungedeckter Future-Positionen aufgetürmt. Geschockt entlassen die Sumitomo-Bosse den Händler, in Panik liquidieren sie die Position. Hierbei verliert das Unternehmen noch einmal 800 Millionen US-Dollar – und der Kupferpreis büßt aufgrund der schieren Größe der Verkaufsaufträge an einem einzigen Tag 27 Prozent an Wert ein. Am Ende des Tages realisiert die Sumitomo Corporation einen Verlust von 2,6 Milliarden US-Dollar, der bis dato größte Verlust für ein einzelnes Unternehmen an den internationalen Finanzmärkten.

Die Sumitomo Corporation muss einen Verlust von 2,6 Milliarden US-Dollar durch die Liquidation ungedeckter Kupfer-Termingeschäfte realisieren.

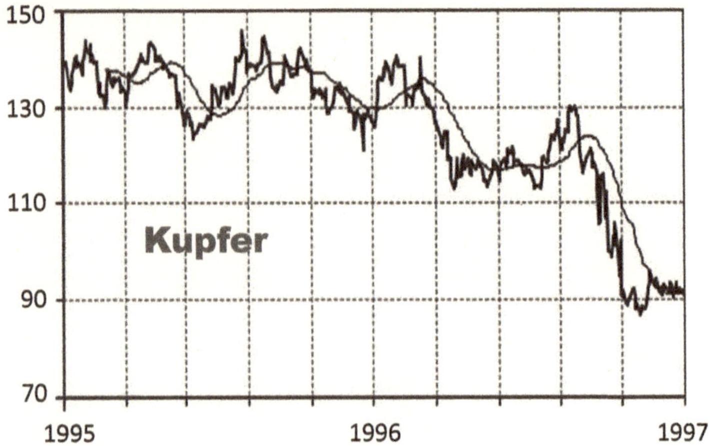

Abbildung 13: Wertentwicklung von Kupfer, 1995 bis 1997, in US-Cent/lb an der New York Mercantile Exchange, Daten: Bloomberg 2019

Nicht nur Finanzexperten fragen sich, wie ein einzelner Händler einen so beispiellosen Verlust vor seinen Vorgesetzten verheimlichen konnte. Offensichtlich hat auch die interne Aufsicht bei Sumitomo versagt, denn angeblich wusste trotz der immensen Transaktionen keiner von Hamanakas Vorgesetzten von den Geschäften. Hamanaka, für die Öffentlichkeit ein krimineller Einzeltäter, nimmt vor Gericht alle Schuld auf sich und wird 1998 zu acht Jahren Gefängnis verurteilt.

MERKE

- Yasuo Hamanaka begann 1985 mit dem Handel von Kupfer für den japanischen Mischkonzern Sumitomo. Aufgrund des Umfangs seiner Kaufaufträge – manchmal bis zu 5 Prozent des weltweiten Kupfermarktes – erhielt Hamanaka die Beinamen »Kupferfinger« und »Mr. Fünf Prozent.«
- Nach 1993 setzte Hamanaka auf steigende Kupferpreise als Folge des chinesischen Wirtschaftswachstums. Die Preise sanken jedoch immer weiter und Hamanakas Verluste wuchsen. In der Hoffnung, dass sich die Preise erholen würden, versteckte Hamanaka seine weiter wachsenden Verluste vor seinen Vorgesetzen.
- Im Jahr 1996 musste Hamanaka einen Verlust von 1,6 Milliarden US-Dollar offenlegen. Schockiert befahlen seine Vorgesetzten, alle Positionen sofort zu verkaufen, was zu einem Crash der Kupferpreise um 27 Prozent an einem einzigen Tag führte und für Sumitomo einen zusätzlichen Verlust von 800 Millionen US-Dollar zur Folge hatte.
- Der Sumitomo-Kupferskandal in Japan von 1996 war einer der größten Finanzskandale in der modernen Geschichte: Eine einzelne Person verursachte einen Verlust von 2,6 Milliarden US-Dollar.

18

Gold: Welcome to the Jungle

1997

Bre-X findet im Dschungel von Borneo das größte Goldvorkommen des Jahrhunderts im Gesamtwert von über 200 Milliarden US-Dollar. Die großen Minenkonzerne und der indonesische Staatschef Suharto wollen ein Stück des Kuchens – doch stellt sich der Goldfund im März 1997 als der größte Goldschwindel aller Zeiten heraus.

»Geologically, it's the most brilliant thing I've ever seen in my life! It's so big, it's scary. It's f--ing scary!«
John Felderhof, Bre-X

»This can't be scam! Do some more tests! Figure it out! I know it's there, okay?«
Peter Munk, Barrick Gold

St. Paul ist eine abgelegene Gemeinde mit wenig mehr als 5.000 Einwohnern im Nordosten von Alberta, Kanada. Die einzige Touristenattraktion ist seit dem 3. Juni 1967 eine Landeplattform für UFOs. Mitte der 1990er-Jahre rückt St. Paul aber ins Interesse der internationalen Medien: Denn jeder fünfzigste Einwohner der Kleinstadt ist Aktionär der Minengesellschaft Bre-X, deren Wert innerhalb von nur drei Jahren um das fünfhundertfache steigt und St. Paul zu einer sprunghaft steigenden Millionärsquote verhilft. Im Zentrum des Interesses steht John Kutyn, ein einfacher Angestellter der lokalen Sparkasse, der schon frühzeitig in Bre-X investiert ist und dafür alles, inklusive Auto und Motorrad, verkauft hat.

St. Paul, eine 5.000 Einwohner Gemeinde in Kanada, verzeichnet einen sprunghaften Anstieg von ansässigen Millionären.

Auch verbreitet er den ungewöhnlichen Tipp vom angeblichen Goldfund des Jahrhunderts im Kreise seiner Nachbarn und Kunden. John Kutyn gehört zu den wenigen bekannten Fällen, die den Ausstieg noch vor dem späteren Kollaps des Unternehmens schafften und sich wohlhabend zur Ruhe setzen konnten.

Wo steckt all das Gold?

Nach Branchenschätzungen, namentlich des World Gold Councils, liegt die Menge des jemals auf der Welt geförderten Goldes bei rund 190.000 Tonnen. Im Unterschied zu allen anderen Rohstoffen ist sämtliches Gold, welches jemals gefördert wurde noch im Umlauf (denn Gold rostet nicht und wird auch nicht »verbraucht«). Zentralbanken rund um die Welt sitzen auf mehr als 33.000 Tonnen mit steigender Tendenz – in 2018 stockten Zentralbanken ihre Goldbestände so stark auf wie zuletzt 1968.

Die dominierenden goldfördernden Länder sind China, Australien, Russland, USA und Kanada, gefolgt von Peru, Indonesien, Südafrika, Mexiko und Ghana. Zusammen machen diese zehn Länder rund 75 Prozent der weltweiten Minenproduktion aus. Die jährliche

Minenförderung lässt die gesamte Goldmenge jedes Jahr um gut 3.000 Tonnen steigen.

Das Zentrum des Goldhandels ist der London Bullion Market, und die größten Nachfragegruppen sind die Schmuckindustrie gefolgt von Investoren und industriellen Anwendungen. Die hinsichtlich der Produktionsmenge größten goldfördernden Unternehmen sind Newmont-Goldcorp und Barrick Gold.

In den späten 1980er-Jahren war es in Kanada zu einem wahren Gründerboom von kleinen Explorationsunternehmen gekommen, die nach Rohöl, Gold und anderen Rohstoffen suchen. Dazu zählt auch Bre-X, das von dem ehemaligen Börsenmakler David Walsh Ende der 1980er-Jahre gegründet wurde. Mehr schlecht als recht hält sich Bre-X über Wasser, von anfänglich 0,30 kanadische Dollar fällt der Wert seiner Aktie 1993 auf wenige Cent – bis der Geologe John Felderhof ins Spiel kommt und sich das Blatt wendet. Walsh und Felderhof sichern sich die Rechte an einem Stück Dschungel auf Borneo, Indonesien. Zusammen mit seinem Kollegen Mike de Guzman hat Felderhof dieses Stück Land, Busang, bereits Mitte der 1980er-Jahre für ein anderes Unternehmen untersucht, und bei Bohrungen waren die beiden Geologen auf geringe Spuren von Gold gestoßen. Am 6. Mai 1993 verkündet Bre-X in einer Pressemitteilung, eine Konzession für Busang erworben zu haben. Der Aktienkurs steht bei etwa 0,50 kanadische Dollar. Bei Bohrungen stellt das Team nun Goldgehalte von über 6 Gramm pro Tonne Gestein fest. Eine Sensation für das kleine Unternehmen; denn gelten 3 Gramm bereits als guter Wert, ist ein Goldgehalt von über 6 Gramm pro Tonne Gestein ein hervorragendes Ergebnis.

Die ersten Analysten werden auf Bre-X aufmerksam; im März 1994 steigt die Aktie auf rund 2,40 kanadische Dollar und verfünffacht damit ihren Wert seit dem Erwerb der Busang-Konzessionen. Im September 1994, nach weniger als einem Jahr Explorationsarbeit und Probebohrungen, schätzt das Management von Bre-X die Erzressourcen von Busang auf zwischen 3 und 6 Millionen Unzen. Goldexperten

Handelt es sich bei Busang um das größte Goldvorkommen aller Zeiten?

und Analysten veröffentlichen optimistische Prognosen, und Bre-X Bohrergebnisse werden besser und besser.

Im November 1995 wird der Goldgehalt von Busang auf mehr als 30 Millionen Unzen geschätzt, und gegen Ende des Jahres klettert der Preis der Bre-X-Aktie auf über 50 kanadische Dollar. Zur Hauptversammlung im Mai 1996 handelt sie bereits bei 200 kanadische Dollar, und es wird ein Aktiensplit im Verhältnis 1:10 durchgeführt. Im Juni 1996 berichtet Bre-X von über 39 Millionen Unzen Gold, im Juli sind es schon 47 Millionen Unzen, im Dezember veröffentlicht Bre-X Ressourcen von 57 Millionen Unzen und im Februar 1997 ist in einer Pressemitteilung ein Wert von 71 Millionen Unzen aufgeführt. Kurze Zeit später spekuliert Felderhof öffentlich über Ressourcen von über 100 Millionen Unzen – ein wahnwitziger Wert, der das indonesische Busang-Vorkommen zur reichsten Goldlagerstätte aller Zeiten machen würde. Marktgerüchte verdoppeln diesen Wert sogar: 200 Millionen Unzen, also über 6.000 Tonnen, würden im Dschungel von Borneo liegen!

Anfang September 1996 erreicht die Aktie ihren Höchstkurs von 28 kanadische Dollar, was einem Kurs von 280 kanadischen Dollar vor dem Aktiensplit und einer Marktkapitalisierung von über 4 Milliarden US-Dollar entspricht. In nur drei Jahren von Mitte 1993 bis Mitte 1996 steigt der Wert der Bre-X-Aktien also um mehr als das fünfhundertfache, obwohl noch keine einzige Unze Gold kommerziell gefördert wurde! Mittlerweile liefern sich auch die Großen der Industrie ein Rennen, um bei der Ausbeutung des Goldvorkommens dabei zu sein: Placer Dome, Newmont Mining, Barrick Gold und Freeport-McMoRan. Auch der indonesische Staatschef Suharto möchte am großen Goldschatz beteiligt werden. Im Dezember 1996 einigen sich die indonesische Regierung, Bre-X und Barrick Gold darauf, Busang unter sich aufzuteilen. Im Februar 1997 stößt noch Freeport zu der Gruppe.

Innerhalb von drei Jahren steigt der Aktienwert von Bre-X um das fünfhundertfache, obwohl das Unternehmen noch keine einzige Unze Gold gefördert hat.

Doch nun beginnt das Kartenhaus einzustürzen: Am 19. März 1997 begeht der Entdecker der Mine, Mike de Guzman, Selbstmord, indem er aus einem Hubschrauber springt. Probebohrungen während des Due-Diligence-Prozesses fördern eine Woche später nur vernachlässigbare Goldmengen zutage, und im Labor wird festgestellt, dass die Proben von Bre-X manipuliert wurden: eine Blamage für den Chef von Barrick Gold, Peter Munk. Diese Nachrichten führen in Toronto zu einer Panik unter den Investoren, der Kurs von Bre-X fällt ins Bodenlose und die Aktie wird an der Börse ausgesetzt. Bre-X muss Bankrott erklären, die Aktie ist wertlos.

Bre-X crasht. Die Aktie ist wertlos.

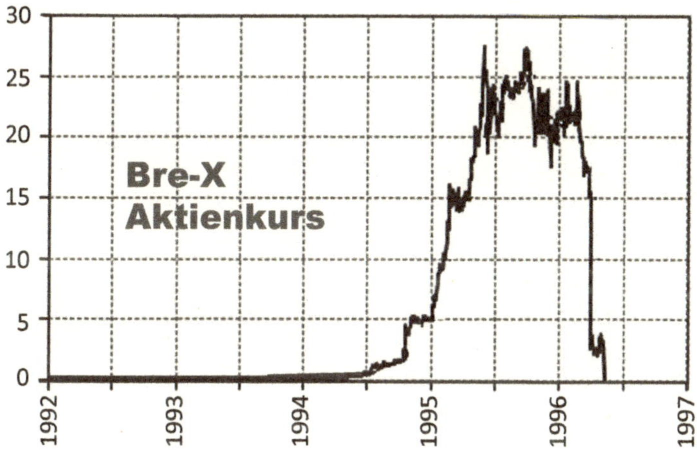

Abbildung 14: Aktienkurs von Bre-X, 1992 bis 1997, in kanadischen Dollar, Daten: Bloomberg 2019

Der Betrug von Bre-X geht als einer der größten Aktienskandale in Kanada und als der größte Minenskandal aller Zeiten in die Geschichte ein und fügt der Reputation des kanadischen Aktienmarktes schweren Schaden zu. Zu den geschädigten Großinvestoren zählen der Ontario Municipal Employees Retirement Board, der Quebec Public Sector Pension Fund und der Ontario Teachers Pension Plan; dazu kommen viele Kleinaktionäre, inklusive rund 200 Investoren aus St. Paul, Alberta. Von David Walsh wird bekannt, dass er vor dem Kollaps 35 Millionen kanadische Dollar aus seinen Bre-X-Akien erlösen konnte und auf die Bahamas gezogen ist. John Felderhof findet ein neues Domizil auf den Kaimaninseln: Er kann im Zeitraum April bis September 1996 fast 3 Millionen Bre-X-Aktien im Gesamtwert von fast 85 Millionen kanadische Dollar verkaufen. 2002 wird Bre-X endgültig abgewickelt; die Rechtsstreitigkeiten sind aber bis heute nicht endgültig beigelegt.

MERKE

- Der Bre-X-Skandal ist bis heute einer der größte Unternehmensskandale in Kanada und hat der Minenindustrie enorm geschadet.
- 1993 behaupteten David Walsh und John Felderhof in Borneo die Goldvorkommen des Jahrhunderts gefunden zu haben. Ihr Unternehmen, Bre-X, stieg von einem Penny-Stock, der unter 30 kanadischen Cent gehandelt wurde, auf 4 Milliarden US-Dollar an Marktkapitalisierung. Von Mitte 1993 bis Mitte 1996 stieg der Wert der Bre-X-Aktien um das fünfhundertfache. Der indonesische Präsident Suharto und die großen multinationalen Goldkonzerne stritten sich um ein Stück vom Kuchen.
- Im März 1997 wurde die Entdeckung jedoch als der größte Goldbetrug aller Zeiten entlarvt. Laborergebnisse bestätigten, dass das Unternehmen seine Goldproben verfälscht hatte. Bre-X musste Insolvenz erklären; die Aktie war wertlos.

19
Palladium: Wertvoller als Gold

2001

2001 durchbricht der Preis für 1 Feinunze Palladium als Erstes der vier gehandelten Edelmetalle Gold, Silber, Platin und Palladium die psychologische Marke von 1.000 US-Dollar. Die Ursache liegt in den anhaltenden Lieferverzögerungen des wichtigsten Produzenten: Russland.

»The actual level of russian stockpiles of palladium is a closely guarded state secret.«
WELTHANDELS- UND ENTWICKLUNGSKONFERENZ (UNCTAD)

Der bestimmende Faktor für Palladium auf dem Weltmarkt ist Russland, und zwar aufgrund seiner jährlichen Produktionsmenge und seiner strategischen Lagerbestände. Diese wurden zu Zeiten der Überproduktion in den 1970er- und 1980er-Jahren aufgebaut, denn Palladium fällt vor allem bei der Förderung anderer Metalle als Nebenprodukt an, so etwa in Südafrika bei der Platin-, in Russland und Kanada bei der Nickelförderung. Daher geht die Gewinnung von Palladium auch bei ausreichendem Angebot und niedrigen Preise weiter. Rund 90 Prozent der Weltreserven an Platin und Palladium lagern in Südafrika und in Russland.

Das meiste Palladium stammt aus Russland, und zwar im Wesentlichen als Nebenprodukt einer einzigen Lagerstätte, der Nickellagerstätte Norilsk in Nordsibirien. Wenn die jährliche Produktion des Betreibers, Norilsk Nickel, nicht mit der wachsenden Nachfrage schritthalten kann, füllen Lagerbestände der russischen Edelmetallbehörde Gokhran, die dem Finanzministerium untersteht, sowie die russische Zentralbank die Lücke zwischen Angebot und Nachfrage.

Russland dominiert die Palladiumförderung und verfügt über bedeutende Lagerbestände.

Palladium Primer

Palladium gehört zusammen mit Platin, Ruthenium, Rhodium, Osmium und Iridium zu den Platin-Gruppen-Metallen (PGM). Obwohl Palladium als Edelmetall auch in der Schmuckindustrie eingesetzt wird, überwiegt mit über 50 Prozent die industrielle Verwendung (Autokatalysatoren). Im Durchschnitt der letzten fünf Jahre stammen knapp über 50 Prozent des jährlich geförderten Palladiums aus Russland; weitere wichtige Förderländer sind Südafrika mit knapp einem Drittel der weltweiten Produktion und die USA mit knapp 15 Prozent des weltweiten Angebotes. Mit einer jährlichen Produktionsmenge von rund 220 Tonnen ist der Markt für Palladium deutlich kleiner als beispielsweise der Gold- oder der Silbermarkt (zum Vergleich werden jährlich ca. 3.000 Tonnen Gold und 24.000 Tonnen Silber gewonnen). Das zweimal tägliche Preisfixing in London ist die international anerkannteste Preisreferenz, darüber hinaus werden Terminkontrakte auf Palladium auch in den USA (NYMEX) und in Japan (TOCOM) gehandelt.

Durch die Verwendungsmöglichkeit für Autokatalysatoren stellt Palladium ein wichtiges industriell verwendetes Metall dar und wird wegen des derzeit tiefen Preises vermehrt statt des deutlich teureren Platins eingesetzt. Doch ausbleibende Lieferungen aus Russland beginnen den Preis zu treiben, denn aufgrund der Marktdominanz sind die russische Förderung und die Lagerbestandspolitik ausschlaggebende Faktoren für die Wertentwicklung des Metalls.

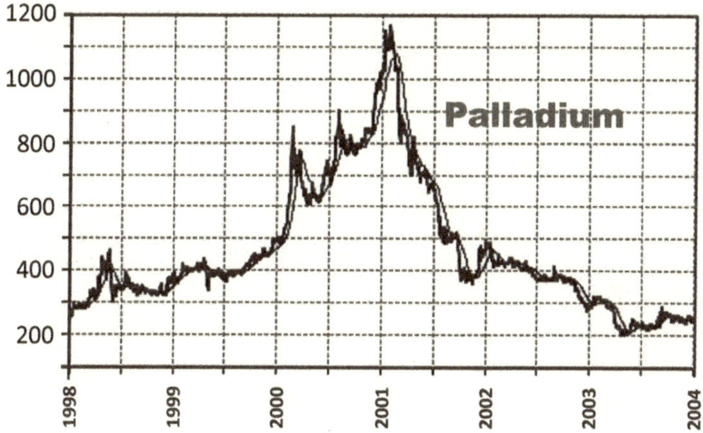

Abbildung 15: Wertentwicklung von Palladium, 1998 bis 2004, in US-Dollar/Feinunze, Daten: Bloomberg 2019

Bereits in 1997 wird sieben Monate lang kein Palladium aus Russland geliefert, in 1998 stocken die Lieferungen erneut. Hinzu kommen Bedenken der Marktteilnehmer hinsichtlich des verfügbaren Anteils der russischen Lagerbestände, denn es wird angenommen, dass ein Großteil des russischen Palladiums nach der Russland-Krise bei westlichen Banken als Sicherheit für Kredite verpfändet ist.

Der Preis für Palladium steigt daraufhin – ausgehend von 120 US-Dollar pro Feinunze Anfang 1997 – auf über 200 US-Dollar in 1998. Im April 1998 steigt der Preis für das Metall aufgrund anhaltender Lieferverzögerungen in Russland erstmals seit 1971 höher als der Goldpreis. Und die Notierungen für Palladium klettern weiter: 400 US-Dollar, 600 US-Dollar. Im Februar 2000 schnellt der

Der Preis für Palladium steigt von 120 auf über 1.000 US-Dollar – damit ist das Metall wertvoller als Gold, Silber und Platin.

Preis für Palladium auf über 800 US-Dollar empor, während der Preis für Gold in diesem Zeitraum im Durchschnitt knapp unter 300 US-Dollar handelt. Ausgehend von diesem Niveau konsolidiert sich der Preis zunächst – aber nur, um weiteren Anlauf zu nehmen auf die Marke von 1.000 US-Dollar. Anfang 2001 durchbricht Palladium als Erstes der vier gehandelten Edelmetalle Gold, Silber, Platin und Palladium die psychologische Schwelle von 1.000 US-Dollar. Die Verknappung treibt die Notierung bis auf ein Hoch von knapp 1.100 US-Dollar Ende Januar 2001 – damit hat sich der Wert von Palladium innerhalb von nur vier Jahren fast verzehnfacht!

In den folgenden Jahren fällt Palladium wieder auf 200 US-Dollar zurück, als Russland langfristige Lieferkontrakte über Palladiumlieferungen mit Japan ankündigt. Im Verlauf der Rohstoffhausse im ersten Jahrzehnt des neuen Jahrtausends erreicht der Preis von Palladium noch einmal die Marke von 600 US-Dollar, um dann erneut zu konsolidieren.

In 2015 erschüttert der Dieselgate-Skandal nicht nur die Automobilindustrie, sondern auch den Markt für Palladium. Der Skandal um manipulierte Abgaswerte zieht weltweite Kreise und die Notierungen für Palladium ziehen an, denn das Metall wird in Autokatalysatoren verwendet. Von weniger als 500 US-Dollar zur Jahresmitte 2015 steigt der Preis auf über 1.100 US-Dollar Ende 2018. Im ersten Quartal 2019 überstieg Palladium 1.500 US-Dollar – das Metall ist wieder einmal teurer als Gold, und Investoren fragen sich, wie lange die Rally diesmal anhält.

MERKE

- Über 90 Prozent der Palladiumreserven liegen in Russland und Südafrika. Zusammen mit Platin wird Palladium vorwiegend in der Automobilindustrie für Katalysatoren und für andere industrielle Anwendungen eingesetzt.
- Im Januar 2001 stiegen die Palladiumpreise auf 1.100 US-Dollar und damit auf das Zehnfache des Wertes von vor 4 Jahren.
- Palladium wurde wertvoller als Gold, Silber oder Platin, da Russland, der größte Produzent und Exporteur des Metalls, seine Lieferungen drosselte.
- Dieselgate, der globale Diesel-Abgasskandal, hat eine neue Rally im Palladium angeheizt, deren Preise sich seit 2015 mehr als verdreifacht haben.

20

Kupfer: Liu Qibing ist spurlos verschwunden

2005

Ein Händler des chinesischen State Reserve Bureau hat 200.000 Tonnen Kupfer leerverkauft und hofft auf fallende Preise. Als der Kupferpreis jedoch von Rekord zu Rekord eilt, ist er verschwunden und sein Arbeitgeber will nie etwas von ihm gehört haben. Was wie ein Kriminalroman klingt, beschäftigt Händler überall auf der Welt.

»It's one thing to have a rogue trader on your staff – that happens. But I'd be amazed if China wanted a reputation as a rogue nation in these markets, where it has become such an important player.«

ANONYMER HÄNDLER

Viele haben Schwierigkeiten, den Namen Liu Qibing überhaupt auszusprechen, aber im November 2005 ist der chinesische Kupferhändler Gesprächsthema Nummer eins an den Warenterminbörsen von London, New York und Shanghai. Gerüchte kursieren über eine massive, spekulative Short-Position im Kupfermarkt: 100.000 bis 200.000 Tonnen soll Liu Qibing in seiner Funktion als Händler des China State Reserve Bureau (SRB) über Terminkontrakte an der London Metal Exchange (LME) leerverkauft haben, um sich bei sinkenden Preisen später wieder günstig eindecken zu können. Anders als der Japaner Hamanaka fast zehn Jahre zuvor für Sumitomo, spekuliert der Chinese Liu Qibing auf sinkende Kupferpreise. Die Preise steigen jedoch weiter, und die Gerüchte um die massive Schieflage treiben den 3-Monats-Terminkontrakt in London zeitweilig auf ein Rekordhoch von fast 4.200 US-Dollar pro Tonne.

Ausgehend von Preisen von 1.500 US-Dollar nimmt der Kupferpreis Anlauf auf die Marke von 9.000 US-Dollar je Tonne.

Kupfer verteuert sich kontinuierlich seit der Jahrtausendwende. Im Dezember 2003 durchbricht der Kupferpreis erstmalig die Marke von 2.000 US-Dollar je Tonne, während der Durchschnittspreis der Vorjahre nur leicht über dem Niveau von 1.500 US-Dollar liegt. Bereits wenige Monate später fällt auch die Marke von 4.000 US-Dollar. Auslöser dieser Entwicklung ist die wachsende Nachfrage der chinesischen Wirtschaft, die das Metall für den Ausbau der Infrastruktur und der Industrie benötigt. Zwar verbrauchen die OECD-Länder gemeinsam rund 80 Prozent der weltweiten Kupferförderung, doch Chinas Wachstum verläuft dynamisch und trifft auf ein inflexibles Angebot. Der Kupferverbrauch der OECD-Länder nahm in den letzten fünf Jahren durchschnittlich um 2,5 Prozent pro Jahr zu; die Nachfrage Chinas wuchs jedoch in der gleichen Zeit um rund 15 Prozent pro Jahr, so dass Chinas Nachfragewachstum auf dem Weltmarkt in Spitzenzeiten über 80 Prozent des Gesamtnachfragewachstums ausmacht. Zeitweilig steht allein China für ein Viertel des weltweiten Kupferverbrauchs. Die Preise für das Industriemetall steigen immer weiter, denn die Angebotsreaktion der Produzenten benötigt Zeit: Zum einen sind bei der Erschließung neuer Minen in der Regel mehrere Jahre zu veranschlagen, bis die erste Tonne Kupfer gefördert werden kann, zum anderen trauen viele Produzenten dem hohen Preisniveau nicht und zögern daher langjährige Investitionsprojekte hinaus. Nun aber ist abzusehen, dass die Erweiterung bestehender Projekte und die Förderung aus neuen oder reaktivierten Minen in ihre entscheidende Phase treten werden, so dass aufgrund des bald zu erwartenden zusätzlichen Angebots der Anstieg des Kupferpreises ein Ende gefunden haben sollte – schließlich notiert das Edelmetall seit drei Jahren anhaltend überdurchschnittlich hoch. Experten inklusive dem weltweit größten Kupferförderer, der chilenischen Codelco, und dem China State Reserve Bureau prognostizieren diese Entwicklung für Ende 2005. Wie sich herausstellen wird, eine Fehleinschätzung, die China teuer bezahlen muss.

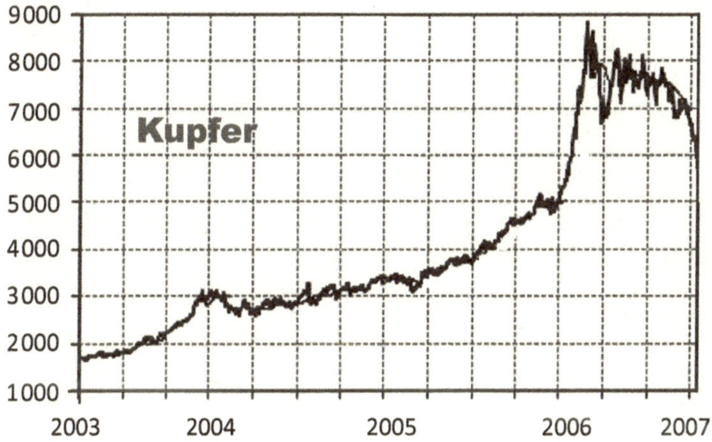

Abbildung 16: Wertentwicklung von Kupfer, 2003 bis 2007, in US-Dollar/Tonne an der London Metal Exchange, Daten: Bloomberg 2019

Denn entgegen aller Erwartungen haben fast alle großen Produzenten Probleme mit der Produktion: Gestiegene Kosten, der Ölpreis, Streiks und Erdbeben wirken sich aus. Das prognostizierte zusätzliche Angebot im Kupfermarkt verzögert sich, die Nachfrage, befeuert durch Chinas dynamisches Wirtschaftswachstum, wächst, und der Preis erklimmt kontinuierlich neue Höhen. Eine zusätzliche Dynamik in dieser Situation verursachen die Gerüchte um die Positionen Lius, denn die Lagerbestände der Warenterminbörsen in London, New York und Shanghai befinden sich mittlerweile auf dem niedrigsten Stand seit 30 Jahren.

Die Tageszeitung *China Daily* berichtet von einer Position von 130.000 Tonnen Kupfer, die Liu Qibing für das SBR zu durchschnittlich 3.300 US-Dollar je Tonne auf Termin verkauft hat. Als der Kupferpreis über die Marke von 4.000 US-Dollar je Tonne steigt, bricht Liu die Kontakte zu anderen Händlern in London und China ab und verschwindet. Das Handy bleibt stumm, die Wohnungstür im 10. Stock seines Pekinger Apartmenthauses wird nicht geöffnet, an seinem Arbeitsplatz in Shanghai ist er auch nicht anzutreffen.

Auf Nachfragen verleugnet sein Arbeitgeber zuerst seine Existenz, revidiert diese Aussage später zu der Feststellung Liu Qibing habe auf eigene Rechnung und nicht im Auftrag des SBR gehandelt. Die 1953 gegründete Behörde soll durch den Rohstoffhandel eigentlich die Preise stabilisieren und den Nachschub sichern, statt durch Spekulationen mit Rohstoffen Gewinne zu erzielen. Marktbeobachter betrachten den chinesischen Händler, der nach chinesischen Angaben unter Hausarrest steht, eher als Bauernopfer statt als Täter.

Der chinesische Händler bricht alle Kontakte ab, geht nicht an sein Handy, und sein Arbeitgeber verleugnet sogar seine Existenz.

Der 36-Jährige Liu Qibing, Sohn einer Bauernfamilie aus der chinesischen Provinz Hubei, ist bereits seit 1990 beim SRB beschäftigt und für seine Tätigkeit an der London Metal Exchange (LME) ausgebildet worden. Zwischen 2002 und 2004 soll Liu durch riskante Kupfergeschäfte über 300 Millionen US-Dollar für das SRB erwirtschaftet haben. Nun drohen dem chinesischen Staat Verluste von Hunderten Millionen US-Dollar. Die Führung in Peking versucht, durch Kupferauktionen den Weltmarktpreis zu drücken. In einer ersten Tranche werden 50.000 Tonnen verkauft, eine weitere Tranche in ähnlicher Größenordnung soll folgen. Sonst gehütet wie ein Staatsgeheimnis, lässt die Führung in Peking verbreiten, das Land habe 1,3 Millionen Tonnen Kupfer in Reserve. Marktteilnehmer schätzen die lieferbare Kupfermenge aber auf gerade einmal die Hälfte davon. Die Aktionen der chinesischen Führung bleiben aber ohne durchschlagenden Erfolg, denn immer mehr Marktteilnehmer gehen Gegenpositionen ein, um China zur physischen Lieferung Ende Dezember zu zwingen. Insbesondere Hedgefonds, in China »Krokodile« genannt, sehen in der Situation am Kupfermarkt eine Möglichkeit, kurzfristige Gewinne zu erzielen. Der Kupferpreis haussiert, 5.000 US-Dollar im Januar 2006, 6.000 US-Dollar Anfang April und 7.000 US-Dollar Ende April 2006. Mit fast 8.800 US-Dollar je

Tonne erklimmt er im Mai 2006 schwindelerregende Höhen, bevor sich die Preise an den internationalen Warenterminbörsen wieder normalisieren.

MERKE

- Wie der japanische Händler Yasuo Hamanaka vor fast zehn Jahren befand sich der chinesische Händler Liu Qibing auf der falschen Seite des Kupfermarktes. Er spekulierte auf sinkende Preise und verlor im großen Stil.
- Die Episode steht stellvertretend für die Verlagerung des wirtschaftlichen Schwerpunktes von Japan hin zu China.
- Liu arbeitete für das China State Reserve Bureau (SRB), welches die steigende Nachfrage der chinesischen Wirtschaft nach Rohstoffen koordinierte. Marktbeobachter schätzten die Short-Position von Liu auf zwischen 100.000 bis 200.000 Tonnen Kupfer.
- Die Kupferpreise stiegen von 1.500 US-Dollar pro Tonne im Jahr 2002 auf fast 9.000 US-Dollar im Jahr 2006, und Liu, als Rogue Trader bezeichnet, verschwand.

21
Zink: Treibgut und Beute

2005

Die amerikanische Metropole New Orleans, The Big Easy, ist bekannt für Jazz, Karneval und die kreolische Küche. Weniger bekannt ist, dass sich in der Stadt rund ein Viertel der weltweiten Zink-Lagerbestände befinden. Die Überflutung der Stadt durch Hurrikan Katrina macht das Metall unzugänglich, und die Sorge um Beschädigungen lässt den Zinkpreis auf ein Allzeithoch steigen.

»It's totally wiped out … it's devastating.«
George W. Bush, US-Präsident

Zink wird an der London Metal Exchange in US-Dollar pro Tonne gehandelt und bildet dort nach Kupfer und Aluminium den drittgrößten Einzelmarkt. In den ersten Jahren des neuen Jahrtausends können Zink und Blei als die hässlichen Schwestern der anderen börsennotierten Industriemetalle wie Kupfer oder Aluminium bezeichnet werden, denn ein jahrelang niedriges Preisniveau und geringe Erträge für produzierende Unternehmen lassen das weltweite Angebot stagnieren.

Was ist die London Metal Exchange?

Zurückblickend auf eine über 130-jährige Geschichte werden an der London Metal Exchange (LME) Kupfer, Aluminium und Aluminiumlegierungen, Zink, Blei, Nickel und Zinn gehandelt, darüber hinaus Molybdän und Kobalt, Stahl und Kunststoffe. Der Präsenzhandel durch Makler findet in zwei Runden, morgens und nachmittags, in einem offenen Ring (»open pid«) statt, währenddessen der tägliche offizielle Handelskurs bestimmt wird. LME Forward Kontrakte werden physisch gegen Lagerscheine beliefert. Lagerbestände der verschiedenen Metalle liegen in über 400 Lagerhäusern an mehr als 30 unterschiedlichen Orten in Europa, USA und Asien verteilt.

In 2012 stimmte die LME dem Übernahmeangebot der Hong Kong Exchange and Clearing (HKEx) über 1 Milliarde US-Dollar nach einem neunmonatigen Übernahmekampf zu. Mit einem jährlichen Umsatz von mehr als 12 Billionen US-Dollar ist die London Metal Exchange neben den Metallbörsen in Singapur und New York der weltgrößte Handelsplatz für Metalle.

Selbst als das Interesse an Industriemetallen in 2003 durch das rasante Wachstum der chinesischen Wirtschaft steigt, hinkt die Verteuerung von Zink der Preisentwicklung anderer Industriemetalle deutlich hinterher. Wie auch bei Kupfer spielt China eine tragende Rolle in der Verknappung des weltweiten Angebotes: 2004 wird das Land Netto-Importeur von Zink. In den ersten sieben Monaten des Jahres 2005 importiert das Reich der Mitte rund 67.000 Tonnen Zink, nach 15.000 Tonnen im gesamten Vorjahr. Die International Lead and Zinc Study Group prognostiziert ein Marktdefizit von 200.000 Tonnen für 2005, nachdem bereits in den ersten fünf Monaten die Nachfrage 50.000 Tonnen über dem Angebot liegt. Die weltweiten Lagerbestände an den Metallbörsen sinken kontinuierlich, und noch in diesem Marktumfeld sind viele Unternehmen skeptisch: »Gegenwärtig entwickelt niemand in unserem Geschäft neue Zinkminen. Wir nicht, Teck Cominco nicht, und auch nicht Falconbridge«, erklärt Greig Gailey, Managing

Director von Zinifex in 2005. Zinifex ist nach Xstrata und Teck Cominco 2007 der weltweit drittgrößte Produzent von Zink.

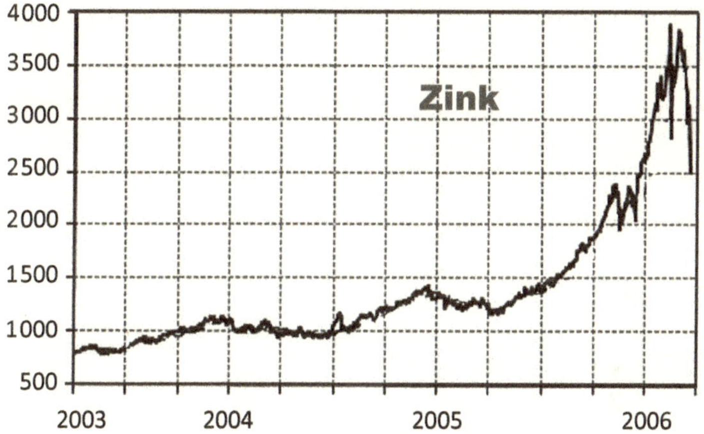

Abbildung 17: Wertentwicklung von Zink, 2003 bis 2007, in US-Dollar/Tonne an der London Metal Exchange, Daten: Bloomberg 2019

Der Preis für Zink handelt zu dieser Zeit bei rund 1.200 US-Dollar pro Tonne. Erst Anfang 2004 durchbricht er die Marke von 1.000 US-Dollar, während er sich die beiden vorangehenden Jahre in einer engen Spanne zwischen 750 und 850 US-Dollar bewegte. 1999 und 2000 verharren die Preise bei knapp über 1.100 US-Dollar, was die negative Stimmung der Industrie noch bis ins Jahr 2004 erklärt. Die sich zuspitzende Situation aus steigender Nachfrage und unflexiblem Angebot sowie abnehmenden Lagerbeständen sorgt ab der zweiten Jahreshälfte 2004 für Preisaufschläge. Nach zwischenzeitlichen Hochs im März 2005 bei über 1.400 US-Dollar beruhigen sich die Preise wieder leicht und fallen in den Bereich von 1.200 US-Dollar zurück.

Das ist in groben Zügen die Situation bis August 2005. Dann schlägt Katrina in New Orleans ein wie eine Bombe. Der Hurrikan der Stufe 5 richtet im August 2005 verheerende Schäden in den südöstlichen Teilen der USA an. Besonders stark ist die Stadt New Orleans betroffen, deren Stadtgebiet fast komplett unter Wasser steht. Wegen ihrer geografischen Lage und aufgrund attraktiver Konditionen haben sich in der Stadt am Delta des Mississippi 24 offizielle LME-Lagerhäuser angesiedelt. Dort schlummern neben 250.000 Tonnen Zink auch 1.200 Tonnen Aluminium und 900 Tonnen Kupfer. Die globalen Zink-Lagerbestände werden zu diesem Zeitpunkt von der International Lead and Zinc Study Group auf knapp über 1 Million Tonnen geschätzt, was beim derzeitigen Verbrauch einer Vorratslage von 35 Tagen entspricht. Die Bestände in New Orleans entsprechen also rund einem Viertel der global verfügbaren Lagerbestände und etwa der Hälfte des an der LME gehandelten Zinks. LME-Terminkontrakte sind physisch lieferbar, weshalb Lagerbestände der entsprechenden Metalle in von der LME genehmigten Magazinen vorrätig gehalten werden. Derzeit sind dies über 400 Lagerhäuser in 32 Orten, die die USA, Europa sowie den Mittleren und den Fernen Osten abdecken. Lieferung findet gegen LME-Lieferscheine statt, die den Besitzer mit einem Anspruch auf eine festgelegte Menge Metall an einer festgelegten Lagerungsstätte versehen. Durch die Flutschäden in New Orleans ist jedoch plötzlich der Zugang zu dem dort lagernden Zink stark eingeschränkt. Stephen Briggs, Analyst der Metallmärkte der französischen Großbank Société Générale, fasst die Situation so zusammen: »Wir stehen vor einer potenziell schwerwiegenden Entwicklung […] der Markt nimmt an, dass das Metall beschädigt ist und für längere Zeit nicht zur Verfügung steht. Abnehmer befürchten das Schlimmste.«

Die Zink-Lagerbestände in New Orleans entsprechen rund einem Viertel der gesamten weltweit verfügbaren Lagerbestände.

Wer braucht Zink?

Die Hauptverwendung von Zink liegt im Korrosionsschutz für andere Metalle beziehungsweise metallische Legierungen wie Eisen oder Stahl. Die Nachfrage kommt daher überwiegend aus den Bereichen Infrastruktur, Bauwirtschaft und Transport. Die weltweite Minenproduktion liegt bei rund 11 Millionen Tonnen. Zink wird dabei gemeinhin als Koprodukt zusammen mit Blei gefördert. Die größten Produzentenländer sind China, Australien, Peru, die USA, Australien und Kanada; die beiden Letztgenannten sind die größten Exporteure des

Metalls. Im Unterschied zu den konzentrierteren Märkten wie Kupfer oder Nickel liegt der Anteil der Zinkproduktion der zehn größten Unternehmen bei unter 50 Prozent der Weltproduktion. Nach Kupfer und Aluminium stellt Zink den drittgrößten Einzelmarkt an der London Metal Exchange dar. Hier wird Zink in der Notierung US-Dollar pro Tonne gehandelt.

Am 2. September steigen die Notierungen für Zink auf ein Fünf-Monats-Hoch. Spekulanten gehen davon aus, dass es bei der Lieferung von Zink aus LME-Lagerhäusern in New Orleans infolge des Hurrikans Katrina zu Verzögerungen kommen wird. Am 6. September entscheidet die Börse, temporär die Lieferung von Zink aus LME-Beständen auszusetzen – noch in der Vorwoche bestätigte die LME die Lieferfähigkeit des Metalls in New Orleans. Nach dieser Entscheidung steigt der Preis von Zink in London exponentiell auf 1.454 US-Dollar pro Tonne auf den höchsten Stand seit 1997. Zwei Tage später bestätigt der CEO der London Metal Exchange, Simon Heale, die Aussetzung der Lieferungen mit der Begründung, die Behinderung des Zugangs zum Hafen von New Orleans – und damit die Zugriffsbeschränkung auf die Bestände der LME – könnte sich bis ins Jahr 2006 hinziehen. Am Ende des Jahres durchbricht der Preis für Zink die Marke von 1.900 US-Dollar, knapp zwei Wochen später erreicht Zink in London einen Wert von rund 2.400 US-Dollar. Aber dies ist nur der Anfang, denn die sich verschärfende Situation treibt den Wert des Metalls im ersten Halbjahr 2006 auf 4.000 US-Dollar und markiert mit knapp 4.600 US-Dollar pro Tonne im November 2006 ein neues Hoch. In 2007 ist der Spuk dann aber vorbei: Von 3.500 US-Dollar (August 2007) sinkt der Preis kontinuierlich innerhalb der nächsten zwölf Monate auf ein Niveau von unter 1.500 US-Dollar.

MERKE

- Nur Marktinsider wussten, dass Lagerhäuser im Stadtgebiet New Orleans rund ein Viertel der weltweiten Zinkvorräte und rund die Hälfte des an der London Metal Exchange gehandelten Zinks enthielten.
- Im August 2005 verwüstete der Hurrikan Katrina New Orleans, verursachte dabei umfangreiche Überschwemmungen in der Region und machte die Zinkvorräte unzugänglich.
- Als Folge der entstehenden Knappheit stieg der Preis für Zink im Sommer 2005 von fast 1.200 US-Dollar pro Tonne auf einen Rekordwert von 4.600 US-Dollar im November 2006.

22

Erdgas: Brian Hunter und der Untergang von Amaranth

2006

Nach der Schließung von MotherRock erschüttert mit Amaranth Advisors die größte Hedgefonds-Pleite seit dem Kollaps von Long-Term Capital Management in 1998 die Branche – der Grund sind Fehlspekulationen auf dem US-Erdgasmarkt. Brian Hunter, Energiehändler bei Amaranth, verliert innerhalb von Wochen 6 Milliarden US-Dollar.

»The market can stay irrational longer than you can stay solvent.«
John Maynard Keynes, Ökonom

Die Hiobsbotschaft erschüttert die Finanzmärkte im September 2006 wie ein Erdbeben: Amaranth Advisors, ein fast 10 Milliarden US-Dollar schwerer amerikanischer Hedgefonds, verliert durch Wetten auf dem amerikanischen Erdgasmarkt innerhalb von zwei Wochen rund zwei Drittel seines Kapitals und steht vor der Schließung. Nur wenige Wochen vorher kollabierte mit MotherRock ein weiterer Hedgefonds, der sich auf den Handel mit Terminkontrakten auf Erdgas spezialisiert hat.

Nach den Rekord-Hurrikansaisons 2004 und 2005 ist das Interesse vieler Hedgefonds an den Energiemärkten stark gestiegen, denn die Hurrikans in 2004 (Ivan) und 2005 (Katrina, Rita und Wilma) beschädigen viele Förderanlagen für Rohöl und Erdgas im Golf von Mexiko, was sich in einer deutlich verringerten Produktion niederschlägt. Diese extremen Wetterbedingungen sowie die relativ unveränderliche Nachfrage während der Wintermonate führen zu zunehmender Preisvolatilität und zum Teil erheblichen Preisausschlägen bei Energieträgern, insbesondere bei Erdgas. Während der Gaspreis in 2004 und in der ersten Hälfte 2005 zwischen 6 und 7 US-Dollar handelt, verschärfen die Angebotsprobleme der Hurrikansaison die Situation und treiben den Gaspreis auf über 15 US-Dollar im Dezember 2005. Die Produktionsstörungen ziehen sich über Monate hin, doch der warme Winter, das Ausbleiben größerer Stürme und höhere Importe wirken sich in 2006 dämpfend auf das Preisniveau von Erdgas aus.

Ausgehend von ihrem Alltime-High büßen die Benchmark-Gaspreise in New York rund zwei Drittel ihres Wertes ein. Der milde Winter hat zwischenzeitlich für ein Überangebot gesorgt – im September 2006 handelt Erdgas in der Nähe der Marke von 4 US-Dollar. Abseits der hohen Wertschwankung des Preises, die Erdgas für kurzfristig orientierte Händler interessant macht, bietet die Terminstrukturkurve von Erdgas eine noch interessantere Anlagemöglichkeit: Die Spekulation auf die Veränderung von Preisunterschieden zwischen unterschiedlichen Kontraktfälligkeiten ist eine beliebte Handelsstrategie vor allem von Hedgefonds. Hierbei werden in einem Rohstoff gleichzeitig Long- und Short-Positionen eingegangen, und auf eine Ausweitung oder Einengung der Preisdifferenzen, also eine Veränderung der Steilheit der Terminstruktur, spekuliert.

Einige Gedanken zu Erdgas

In den USA ist Erdgas mit fast 25 Prozent einer der wichtigsten Energieträger. Das Heizen von Wohnungen, Elektrizitätserzeugung und anderer industrieller Gebrauch machen zusammen knapp 80 Prozent der Anwendungen aus. Die Nachfrage zu Heizzwecken, die immerhin 20 Prozent der Gesamtnachfrage ausmacht, ist dabei ausgesprochen saisonal: ein hoher Bedarf in den Wintermonaten steht ein geringer während der Sommermonate gegenüber. Die Produktion von Erdgas in den Vereinigten Staaten konzentriert sich auf Texas, den Golf von Mexiko, Oklahoma, New Mexico, Wyoming und Louisiana; wobei Texas und die Region um den Golf von Mexiko zusammen über 50 Prozent der heimischen Erzeugung beisteuern. Über 15 Prozent des gesamten US-Erdgasverbrauchs wird aus Kanada importiert oder in Form von Flüssiggas (LNG) eingeführt. Gehandelt wird Erdgas zum Beispiel an der NYMEX unter dem Kürzel NG und dem aktuellen Kontraktmonat in US-Dollar pro 10.000 MMBtu (1 MMBtu entspricht 26,4 Kubikmeter Gas, basierend auf einem Energieinhalt von 40 Megajoule/m^3).

Im Jahr 2006 sind zwei der großen Investoren auf dem Markt für US-Erdgas Brian Hunter, Leiter des Energiehandels des beinahe 9 Milliarden US-Dollar schweren Hedgefonds Amaranth Advisors, und Robert »Bo« Collins, Chef der Hedgefonds-Gesellschaft MotherRock, die etwa 400 Millionen US-Dollar verwaltet. MotherRock hat sich auf den Handel mit Erdgas spezialisiert, und der im Dezember 2004 aufgelegte MotherRock Energy Master Fund erwirtschaftet für seine Investoren in 2005 einen Wertzuwachs von 20 Prozent.

Einigen Marktteilnehmern ist zu diesem Zeitpunkt bewusst, dass Collins und Amaranths Senior-Energiehändler Brian Hunter im großen Stil in gegenläufigen Positionen in März/April- und Oktober/Januar-Kontrakten engagiert sind. Im Juli 2006 beträgt der Preisunterschied zwischen den Gas-Futures für März und April 2007 rund 2,60 US-Dollar. Hunter geht bei seinen Anlageentscheidungen davon aus, dass sich die Differenz wegen der bevorstehenden kalten Jahreszeit vergrößern wird. MotherRock setzt dagegen auf eine Korrektur des Preisspreads bei März/April. Im Vergleich zu MotherRock spielt Amaranth jedoch in einer anderen Größenklasse.

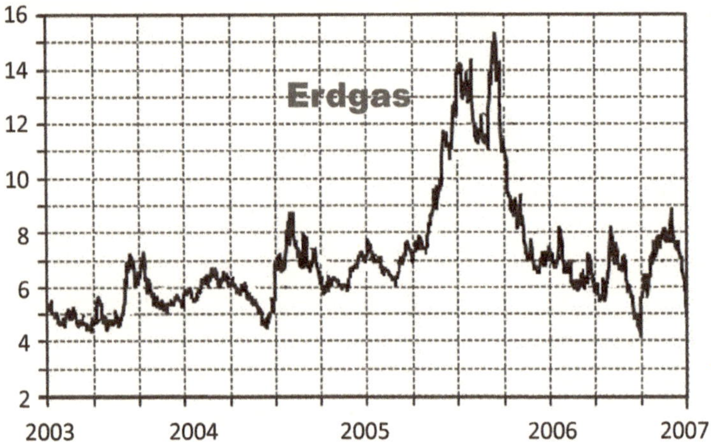

Abbildung 18: Wertentwicklung von Erdgas, 2003 bis 2007, in US-Dollar/ MMBtu an der New York Mercantile Exchange, Daten: Bloomberg 2019

Amaranth Advisors – Eine Krise im Zeitraffer

Amaranth verwaltet in 2006 Anlagegelder in Höhe von fast 9 Milliarden US-Dollar und beschäftigt 360 Mitarbeiter. Der Ursprung des Geschäftes liegt im Bereich der Convertible Arbitrage. Nachdem die Gewinnmöglichkeiten in diesem Bereich schwinden, verlegt Amaranth den Geschäftsschwerpunkt auf den Energiehandel. Hurrikan Katrina dezimiert in 2005 die US-Öl- und -Gasproduktion deutlich, und der Leiter des Energiehandels von Amaranth, Brian Hunter, erwirtschaftet hohe Gewinne durch Wetten auf dem US-Erdgasmarkt. In 2006 setzt Hunter auf die Wiederholung dieser Preisbewegung: Er wettet auf die Ausweitung der Spreads zwischen Erdgas-Kontrakten mit Laufzeit März und April 2007 und 2008 (d. h. Long-Positionen in den jeweiligen März-Kontrakten und Short-Positionen in den jeweiligen April-Kontrakten) sowie in September/Oktober-Kontrakten. Da hier lediglich Kursdifferenzen gehandelt werden, ist nicht der Gesamtwert der Positionen durch Eigenkapital gedeckt: Im Durchschnitt liegt der Leverage durch Fremdkapital bei 1:8. Unglücklicherweise weitet sich der Spread der Positionen nicht aus; der Markt ist weiter unter Druck und die Kursdifferenz zwischen März- und April-Erdgas-Kontrakten geht von etwa 2,50 US-Dollar Ende August 2006 auf weniger als 0,6 US-Dollar Ende September zurück. Unverantwortliche Positionsgrößen als Folge eines unzureichenden Risikomanagements auch in Bezug auf Markttiefe und Leverage lassen innerhalb von Tagen die hieraus entstehenden Verluste auf fast zwei Drittel des gesamten Eigenkapitals anwachsen. Am 29. September 2006 werden die Anleger über die anstehende Liquidierung des Fonds informiert.

Amaranth dominiert den Handel mit US-Erdgas auf den Finanzmärkten wie der NYMEX und der ICE (Intercontinental Exchange). Der Hedgefonds kauft und verkauft Tausende von Kontrakten auf Tagesbasis, an manchen Tagen auch Zehntausende Kontrakte. Dabei hält er rund 100.000 Erdgas-Kontrakte in einem Monat, was rund 5 Prozent des gesamten Jahresverbrauchs der USA ausmacht. Allein an der Börse von New York kontrolliert Amaranth 40 Prozent aller ausstehenden Kontrakte der Wintersaison 2006/07 (Oktober bis März) und über drei Viertel aller ausstehenden Kontrakte des November-Futures. Im Juni und Juli 2006 führen heftige Preisbewegungen bei Erdgas zu massiven Verlusten im MotherRock Energy Master Fund. Zuvor hat das US-Wirtschaftsministerium einen Anstieg der Gaslagerbestände um 12 Prozent gemeldet. Daraufhin sinkt der Gaspreis binnen Wochenfrist um 12 Prozent. Die Rückgabe von Anteilen verschärft die Schieflage von MotherRock, dessen Verluste sich auf über 200 Millionen US-Dollar ausweiten. Die hohen Verluste des Hedgefonds resultieren jedoch nicht primär aus dem Preisrückgang bei Erdgas: Eine spätere Untersuchung des US-Senats bestätigt, dass der schiere Umfang der Käufe von Amaranth im März-Kontrakt und Verkäufe im April-Kontrakt den Preisspread von Erdgas bis zum 31. Juli 2006 um über 70 Prozent ansteigen lassen. Dies verschlechtert die Positionen von MotherRock bis zu dem Punkt, an dem der Fonds nicht mehr in der Lage ist, seinen Margin-Verpflichtungen nachzukommen – MotherRock kollabiert und muss im August 2006 abgewickelt werden.

Brian Hunter triumphiert – doch nur vier Wochen später sieht sich auch Amaranth ernsten Problemen gegenüber.

Im Spätsommer des Jahres 2006 beginnt die Abwärtsbewegung der Preise für Erdgas. So fällt der Preis von Erdgas an der NYMEX mit Lieferung im Oktober von 8,45 US-Dollar im Juli auf unter 4,80 US-Dollar im September, den niedrigsten Preis der letzten zweieinhalb Jahre. Die Preisdifferenz zwischen Erdgas-Terminkontrakten mit Fälligkeiten März 2007 und April 2007 bewegt sich von einem Hoch von beinahe 2,50 US-Dollar im Juni auf unter 0,60 US-Dollar im September: ein Rückgang von rund 75 Prozent!

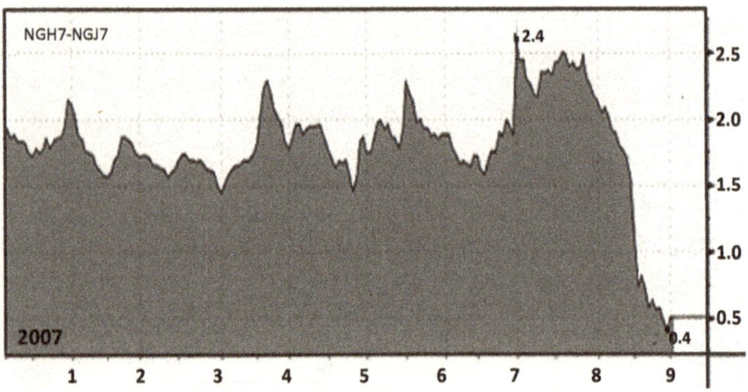

Abbildung 19: Entwicklung der Preisdifferenz für Erdgas zwischen März und April 2007, in US-Dollar/MMBtu an der New York Mercantile, Daten: Bloomberg 2019

Ende August hält Amaranth jeweils rund 100.000 Kontrakte im September- und Oktober-Future auf der Long- und auf der Short-Seite. Zusammengenommen enorme Positionen, denn die Bewegung um nur 1 US-Cent bei 100.000 Kontrakten macht eine Wertveränderung von rund 10 Millionen US-Dollar aus. Die schieren Positionsgrößen und der Handel verursachen deutliche Preisbewegungen in den Terminkursen von Erdgas und in den Preisbeziehungen der unterschiedlichen Fälligkeiten.

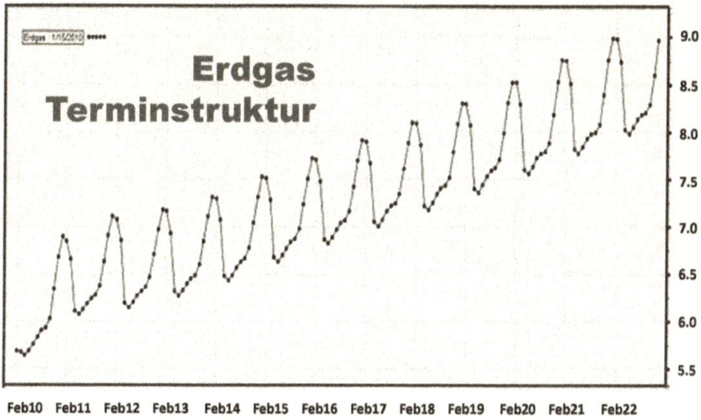

Abbildung 20: Terminkurve von Erdgas in 2010, in US-Dollar/MMBtu an der New York Mercantile Exchange, Daten: Bloomberg 2019

Die Gesamtpositionen des Fonds addieren sich zu rund 18 Milliarden US-Dollar Gegenwert. Aus dem Anstieg um 0,60 US-Dollar im September-Erdgas-Kontrakt und dem damit zusammenhängenden Rückgang des Oktober/September-Preisspread folgt für Amaranth ein hoher Verlust. Am 29. August weist die tägliche Gewinn-und-Verlust-Berechnung einen Tageswertverfall der Erdgasgeschäfte von knapp 600 Millionen US-Dollar aus. Noch schlimmer wirken sich die Margin-Verpflichtungen des nächsten Tages aus: Aufgrund des Wertverfalls steigen sie um 944 Millionen US-Dollar. Am 31. August stehen Amaranths Margin-Verpflichtungen gegenüber ICE und NYMEX bei über 2,5 Milliarden US-Dollar; eine Woche später, am 8. September übersteigen die Verpflichtungen des Hedgefonds 3 Milliarden US-Dollar. Um die Risikoposition in Erdgas zu verkleinern, kauft Amaranth Anfang September die gegenläufigen Positionen von MotherRock von ABN AMRO, der Clearing Bank des in Schwierigkeiten geratenen Hedgefonds, die das gesamte MotherRock Portfolio übernommen hat.

Amaranths Positionen addieren sich auf 18 Milliarden US-Dollar; im September steigen die Margin-Verpflichtungen des Fonds auf über 3 Milliarden US-Dollar.

Angesichts der volatilen Preisbewegung an den Energiemärkten und der aufgelaufenen Verluste wachsen die Bedenken bei Primebroker Morgan Stanley und man zwingt den Fonds, Geld nachzuschießen. Neben Morgan Stanley gehören auch noch Credit Suisse und die Deutsche Bank zu den wichtigsten Investoren.

Wer ist Brian Hunter?

Brian Hunter (geb. 1975) ist ein kanadischer Mathematiker und Hedgefonds-Manager. Von 2001 bis 2004 ist Hunter für die Deutsche Bank in New York City im Energiehandel tätig. Hier erwirtschaftet er in 2001 und 2002 Gewinne von 17 und 52 Millionen US-Dollar mit Erdgastermingeschäften. Nach Verlusten von über 50 Millionen US-Dollar innerhalb nur einer Woche wird Hunter in 2004 entlassen. Aufgrund seiner Kenntnisse der Energiemärkte und seiner Handelsexpertise verpflichtet Amaranth den Experten für den Energiehandel. Ein Gewinn von über 1 Milliarde US-Dollar durch Spekulationen auf den Erdgaspreis nach den Hurrrikans Rita und Katrina lassen Hunter zu einer Legende an der Wallstreet werden. Auch 2006 kann der Hedgefonds-Manager bis August einen Gewinn von rund 2 Milliarden US-Dollar erzielen. Doch verliert er danach binnen einer Woche knapp 6 Milliarden US-Dollar. Nach der Trennung von Amaranth gründet Hunter in 2007 mit Solengo Capital Advisors einen neuen Hedgefonds.

Die unter der Verwaltung des Fonds stehenden Vermögenswerte fallen nach Berichten des *Wall Street Journal* in nur einer Woche von 9 Milliarden auf 4,5 Milliarden US-Dollar. Der Fondsgründer Nicholas Maounis teilt seinen Investoren in einem Brief mit, man werde wegen der Kursausschläge am US-Gasterminmarkt die Positionen drastisch zurückfahren. Die Anleger müssen sich bis zum Jahresende auf Kursverluste von 35 Prozent einstellen, obwohl noch vor vier Wochen der Fonds ein Plus von 26 Prozent verbuchte. Amaranth – der Name kommt von dem griechischen Wort für »unvergänglich« – muss nun schmerzlich einsehen, dass Gewinne an der Börse dies mitnichten sind. Amaranth wird unter Aufsicht der amerikanischen Börsenaufsicht SEC gestellt, und JPMorgan Chase und Citadel Investment Group übernehmen die Positionen des Hedgefonds. Zu den Geschädigten gehören neben Einzelinvestoren auch Dach-Hedgefonds der Banken Credit Suisse, Morgan Stanley und die Deutsche Bank. Am 25. Juli 2007 verurteilt die Commodity Future Trading Commission Amaranth und Brian Hunter wegen versuchter Preismanipulation auf dem Erdgasmarkt. Hunter, der Amaranth verlassen muss, gründet in 2007 mit Solengo Capital Advisors einen neuen Hedgefonds.

MERKE

- Die Energiemärkte waren 2005/2006 ein heißes Thema. Der Preis für Erdgas stieg von 6 auf über 15 US-Dollar, aber im Spätsommer drehte der Markt und eine Abwärtsspirale begann. Im September 2006 fiel Erdgas unter 5 US-Dollar, den niedrigsten Preis der vergangenen zwei Jahre.
- Brian Hunter baute eine Position von 18 Milliarden US-Dollar für Erdgas auf. Bis August hatten ihm seine Geschäfte 2 Milliarden US-Dollar eingebracht. Aber dann drehte der Markt: Innerhalb weniger Wochen verlor Hunter 6 Milliarden US-Dollar, und Amaranth Advisors brach zusammen.
- Der Untergang von Amaranth Advisors hat die Finanzindustrie schwer erschüttert. Es war der größte Zusammenbruch eines Hedgefonds seit Long-Term Capital Management im Jahr 1998.

23
Orangensaft: Collateral Damage

2006

»Sie wollen kaufen?« So leitet Billy Ray Valentine alias Eddie Murphy im Film *Die Glücksritter* den Showdown auf dem Terminmarkt für Orangensaft ein. In der Realität vervierfacht sich zwischen 2004 und 2006 der Preis für Orangensaft an der New York Mercantile Exchange – den Ausschlag gibt eine Rekord-Hurrikansaison.

»My God! The Dukes are going to corner the entire frozen orange juice market!«
DAN AKROYD ALS LOUIS IM FILM »DIE GLÜCKSRITTER«

Im Spielfilm *Die Glücksritter* mit Eddie Murphy und Dan Aykroyd von 1983 (engl: *Trading Places*) kommt es an der Warenterminbörse NYMEX zum Showdown inmitten des chaotischen Handels mit Orangensaftkonzentrat – vor und nach der Veröffentlichung von Daten des US-Landwirtschaftsministeriums. Dies ist nicht weit hergeholt, denn Orangensaft beziehungsweise das an der Terminbörse gehandelte Orangensaftkonzentrat, ist ein von Wettereinflüssen dominierter Markt. Hurrikans, Frost oder Trockenheit in den Hauptanbaugebieten Florida, USA und der Region um São Paulo, Brasilien, können zu starken Preisbewegungen an den Märkten führen. Aus dieser Wetterabhängigkeit ergibt sich eine auch für andere Agrarrohstoffe typische Saisonalität: Die Hochpunkte liegen aufgrund der Risikoaufschläge im Mai (Frost in Brasilien) und November (Hurrikansaison in Florida), die Tiefpunkte im Februar und September. Bereits leichte Stürme können zu einem Verlust an Früchten führen, zu mehr Austrieb und damit weniger Orangen an den Pflanzen.

Einige *saftige* Fakten

Orangen werden in fast allen Teilen der Welt mit tropischem oder subtropischem Klima angebaut, doch weisen die Produktionsmengen deutliche geografische Schwerpunkte auf. Über 50 Prozent der weltweiten Orangenernte stammen aus Brasilien (Region São Paulo) und den USA (Florida). Zur Ernte werden Orangen typischerweise in Kisten à 90 Pfund (lbs.), also 40,8 Kilogramm, verpackt. Die beiden genannten Länder dominieren mit zusammen 90 Prozent die weltweite Orangensaftproduktion. Die Verarbeitung der Früchte zu Konzentrat, welches eingefroren werden kann, besitzt gegenüber Orangen und Orangensaft Vorteile bezüglich der Lagerung, der Haltbarkeit und des Transports. Der Terminhandel mit Orangensaft findet in New York in Form von gefrorenem Konzentrat statt. Ein Terminkontrakt bezieht sich dabei auf 15.000 Pfund Konzentrat, es entspricht damit zwischen 2.300 und 2.500 Kisten Orangen. Unter normalen Bedingungen liefert eine Orangenernte in Florida rund 200 Millionen Kisten, was einem Gegenwert von rund 1,2 Milliarden US-Dollar entspricht.

Schwere Stürme hingegen können beispielsweise ganze Pflanzungen zerstören und im schlimmsten Fall ein auf mehrere Jahre niedrigeres Ernteniveau zur Folge haben, denn neue Pflanzen tragen erst nach circa drei bis vier Jahren Früchte und die produktivste Zeit einer Pflanze beginnt nach etwa acht Jahren. Aufgrund der Monokulturwirtschaft der Plantagen treten

Pflanzenkrankheiten und Schädlingsbefall als weitere Einflussfaktoren auf die Ernte hinzu – auch hier können Stürme einen Ausschlag bei der Verbreitung von Schädlingen und Krankheiten geben, wie beispielsweise der Ausbreitung von Zitrusbrand nach den leichten Hurrikans in 2004. In der Summe bedeuten die Jahre 2004 bis 2006 einen »perfekten Sturm« für die Preisentwicklung von Orangensaft, die selbst die Preissteigerung von Rohöl während der Hurrikansaison 2005 in den Schatten stellt.

Die Hurrikansaisons 2004 und 2005 sind die aktivsten seit Beginn der Wetteraufzeichnungen.

Stürme, die uns bewegten

Die atlantische Hurrikansaison beginnt im Juni und erstreckt sich bis Ende November. 2005 war mit 28 Stürmen, davon 13 Hurrikans – und darunter wiederum vier Kategorie-5-Stürme – die aktivste atlantische Hurrikansaison seit Beginn der Wetteraufzeichnungen. Eine durchschnittliche Saison zählt im Vergleich gerade einmal sechs Hurrikans. Als Kategorie 5 auf der Saffir-Simpson-Skala sind Hurrikans definiert, die Windgeschwindigkeiten von mehr als 250 Kilometer pro Stunde erreichen. Die Stürme der 2005er-Saison kosten zusammen etwa 4.000 Menschen das Leben und richten Schäden von mehr als 100 Milliarden US-Dollar an. Auf die Hurrikans Dennis, Emily, Katrina, Rita und Wilma gehen dabei die schlimmsten Verwüstungen zurück. Katrina verursachte im August 2005 verheerende Schäden in den südöstlichen Teilen der USA – die Stadt New Orleans ist besonders stark betroffen. Wilma brach alle Rekorde und geht als bislang stärkster Sturm in die Geschichte ein.

Floridas Orangenindustrie leidet unter einer subventionierten Überproduktion, so dass in Zeiten guter Ernten das Einkommensniveau gering ausfällt. Die Orangensafternte in 2004 gestaltet sich sehr positiv; mit dem Resultat, dass im Mai 2004 der Preis für Orangensaft im Vergleich zum Vorjahr aufgrund der sehr guten Ernteergebnisse rund 35 Prozent tiefer handelt; die aktuelle Ernte wird vom US-Landwirtschaftsministerium auf 245 Millionen Kisten geschätzt. Damit läge die Ernte über dem bisherigen Rekordniveau von 244 Millionen Kisten der Saison 1997/98 und deutlich über dem Ernteniveau des Vorjahres (203 Millionen Kisten). Die zu dieser Zeit besonders in den USA populäre Atkins-Diät bewirkt zudem eine spürbar geringere Nachfrage. Ende Mai 2004 handelt Orangensaft bei nur noch 0,54 US-Dollar pro Pfund.

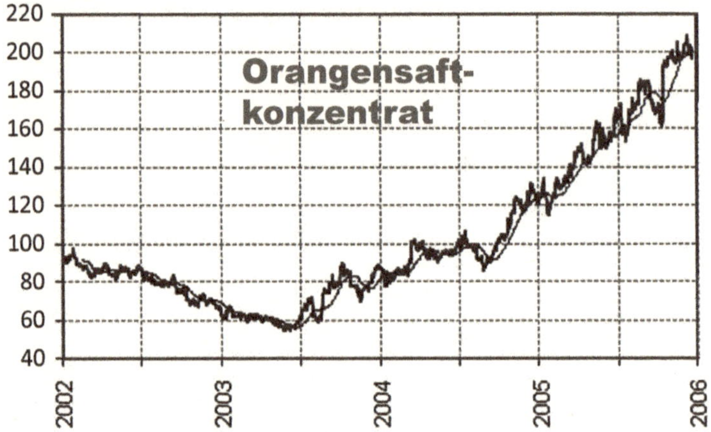

Abbildung 21: Wertentwicklung von Orangensaft, 2002 bis 2006, in US-Cent/Pfund, Daten: Bloomberg 2019

Doch dann kommt wieder Bewegung in die Nachfrage, unter anderem, weil die Popularität der Atkins-Diät allmählich wieder abebbt. Und auch in die Angebotsseite kommt Bewegung in der Form von Charley, Frances, Jeanne und Wilma – vier Hurrikans, die Florida in 2004 und 2005 heimsuchen. Zum ersten Mal wird der Bundesstaat durch vier dieser Wirbelstürme in einer Saison getroffen. 2004 ist eine der opferreichsten und kostspieligsten Hurrikansaisons seit Beginn der Aufzeichnungen; Winde und Fluten sind für mindestens 3.000 Tote und Sachschäden von etwa 50 Milliarden US-Dollar verantwortlich.

In der 2005er-Hurrikansaison kommen etwa 4.000 Menschen ums Leben und der Sachschaden steigt auf über 100 Milliarden US-Dollar. Es bilden sich insgesamt über 28 tropische Stürme. Dies stellt die aktivste Saison seit Beginn regelmäßiger Aufzeichnungen im Atlantikbecken dar. Wüten Charles, Frances und Jeanne im August und September 2004, kommt mit Wilma im Oktober 2005 der Paukenschlag. Neben Schäden an den Pflanzen verbreitet sich auch der für Zitrusfrüchte gefährliche Zitrusbrand und führt zu weiteren Ernteausfällen. Nach Schätzungen des Industrieverbandes Florida Citrus Mutual verursacht der Kategorie-5-Hurrikan Wilma allein einen Ernteverlust von rund 35 Millionen Kisten oder rund 17 Prozent der noch nicht geernteten Früchte.

Das US-Landwirtschaftsministerium prognostiziert für die aktuelle Saison ein Ernteniveau von lediglich 135 Millionen Kisten, also einen Rückgang von knapp 10 Prozent gegenüber der bereits unterdurchschnittlichen Ernte des Vorjahres. In der Woche vor Wilmas Verwüstungen in Floridas Südwesten schätzt das US-Landwirtschaftsministerium die diesjährige Ernte noch auf 190 Millionen Kisten. Marktbeobachter erwarten aufgrund von Sturmschäden und Schädlingsbefall das geringste Ernteniveau der letzten 17 Jahre. Ausgehend von knapp 0,55 US-Dollar im Mai 2004 steigt der Preis für in New York gehandeltes Orangensaftkonzentrat kontinuierlich an und vervierfacht sich innerhalb von zweieinhalb Jahren. Im Oktober 2005 fällt die Marke von 1 US-Dollar, und der Anstieg setzt sich weiter fort. Orangensaft steigt auf Preisniveaus, die seit Januar 1990 nicht mehr erreicht worden waren; damals stieg der Preis nach einer schweren Frostperiode über das Niveau von 2 US-Dollar. Im Dezember 2006 notiert der Preis von Orangensaft erneut wieder über der Marke von 2 US-Dollar.

Ausgehend von 0,55 US-Dollar steigt der Preis für Orangensaftkonzentrat auf über 2 US-Dollar.

Die 2005/06 Orangenernte kann sich sowohl in den USA als auch in Brasilien gegenüber dem Vorjahr bereits leicht erholen, liegt in den USA aber noch rund 30 Prozent unter dem Niveau von 2003/04. Der Preis für Orangensaft geht von über 2 US-Dollar wieder auf Preise zwischen 1,20 bis 1,40 US-Dollar in 2007 zurück; in 2008 normalisiert sich der Preis wieder auf Niveaus von unter 1 US-Dollar.

MERKE

- Die Preise für Agrarrohstoffe sind sehr anfällig gegenüber extremen Wetterbedingungen. Als Folge einer Rekord-Hurrikansaison in den USA hat sich der Preis für gefrorenes Orangensaftkonzentrat zwischen 2004 und 2006 vervierfacht.
- Im Oktober 2005 lagen die Preise über 1 US-Dollar – Tendenz steigend. Im Dezember 2006 wurde Orangensaft über 2 US-Dollar gehandelt. Ein Preisniveau, das seit Januar 1990 nicht mehr erreicht worden war.
- Der Film *Die Glücksritter* (1983) mit Eddie Murphy und Dan Aykroyd findet sein Finale an der NYMEX bei der Spekulation mit Orangensaft. Im Mittelpunkt steht die Veröffentlichung des *Crop-Reports*, der Agrardaten des US-Landwirtschaftsministeriums.

24

Fisch: John Fredriksen – Der Seewolf

2006

Durch den Transport von Rohöl zu Geld gekommen, kontrolliert John Fredriksen heute ein Firmenimperium. Darunter ist auch Marine Harvest, das größte Fischzucht-Unternehmen der Welt.

»You stand on dead men's legs. You've never had any of your own. You couldn't walk alone between two sunrises and hustle the meat for your belly.«

JACK LONDON, DER SEEWOLF

Ein Vergleich mit Paris Hilton drängt sich auf: Die Zwillingsschwestern Kathrine und Cecilie, 26, sind schön, reich und jung. Im US-Magazin *Forbes* sind die Zwillinge neben Invanka Trump und Holly Branson in der Kategorie der »Heißesten Milliardärserbinnen« zu finden. Doch bislang haben sich die Schwestern aus publicityträchtigen Skandalen herausgehalten, treten aber bereits jetzt in die geschäftlichen Fußstapfen ihres Vaters, des Norweger Reeders John Fredriksen. Auf über 10 Milliarden US-Dollar taxiert das amerikanische Magazin *Forbes* das Privatvermögen des mit Abstand reichsten Norwegers. Aufgrund der hohen norwegischen Steuern lebt Fredriksen in London und besitzt mittlerweile die zyprische Staatsbürgerschaft.

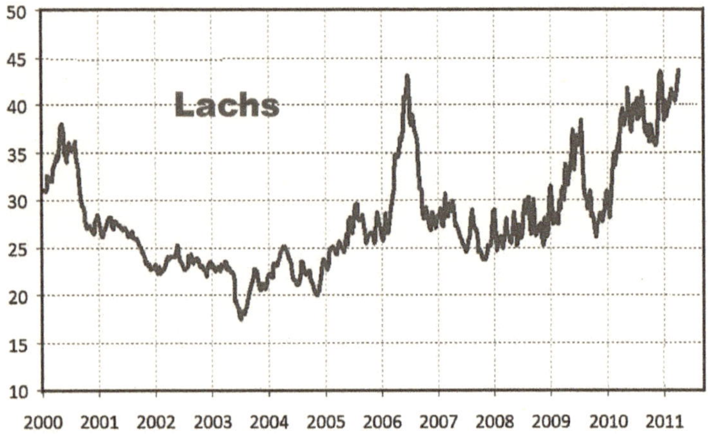

Abbildung 22: Preisentwicklung norwegischer Lachs in Norwegischen Kronen/ Kilogramm, 2000 bis 2011, Daten: Bloomberg 2019

Fredriksen, am 11. Mai 1944 in der Nähe von Oslo geboren, ist – wie viele vor ihm – durch Rohöl reich geworden. Schon vorher im Reeder-Geschäft tätig, macht sich Fredriksen während der Erdölkrisen der 1970er-Jahre selbständig und baut eine eigene Tankerflotte auf, die heute zu den größten der Welt zählt. Er verdient sein Geld mit riskanten Geschäften während des Iran-Irak-Krieges in den 1980er-Jahren und mit Öl-Lieferungen an das Apartheid-Regime in Südafrika. Direkt oder durch seine Investment-Gesellschaften kontrolliert Fredriksen ein Firmenimperium. Er ist größter Aktionär der auf den Bermudas registrierten Reederei Frontline, kontrolliert mit Golar LNG eine Flotte von Liquified Natural Gas (LNG) Tankern, und ist an dem Bohrinselbetreiber SeaDrill, den Schifffahrtsgesellschaften Golden Ocean Group und Overseas Shipholding Group beteiligt. In Deutschland wird Fredriksen durch sein Engagement beim TUI-Konzern bekannt: Aktiv drängt er darauf, die Container-Schiffsparte Hapag-Lloyd aus dem Konzern auszugliedern, um so die Konsolidierung der Branche voranzutreiben. Vor 2010 hielt John Fredriksen einen beherrschenden Anteil an TUI Travel und beeinflusste maßgeblich die Strategie des Unternehmens. Als

Branchen-Konsolidierer hat sich der Norweger auch in der weltweiten Fischzucht bereits einen Namen gemacht und kontrolliert heute das größte Fischzucht-Unternehmen der Welt: Marine Harvest.

Die norwegische Fischzucht-Industrie befindet sich aufgrund der niedrigen Fischpreise in den ersten Jahren des neuen Jahrtausends in Finanzschwierigkeiten. Insbesondere das 1992 gegründete Fischzucht-Unternehmen Pan Fish kämpft deswegen seit 2000 mit finanziellen Schwierigkeiten.

How much is the Fish?

Die mit Abstand größten Fischfangnationen sind China, Peru, Indien und Japan. In Europa weisen Norwegen, Dänemark und Spanien die höchsten Fangmengen auf. Der Wert der weltweiten Exporte von Fisch- und Fischereiprodukten erreichte in 2015 die Marke von 96 Milliarden US-Dollar. Im Unterschied zur Fischerei befasst sich Aquakultur (im Meer Marikultur) mit der kontrollierten Aufzucht von Fischen, Muscheln, Krebsen und Algen. Aquakultur ist ein weltweit stark wachsender Markt: Nach Zahlen von FAO stammt etwas mehr als ein Drittel der knapp 150 Millionen Tonnen gefangenen Fisches aus Aquakulturen – mit steigender Tendenz. So schätzen OECD und FAO das bis 2020 der Anteil von gezüchtetem Fisch auf fast 50 Prozent des gesamten Fischereiertrags ansteigt. Neben dem niedrigeren Preis wird als Vorteil oft angeführt, dass Fischfarmen der Überfischung der Meere entgegenwirken können (nach Schätzungen der FAO gelten bereits über 70 Prozent der Fanggründe als »überfischt«). Dies trifft jedoch nur bedingt zu, denn es verbrauchen fleischfressende Fische wie Lachse und Forellen ein Vielfaches ihres Körpergewichtes an wild gefangenem Fisch. Besonders negative Folgen ergeben sich durch die Haltung in unnatürlich großen und dichten Verbänden in Ländern mit niedrigen ökologischen Standards wie in Südostasien (Pangasius) oder Südamerika (Lachs) in Bezug auf Überdüngung oder Einsatz von Antibiotika.

In der Verfilmung von Jack London's berühmtem Abenteuerroman *Der Seewolf* von 1971 zerquetscht Raimund Harmsdorf in seiner Rolle als Wolf Larsen eine rohe Kartoffel vor den Augen von Humphrey van Weyden, um seine Weltsicht »fressen oder gefressen werden« zu veranschaulichen. John Fredriksen, der Norwegische Wolf, bemüht sich hingegen, die gesamte Norwegische Fischzucht-Industrie in seine Hand zu bekommen.

Durch seine Investment-Gesellschaft Greenwich Holding und die beiden Investment-Vehikel Geveran Trading und Westborough Holdings kontrollierte Fredriksen bereits knapp 50 Prozent der Anteile von Pan Fish – im Juni 2005 bietet er erfolgreich für die restlichen Aktien des Unternehmens. Über Geveran Trading erwirbt Fredriksen im zweiten Quartal 2005 einen Anteil von 24 Prozent an Fjord Seafood. Auch hier kontrolliert der Norweger bald knapp 50 Prozent der Anteile. Im Oktober 2005 gibt Fjord Seafood ein Angebot für das staatliche Fischzucht-Unternehmen Cermaq ab, scheitert jedoch am Widerstand der norwegischen Regierung. Im März 2006 erfolgt der nächste Paukenschlag: Nutreco, heute der größte Hersteller von Fisch-Futtermitteln weltweit, veräußert 75 Prozent an Marine Harvest an Fredriksen's Geveran Trading für knapp 900 Millionen Euro, die restlichen 25 Prozent erwirbt der Norweger von Stolt-Nielsen. Marine Harvest, ehemals Teil des niederländischen Konsumgüterkonzerns Unilever und seit 1999 im Besitz von Nutreco, ist schon seit Mitte der 1970er-Jahre in der chilenischen Fischzucht engagiert. Noch in 2006 kommt es zum Zusammenschluss der drei Unternehmen: Am 29. Dezember 2006 verschmelzen Pan Fish, Fjord Seafood und Marine Harvest zur neuen Marine Harvest Group. Der mit Abstand größte Fischzuchtkonzern der Welt entsteht unter der Kontrolle von John Fredriksen.

MERKE

- John Fredriksen, eine moderne Version von Jack Londons Seewolf, machte sein Vermögen mit Öl, diversifizierte in Ölbohrungen, Tanker und Frachtschiffe, und in Flüssiggas (LNG). Heute kontrolliert er ein umfangreiches Firmennetzwerk.
- In den ersten Jahren des neuen Jahrtausends steckte die norwegische Fischzucht aufgrund der niedrigen Lachspreise in erheblichen finanziellen Schwierigkeiten.
- Fredriksen baute die Marine Harvest Group im Jahr 2006 auf und konsolidierte die Branche. Heute ist Marine Harvest die weltweit führende Gesellschaft in der Fischzucht.

25

Stahl: Lakshmi Mittal – Feel the Steel

2006

Der Rohstoffhunger der chinesischen Volkswirtschaft weckt die marode Stahlindustrie aus ihrem jahrelangen Dornröschenschlaf. Und Lakshmi Mittal steigt durch geschickte Übernahmen und durch die Sanierung maroder Betriebe von einem kleinen Unternehmer in Indien zum größten Stahlproduzenten der Welt auf und häuft sagenhaften Reichtum an. Die Krönung ist die Übernahme des Konkurrenten und zweitgrößten Stahlproduzenten Arcelor in 2006.

»I want to be the Ford of Steel.«
LAKSHMI MITTAL, CEO MITAL STEEL

»Aim for the highest.«
ANDREW CARNEGIE, US-STAHLBARON

Es ist eine Traumhochzeit wie am Hofe der alten Maharadschas in Indien, ein Traum wie aus den Mythen aus 1001er-Nacht, der sich am 22. Juni 2004 in und um Paris abspielt. Feuerwerk erleuchtet den Nachthimmel, Bollywood Stars wie Aishwary Rai und Shah Rukh Khan unterhalten die Gäste, der Popstar Kylie Minogue tritt auf und es werden über 5.000 Flaschen Mouton-Rothschild 1986 gereicht. Der Abend ist die Hauptattraktion der sechs Tage umfassenden Hochzeitsfeierlichkeiten von Vanisha Mittal (23) und dem Londoner Investmentbanker und Gründer von Swordfish Investments, Amit Bhatia (25), die neben dem Chateau Vaux-le-Vicomte 55 Kilometer vor Paris auch auf Versaille, dem Schloss des französischen Sonnenkönigs Ludwig XIV. und den Jardin des Tuileries in Paris gefeiert wird. Zwölf Boing Jets wurden gechartert, um die über 1.500 Gäste aus Indien nach Frankreich zu befördern, die in Silber gefassten Einladungen schließen die Fünf-Sterne-Unterbringung in Paris – das Hotel »Le Grande, Intercontinental« ist mit 600 Räumen komplett gebucht worden – mit ein. Und die Gäste bekommen Designer Handtaschen gefüllt mit Schmuck geschenkt. Schätzungen zufolge liegen die Kosten für diese »Mutter aller Hochzeiten« bei rund 60 Millionen US-Dollar. Den Scheck unterschreibt der stolze Brautvater: Lakshmi Mittal.

Wer ist dieser Tycoon, der seiner Tochter eine Märchenhochzeit ausrichten kann und der ebenfalls in 2004 für umgerechnet rund 130 Millionen US-Dollar vom Chef der Formel 1, Bernie Ecclestone, eine fürstliche Residenz im Londoner Nobelstadtteil Kensington erwirbt?

Bereits der Vater von Lakshmi Mittal betrieb in der indischen Provinz Rajastan ein kleines Stahlwerk. Die Familie zieht später nach Kalkutta, wo der Vater ein größeres Werk übernommen hat und wo Lakshmi das Stahlgeschäft von der Pike auf lernt.

Gleich nach dem Studium der Betriebswirtschaft in Kalkutta wird Lakshmi 1976 mit der Sanierung eines maroden Stahlwerkes in Indonesien beauftragt, das die Familie zuvor für 1,5 Millionen US-Dollar erworben hatte. Eine Strategie, die sich ab dann wie ein roter Faden durch die Biografie des Inders zieht: Kauf verlustbringender oder gering ausgelasteter Stahlproduzenten und Sanierung durch Kostenreduktion, Restrukturierung, Absatzorientierung, Entlassungen und Stilllegungen. Dies und die durch das rasante Wirtschaftswachstum in China ausgelöste boomende Stahlkonjunktur befördern Lakshmi Mittal innerhalb weniger Jahre unter die reichsten Menschen der Welt. Nach und nach kommen größere Objekte hinzu. 1989 kauft er ein marodes Stahlwerk in Trinidad und Tobago und saniert es. Ein großer Coup gelingt in Mexiko 1992: Hier hat der Staat für 2,2 Milliarden US-Dollar mit Sibalsa in modernste Anlagen investiert, doch das Ende des Ölbooms zwingt die Regierung zum Verkauf. Für nur 220 Million US-Dollar gibt der mexikanische Präsident Carlos Salinas Mittal den Zuschlag. Die Gesellschaft wird in Ispat Mexicana umbenannt und von den 220 Millionen US-Dollar Kaufpreis muss Mittal nur 25 Millionen in Bar aufbringen.

Lakshmi Mittal schmiedet den weltweit größten Stahlkonzern.

Einen Wendepunkt markiert das Jahr 1995: Nach dem Zusammenbruch der Sowjetunion steht in Kasachstan das riesige Karmetwerk inklusive der Kohlebergwerke zur Privatisierung. Mittal schlägt für 400 Millionen US-Dollar zu, wo westliche Konzerne nicht investieren wollten, entlässt ein Drittel der Beschäftigten und bringt das Unternehmen innerhalb eines Jahres wieder in die Gewinnzone – der Preis sind zum Teil unmenschliche Arbeitsbedingungen. Die im Rahmen weiterer Privatisierungen zugekaufte Sidex in Rumänien wird aufgrund eines positiven Empfehlungsschreibens des britischen Premierministers Tony Blair an den rumänischen Präsidenten Adrian Năstase und einer vorangegangenen Parteispende kontrovers in der Presse diskutiert (»Mittalgate«).

Im Oktober 2004 kündigt Mittal an, seine privat gehaltene LNM Holding und die mittlerweile öffentlich notierte Ispat International (Ispat ist Hindi und heißt Stahl) mit der amerikanischen International Steel Group (ISG) zu Mittal Steel mit Sitz in den Niederlanden zusammenzulegen. Im Frühjahr 2005 ist der Deal perfekt – der Wert der Transaktion beläuft sich auf 4,5 Milliarden US-Dollar. ISG wiederum entstand aus der Konkursmasse von LTV Steel und den Assets einstiger Industrietitane wie Acme Steel und Bethlehem Steel.

Das Auf und Ab der Stahlindustrie

Carnegie und Vanderbilt in den USA, Thyssen und Krupp in Deutschland – diese Namen haben noch heute ihren besonderen Klang auch außerhalb der Stahlindustrie. Im Vergleich zu anderen Branchen ist die Stahlindustrie hoch fragmentiert: Die zehn größten Stahlhersteller produzieren weniger als ein Drittel des weltweiten Angebots – im Vergleich hierzu halten die zehn größten Automobilhersteller weltweit einen Marktanteil von über 90 Prozent. Neben dem Branchenführer ArcelorMittal folgen mit deutlichem Abstand NipponSteel, Baoshan Iron and Steel, POSCO und JFE Steel.

Die 1990er-Jahre sind dunkle Jahre für die stahlproduzierenden Unternehmen aus den westlichen Ländern. Besonders die amerikanische Stahlbranche ist aufgrund von Überkapazitäten und billiger Importe in eine schwere Krise gerutscht. Seit Ende der 1990er-Jahre mussten mehr als 30 Unternehmen Gläubigerschutz beantragen. Die Situation ändert sich dramatisch mit dem rasanten Wachstum der chinesischen Volkswirtschaft. So steigt der Anteil der chinesischen Stahlnachfrage auf dem Weltmarkt von rund 15 Prozent im Jahr 2000 innerhalb von 10 Jahren auf fast 50 Prozent und bringt nicht nur die Märkte für die Rohmaterialien – Eisenerz und metallurgische Kohle – völlig aus dem Gleichgewicht, sondern lässt auch die Preise für Rohstahl deutlich steigen. Liegen die Preise für 1 Tonne Stahl zu Beginn des Jahrtausends noch bei 200 US-Dollar, verteuert sich Stahl auf über 1.100 US-Dollar je Tonne in 2008.

Mittal Steel ist geboren! Lakshmi Mittal hat mit über 70 Millionen Tonnen Produktionskapazität den weltweit größten Stahlproduzenten geschaffen. Und rund 90 Prozent des Unternehmens befindet sich im Familienbesitz. Doch zufrieden gibt sich Lakshmi Mittal, der die großen Stahlmagnaten Andrew Carnegie und Charles M. Schwab in den Schatten stellen will, noch nicht. Im Oktober des gleichen Jahres erwirbt Mittal Steel den ukrainischen Stahlproduzenten Kryworoschstal für 4,8 Milliarden US-Dollar bei einer Versteigerung, nachdem der ukrainische Präsident den vorangegangen Zuschlag an ein Konsortium, an dessen Spitze der Schwiegersohn des ehemaligen Präsidenten Leonid Kutschma steht, aufhebt. Doch hinter den Kulissen läuft bereits ein viel größerer Deal, der die Stahlbranche tiefgreifend verändern wird.

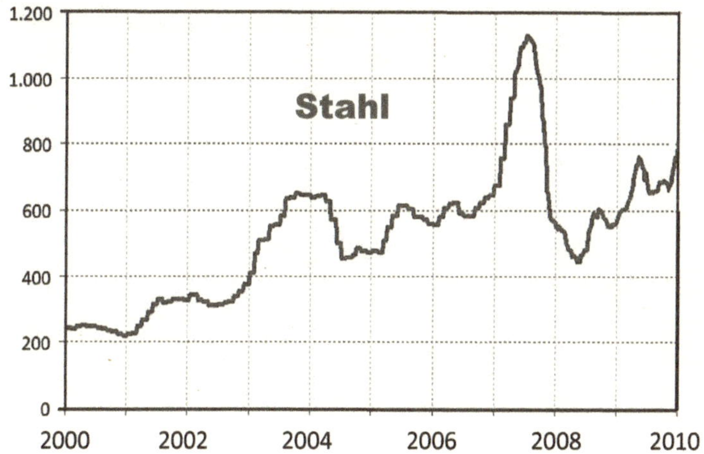

Abbildung 23: Entwicklung des Stahlpreises in US-Dollar je Tonne, 2000 bis 2010, Daten: Bloomberg 2019

Anfang 2006, am 27. Januar, unterbreitet Mittal ein Übernahmeangebot an die Aktionäre von Arcelor, nach Produktionsvolumen die Nummer 2 des Sektors: Er bietet eine Prämie von 27 Prozent auf den Schlusskurs vom Vortag der Arcelor Aktie, was einem Kaufpreis von fast 20 Milliarden Euro entspricht. Arcelor selbst ist durch den Zusammenschluss französischer, spanischer, luxemburgischer und belgischer Stahlwerke entstanden und produzierte im Vorjahr fast 50 Millionen Tonnen Rohstahl. Nicht nur durch die Unternehmensführung von Arcelor geht ein Aufschrei aufgrund des Versuchs einer feindlichen Übernahme – auch die Regierungen Luxemburgs, Frankreichs und Belgiens sprechen sich gegen die Fusion aus: »L'indian«, der Inder, »passt nicht zu unserer großartigen Kultur«, so der französische Chef von Arcelor, Guy Dollé. Die Übernahme wird zum Kulturkampf hochstilisiert, in dessen Verlauf Arcelor Rettung durch eine Fusion mit dem russischen Stahlkocher SeverStal sucht. Während eines monatelangen Übernahmepokers weißt Arcelor zwei

Angebote von Mittal als zu niedrig zurück – dann, im Juni 2006 lenkt der Vorstand von Arcelor nach neunstündigem Beratungsmarathon ein. Für knapp 26 Milliarden Euro, einem nochmaligen Aufschlag von 15 Prozent auf den Börsenschlusskurs vom Vortag, oder rund 45 Prozent über dem ursprünglichen Angebot, steht Arcelor zum Verkauf.

Mit der Fusion von Arcelor und Mittal entsteht der mit Abstand größte Stahlproduzent der Welt mit einem gemeinsamen Produktionsvolumen von knapp 120 Millionen Tonnen Rohstahl – einem Weltmarktanteil von rund 12 Prozent – sowie 55 Milliarden Euro Umsatz und über 320.000 Mitarbeitern. Die neue Nummer 2 der Branche – Nippon Steel – folgt mit weniger als einem Drittel der Produktionskapazität des neuen Branchenriesen, ArcelorMittal.

Mit der Übernahme von Arcelor reduziert die Familie Mittal ihre Beteiligung an dem neuen Unternehmen auf rund 45 Prozent. Und mit einem geschätzten Privatvermögen von rund 25 Milliarden US-Dollar gilt Lakshmi Mittal als fünftreichster Mensch der Welt.

MERKE

- Das Erwachen der chinesischen Wirtschaft und ihr enormer Ressourcenhunger erweckt eine kränkelnde Stahlbranche wieder zum Leben. Zwischen 2000 und 2008 stiegen die weltweiten Stahlpreise um mehr als das Fünffache. Ein Unternehmer bemerkte diesen Branchentrend frühzeitig: Lakshmi Mittal.
- Lakshmi Mittal ist der »Mann aus Stahl«. Der indische Tycoon gründete 2005 Mittal Steel, indem er ISG und die verbleibenden Vermögenswerte der früheren US-Industriegiganten Acme Steel und Bethlehem Steel kaufte. Das war aber nicht genug. Im Sommer 2006 erwirbt er nach einem erbitterten Übernahmekampf Arcelor und schmiedete das größte Stahlunternehmen der Welt: ArcelorMittal.
- Nach der erfolgreichen Übernahme gilt Lakshmi Mittal als fünftreichster Mensch der Welt. Sein geschätztes Privatvermögen beläuft sich auf über 25 Milliarden US-Dollar.

26

Rohöl: Die Rückkehr der »Sieben Schwestern«

2007

Ein exklusiver Club von Unternehmen kontrolliert die Ölproduktion und die weltweiten Förderreserven. Doch durch die Gründung der Organisation erdölexportierender Länder und den Aufstieg staatlicher Ölgesellschaften außerhalb der westlichen Welt geht dessen Einfluss zurück. Auch die Macht von »Big Oil« ist kontinuierlich geschrumpft. Neue Unternehmen schicken sich an, den Lauf der Ölindustrie zu bestimmen.

»There is no business like oil business«
C. C. Pocock, Chairman of Shell

In 2007 kreierte die *Financial Times* die Bezeichnung »The new Seven Sisters«, um die weltweit sieben einflussreichsten Unternehmen des Energiesektors außerhalb der OECD zu umschreiben. Der ursprüngliche Terminus wurde in den 1950er-Jahren durch den italienischen Abgeordneten und Chef der italienischen Erdölgesellschaften Agip Petroli und Eni, Enrico Mattei, geprägt. Mattei ereiferte sich darüber, dass Italien von den »Sieben Schwestern« als weiteres Mitglied im lukrativen Konsortium für iranisches Rohöl abgelehnt wurde. Nachdem der Iran 1951 seine Ölindustrie verstaatlichte und die Anglo-Iranian Oil Company, der Vorläufer der heutigen BP, die Kontrolle über das iranische Öl verlor, wurde über den Iran ein internationales Embargo verhängt. Die Krise endete 1954 mit der Unterzeichnung eines Rahmenabkommens zwischen der iranischen Regierung und einem internationalen Konsortium von Ölgesellschaften. Dieses Konsortium, die »Seven Sisters« wie Mattei titulierte, bestand überwiegend aus Nachfolgeunternehmen der amerikanischen Standard Oil Company: Standard Oil of New Jersey, Standard Oil Company of New York, Standard Oil of California, Gulf Oil, Texaco, Royal Dutch Shell und Anglo-Persian Oil Company. Die »Seven Sisters« üben insbesondere über Ölproduzenten der Dritten Welt lange Zeit ein Nachfrage-Kartell aus und gelten als die dominierende Kraft im Ölgeschäft. Denn die Förderländer sind gezwungen den überwiegenden Teil ihrer Produktion auf der Grundlage langfristiger Verträge und fixierter Preise an das Oligopol zu verkaufen, das auch den Handel und den Vertrieb kontrolliert.

Unabhängig davon, ob gegenüber anderen Unternehmen oder gegenüber ganzen Staaten, sind sie in der Lage, die Spielregeln vorzugeben, denn bis in die 1970er-Jahre kontrolliert diese Unternehmensgruppe rund 85 Prozent der weltweiten Ölreserven. Erst mit steigendem Einfluss der Organisation erdölexportierender Länder (OPEC), dem Pendant des Kartells auf der Angebotsseite, das 1960 gegründet wird, und dem Heranwachsen großer, staatlicher Ölgesellschaften wird der Einfluss der sieben Unternehmen geringer. Anfang der 1970er-Jahre beginnen immer mehr wichtige Produzentenländer ihre Ölindustrie zu verstaatlichen: Algerien ist 1971 das erste Land, kurz darauf folgt Libyen, und im Folgejahr verstaatlicht der Irak die Konzessionen westlicher Unternehmen. 1973 verstaatlicht auch der Iran die heimische Ölindustrie. Die Macht der »Sieben Schwestern« schwindet und die OPEC gewinnt an Bedeutung. Heute fördern Länder, die der OPEC angehören, etwa 40 Prozent des weltweit geförderten Rohöls und nach eigenen Angaben verfügen die Mitgliedsländer

> *Die »Sieben Schwestern« kontrollieren zusammen 85 Prozent der weltweiten Ölreserven.*

zusammen über rund 75 Prozent der globalen Rohölreserven, während der Anteil der Ölförderung der Industriestaaten über die letzten Jahre rückläufig ist.

Starken Preisfluktuationen und einem mehrmaligen Absinken des Ölpreises auf rund 10 US-Dollar versuchen die großen Ölkonzerne durch Zusammenschlüsse zu begegnen. Durch die Fusion von Exxon (Standard Oil of New Jersey) und Mobil Oil (Standard Oil Company of New York) entsteht 1999 mit Exxon Mobil der weltgrößte Ölkonzern, dessen jährlicher Umsatz über der Wirtschaftskraft einzelner Staaten liegt und der in direkter Nachfolge der amerikanischen Standard Oil steht. Aus der Standard Oil of California entsteht Chevron, die 1985 den überwiegenden Teil der amerikanischen Gulf Oil übernimmt und sich 2001 ebenfalls die amerikanische Texaco einverleibt. Aus der britischen Anglo-Persian Oil Company wurde die Anglo-Iranian Oil Company und schließlich British Petroleum. Nach der Übernahme von Amoco, der früheren Standard Oil of Indiana, und Atlantic Richfield benannte sich das Unternehmen 2000 in BP um. Somit sind heute von den ursprünglich sieben marktbeherrschenden Firmen noch vier Unternehmen übrig geblieben: ExxonMobil, Chevron, Royal Dutch Shell und BP.

Vier der »Sieben Schwestern« gibt es noch heute: ExxonMobil, Chevron, Royal Dutch Shell und BP.

Weitere Übernahmen wie Total und Petrofina (1999), Total und Elf Aquitaine (2000), sowie Conoco und Phillips Petroleum (2002) haben die amerikanische ConocoPhillips und die französische Total in eine vergleichbare Größenklasse aufsteigen lassen. Diese sechs Supermajors, BP, Chevron, ConocoPhillips, ExxonMobil, Royal Dutch Shell und Total, werden in der Finanzpresse auch häufig als »Big Oil« bezeichnet. Jedoch ist ihr Einfluss heute deutlich geringer als der der »Sieben Schwestern« vor 50 Jahren: Zusammen kontrolliert »Big Oil« heute weniger als 10 Prozent der weltweiten Öl- und Gasproduktion und der Anteil der Gruppe an den weltweiten Reserven ist noch einmal deutlich geringer.

»Big Oil« sind heute: BP, Chevron, ConocoPhillips, ExxonMobil, Royal Dutch Shell und Total.

Ganz anders die neuen »Sieben Schwestern« der Ölindustrie, die zusammen rund ein Drittel der weltweiten Öl- und Gasproduktion und der weltweiten Reserven kontrollieren: Saudi Aramco (Saudi Arabien), Gazprom (Russland), China National Petroleum Corporation (China), National Iranian Oil Company (Iran), Petróleos de Venezuela (Venezuela), Petrobras (Brasilien) und Petronas (Malaysia). Aramco kommt innerhalb dieser Gruppe eine herausragende Bedeutung zu, denn die mit Abstand größte Erdölfördergesellschaft der Welt mit Sitz in Dhahran, Saudi-Arabien, produziert täglich 12 Millionen Fass Rohöl und verfügt über Reserven von rund 260 Milliarden Fass Rohöl – was gleichbedeutend mit fast einem Viertel der weltweiten Reserven ist. Bis zur Verstaatlichung Mitte der 1970er-Jahre ist die Arabian-American Oil Company (Aramco) im Besitz von vier amerikanischen Ölkonzernen. Mit dem Ghawar-Ölfeld betreibt Saudi Aramco zudem das größte Ölfeld der Welt. Nach dem dramatischen Verfall der Ölpreise in 2015/16 spielt das Saudische Königshaus mit dem Gedanken, einen Teil von Aramco an die Börse zu bringen. Doch bislang wurden die Pläne nicht weiterverfolgt.

Die »neuen« Sieben Schwestern sind Saudi Aramco, Gazprom, CNPC, National Iranian Oil, Petróleos de Venezuela, Petrobras und Petronas.

2018 haben die russische Gazprom und Petro China, die Tochtergesellschaft der chinesischen CNPC, den Börsenwert der meisten westlichen Energiekonzerne seit Jahren weit hinter sich gelassen. Die CNPC (China National Petroleum Corporation) gehört zusammen mit CNOOC (China National Offshore Oil Corporation) und Sinopec zu den drei großen Ölkonzernen Chinas.

Die Macht des ehemaligen russischen Staatskonzerns Gazprom bekam Europa Ende 2005 durch den Gasstreit mit der Ukraine zu spüren. Der weltweit größte Erdgasförderer besitzt das entsprechende Monopol für den Export von Gas aus Russland. In 2018/19 ist dies einer der Bedenken beim Bau der Northstream 2 Pipeline von Russland nach Deutschland.

Die staatseigene National Iranian Oil Company (NIOC) mit Sitz in Teheran gehört zum iranischen Ministerium für Erdöl und ist neben dem Tätigkeitsschwerpunkt Iran ebenfalls weltweit engagiert. Petróleos de Venezuela (PDVSA) ist das Aushängeschild und das Machtinstrument von Venezuelas President Hugo Chávez. Ebenfalls im Zuge der Verstaatlichung der Erdölindustrie des Landes gegründet ist PDVSA heute die größte Erdölgesellschaft Lateinamerikas. Im Campos-Becken fördert die halbstaatliche Petróleo Brasileiro (Petrobras) mehr als 80 Prozent der Ölförderung Brasiliens. Das Unternehmen ist zudem führend in der Offshore-Förderung und auf Tiefsehbohrungen spezialisiert. Mit dem Tupi Feld haben die Brasilianer wahrscheinlich das drittgrößte Ölfeld der Welt entdeckt. Auch der staatliche Mineralölkonzern Petroliam Nasional Berhad (Petronas) mit dem markanten Wahrzeichen der Petronas Towers in Kuala Lumpur gehört mit über 100 Tochtergesellschaften und Vertretungen in mehr als 30 Ländern zu den größten internationalen Öl- und Gasgesellschaften.

MERKE

- Nach der Zerschlagung des Standard Oil Imperiums von J. D. Rockefeller entstand ein Konsortium, das als »Sieben Schwestern« bekannt geworden ist. Dazu gehörten Standard Oil Company of New Jersey, Standard Oil Company of New York, Standard Oil of California, Gulf Oil, Texaco, Royal Dutch Shell und die Anglo-Persian Oil Company. Dieses Konsortium kontrollierte bis Mitte der 1970er-Jahre rund 85 Prozent der weltweiten Erdölreserven.
- Der Einfluss des Nachfragekartells der »Sieben Schwestern« schwand mit der Gründung der OPEC und dem Aufstieg staatlicher Erdölgesellschaften außerhalb der westlichen Welt. Die OPEC als Angebotskartell kontrolliert heute rund 40 Prozent der weltweiten Öl- und Gasproduktion.
- Die »neuen sieben Schwestern« sind Saudi Aramco, Gazprom, CNPC, National Iranian Oil, Petróleos de Venezuela, Petrobras und Petronas. Zusammen kontrollieren diese sieben Unternehmen rund ein Drittel der weltweiten Öl- und Gasvorräte und deren Förderung.

27
Weizen: Die »Jahrtausenddürre« in Australien

2007

Sieben magere Jahre für Australiens Landwirtschaft. Die »Jahrtausenddürre« treibt international den Preis für Weizen von Rekord zu Rekord. Tausende Farmer rechnen mit einem Totalausfall ihrer Ernte. Erhält Australien eine Vorschau auf den globalen Klimawandel?

»This is more typical of a 1 in a 1000-year drought, or possibly even drier, than it is of a 1 in 100-year event.«
David Dreverman, Head of Murray-Darling River Basin Commission

»Wo sich die Wasser treffen« ist die Bedeutung des Aborigine-Begriffes »Uamby« – nur dass auf der Uamby-Farm, 50 Kilometer nordwestlich der Winzer- und Schafzüchterstadt Mudgee, kein Wasser mehr fließt. 2006 war eines der heißesten Jahre seit Beginn der Wetteraufzeichnungen auf dem Kontinent und gleichzeitig eines mit der geringsten Niederschlagsmenge. Die extreme Dürre hat die Farm gezeichnet, die Wasservorräte gehen zur Neige, die Tiere finden kein Futter mehr. Die Weiden sind kahl und ausgedörrt – Wasser und Futter müssen bereits zugekauft werden. Von ursprünglich 4.800 Schafen auf der Farm sind nur noch 2.800 übrig; die restlichen mussten zu einem Schleuderpreis von nur 5 Dollar je Tier verkauft werden; auf der Farm hatte man mit rund 40 Dollar gerechnet. Dabei steht man hier erst am Beginn der schlimmsten Sommermonate zwischen Dezember und März.

World Wide Weizen

Mit einer jährlichen Produktionsmenge von knapp 600 Millionen Tonnen gehören die verschiedenen Weizensorten zusammen mit Mais und Reis zu den am häufigsten angebauten Getreidearten der Welt. Weizen deckt rund ein Fünftel des Kalorienbedarfs der Weltbevölkerung ab, ist daneben ein wichtiges Futtermittel in der Viehwirtschaft und wird ebenfalls zur Herstellung von Biokraftstoffen (Ethanol) verwendet. Der durchschnittliche Hektarertrag liegt weltweit bei knapp 3 Tonnen (1 Hektar = 10.000 Quadratmeter, vergleichbar einem Fußballfeld). Große Teile der Ernte werden von den Produzentenländern selbst verbraucht, so dass von der gesamten produzierten Menge nur rund 100 Millionen Tonnen auf den Weltmarkt gelangen. Dies ist ein Faktor, der Preisfluktuationen verstärken kann.

Mehr als 400.000 Menschen sind in der Landwirtschaft, einem der wichtigsten Wirtschaftszweige Australiens, beschäftigt. Bereits Anfang 2007 nimmt sich aufgrund der widrigen Umstände im Durchschnitt alle vier Tage ein Farmer das Leben. Zu Beginn des Jahres 2008 sind über 70 Prozent der landwirtschaftlichen Nutzfläche, rund 320 Millionen Hektar, von Regenmangel und den hohen Temperaturen betroffen.

Angespannt ist die Lage besonders im Murray-Darling-Becken: Das Tausende Kilometer umfassende Flusssystem versorgt etwa 15 Prozent Australiens mit Wasser, eine Fläche ungefähr so groß wie Frankreich und Spanien zusammen. Von offizieller Seite heißt es, die Flüsse führen 2007 rund

50 Prozent weniger als im vergangenen Jahr; und schon in 2006 lag der Wasserstand bereits auf einem Rekordtiefstand. Das Becken ist die Kornkammer Australiens, denn allein hier werden über 40 Prozent der Nahrungsmittel des Kontinents erzeugt. Kleine Orte wie Dimboola, rund 330 Kilometer von Melbourne entfernt, im australischen Weizengürtel, werden derweil zu Geisterstädten.

Die »Kornkammer« Australiens, das Murray-Darling-Becken, versorgt 15 Prozent des Landes mit Wasser.

Für den internationalen Markt ist besonders die Rolle Australiens als zweitgrößter Exporteur von Weizen von Bedeutung; jährlich 25 Millionen Tonnen führt Australien in »normalen« Zeiten aus. Aber normale Zeiten gibt es in Australien seit nunmehr sieben Jahren nicht mehr: so lange hält die bislang längste Dürreperiode des Landes nun schon an. Bereits 2006 war das dritttrockenste Jahr seit Beginn der Aufzeichnungen im Jahre 1900. Das staatliche Agrarwirtschaftsbüro ABARE schätzt die 2006/07er-Weizenernte auf 26 Millionen Tonnen, 36 Prozent weniger als im vergangenen Jahr. 2007 folgt dann das heißeste Jahr, und Experten beginnen, von der »Jahrtausenddürre« zu sprechen; der australische Premierminister John Howard nennt sie »die schlimmste Dürre seit Menschengedenken«. Ihre direkte Ursache ist das Wetterphänomen El Niño, aber auch der weltweite Klimawandel spielt laut Umwelt- und Wetterexperten eine wesentliche Rolle.

Die australische Ernte ist von entscheidender Bedeutung, denn die globale 2006/07er-Weizenernte fällt nach Daten des International Grains Council (IGC) mit 598 Millionen Tonnen deutlich niedriger aus als die Ernten der beiden Vorjahre mit 621 beziehungsweise 628 Millionen Tonnen. Davon produzieren die fünfzehn größten Erzeugerländer circa 80 Prozent. Australien, nach den USA zu dieser Zeit der zweitgrößte Exporteur, hat einen Anteil von rund 16 Prozent an den globalen Weizenexporten, und die Welt schaut auf die nach und nach immer weiter nach unten revidierten Ernteprogosen. Denn die Ernte fällt in eine Zeit zunehmender Nachfrage, wachsenden Wohlstands und robusten Wirtschaftswachstums: Für den globalen Weizenverbrauch liegt die Prognose für diesen Zeitraum bei 611 Millionen Tonnen, davon 106 Millionen Tonnen für Viehfutter. Die einbrechende Weizenproduktion in Australien trifft zuerst Asien und den

Mittleren Osten: Länder, die das Getreide traditionell aus Australien importieren und nun in den USA und Kanada nach Weizen Ausschau halten. Den Europäern macht ebenfalls die Hitze zu schaffen, in der Ukraine schrumpft die 2006er-Ernte um die Hälfte.

Der Weizenpreis beschreibt an der amerikanischen Warenterminbörse CBOT eine beispiellose Rally. Die typische unterjährige Handelsspanne für Weizen an der Chicago Board of Trade liegt in den Jahren vor 2006 zwischen 2,50 und 4 US-Dollar. Bis zum Jahresende 2003 zieht der Weizenpreis an und erreicht Anfang April 2004 den Höchststand seit der Ernte 1996/97: 4,20 US-Dollar. Die Lager weisen Anfang 2004 den niedrigsten Stand seit 1980 auf. Schlechte Ernten in Europa und China führen dazu, dass das Reich der Mitte seit vier Jahren wieder Weizen importieren muss. In 2006 beginnt der Preis für das Getreide jedoch dynamisch anzuziehen; im Oktober 2006 durchbricht er zum ersten Mal die Marke von 5 US-Dollar und verharrt eine Weile auf diesem hohen Niveau, im Juni 2007 startet der Weizenpreis zu einer beispiellosen Rally: 6 US-Dollar im Juni, 7 US-Dollar im August, 8 US-Dollar Anfang September, 9 US-Dollar Ende September, bis zu 9,50 US-Dollar Anfang Oktober 2007. Der Anstieg ist vor allem auf die Dürre in Australien und damit verbundene Produktionseinschnitte zurückzuführen. Mittlerweile sind die weltweiten Lagerbestände nahe eines 26-Jahres-Tiefs gesunken. Gegenüber der ursprünglichen Prognose eines Erntevolumens von 23 Millionen Tonnen in Australien durch das Australian Bureau of Agricultural and Resource Economics (ABARE) werden vermutlich nur 18 Millionen Tonnen realisiert. Zudem sind in Kanada, ebenfalls ein großer Weizenexporteur auf dem Weltmarkt, die Getreidereserven Ende Juli im Vergleich zum Vorjahr um 29 Prozent eingebrochen. Darüber hinaus haben Ägypten, Jordanien, Japan und Irak Kaufaufträge über große Weizenmengen erteilt.

Im Februar 2008 hat sich das Preisniveau für Weizen gegenüber 2006 mehr als verdreifacht! Fast 13 US-Dollar werden im Februar 2008 pro Scheffel bezahlt.

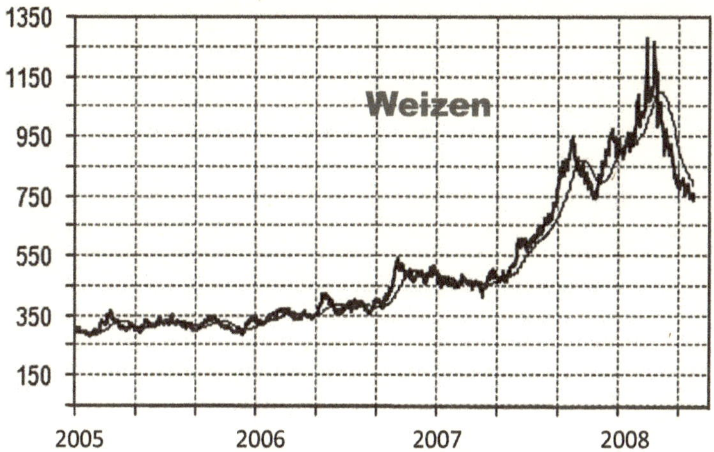

Abbildung 24: Entwicklung des Weizenpreises, 2005 bis 2008, in US-Cent/Scheffel an der Chicago Board of Trade, Daten: Bloomberg 2019

Nach dieser rasanten Rally atmen die internationalen Weizennotierungen wieder etwas durch, was sich im Nachhinein als reine Verschnaufpause herausstellt: Anfang Februar 2008 durchbricht der Weizenpreis die Schallmauer von 10 US-Dollar und kennt kein Halten mehr; der 27. Februar 2008 mit Schlusskurs von 12,80 US-Dollar markiert einen dramatischen Höchststand – eine Verdreifachung gegenüber Anfang 2006! Durch die verheerende Dürre hat es bei der jüngsten Ernte Ausfälle von rund 50 Prozent gegeben: Nur 13 Millionen Tonnen Weizen befinden sich am Ende in Australiens Silos. Zusammen mit Missernten bei den anderen Hauptexporteuren Vereinigte Staaten und Europäische Union sowie einer hohen Nachfrage aus China und Indien führt dies im Frühjahr 2008 zu Rekordgetreidepreisen. Die Lage beginnt sich erst wieder mit der Ernte der 2007/08er-Saison von 609 Millionen Tonnen, leicht zu entspannen. Die rasant gestiegenen Preise für Weizen bieten einen Anreiz für viele Landwirte, ihre Produktion umzustellen und brachliegende Flächen zu aktivieren. Für die 2008/09er-Ernte wird sogar eine Weizenerzeugung von weltweit rund 688 Millionen Tonnen geschätzt. Eine bislang beispiellose Dürreperiode auf dem australischen Kontinent ist zu Ende gegangen. Wetterexperten zeichnen jedoch für die Zukunft ein düsteres Bild für die australische Landwirtschaft.

MERKE

- 2006 war das dritttrockenste Jahr in Australien seit Beginn der Wetteraufzeichnungen in 1900. Doch das Folgejahr brach alle Rekorde und erwies sich als das heißeste und trockenste Jahr der Geschichte.
- Die »Millennium-Dürre« verursachte verheerende Schäden in der australischen Landwirtschaft. Die nationale Weizenernte sank um 50 Prozent und die globalen Getreidemärkte gerieten in Panik: Denn Australien war nach den USA der größte Weizenexporteur der Welt.
- Im Oktober 2006 überstieg Weizen erstmals das Preisniveau von 5 US-Dollar. Im Sommer 2007 verstärkte sich die Rally der Weizenpreise; im Februar 2008 durchbrachen die Preise die psychologische Barriere von 10 US-Dollar und beendeten den Monat bei 12,80 US-Dollar: Eine Verdreifachung seit Anfang 2006.
- Die Millennium-Dürre in Australien wurde durch El Niño verursacht, ein Wetterphänomen, dessen Stärke und Häufigkeit direkt mit dem globalen Klimawandel in Verbindung gebracht werden kann, so Umwelt- und Wetterexperten.

28

Erdgas: Rückspiel in Kanada

2007

Der frischgebackene CEO der Bank of Montreal, Bill Downe, muss für das Ergebnis des zweiten Quartals 2007 eine Rekordbelastung durch fehlgeschlagene Rohstoffspekulationen einräumen – ein halbes Jahr nach der Pleite von Amaranth erschüttert ein weiterer Handelsskandal bei Erdgas das Vertrauen der Marktteilnehmer.

»How all of a sudden does a $450 million loss just materialize like this? Was it a lack of control from a risk perspective or was somebody hiding trades in a desk drawer?«

Leigh Parkinson, RiskAdvisory

Es ist Mitte April, als sich drei der Geschäftsführer von Optionable, einem New Yorker Commodity Broker, von einem Aktienpaket über insgesamt fast 30 Millionen US-Dollar trennen. Nur Tage später händigt der Wirtschaftsprüfer Deloitte and Touche seinem Auftraggeber, der Bank of Montreal (BMO), einen Bericht aus, in dem auf eine Schieflage in deren Erdgas-Portfolio in Höhe von 350 und 450 Millionen kanadischen Dollar (CAD) hingewiesen wird. Eine böse Überraschung für den erst seit einem Monat in der Verantwortung stehenden CEO Bill Downe, der kurz vor der Verkündung der Quartalszahlen von BMO steht.

Eine kanadische Institution

Die Bank of Montreal (BMO) mit Firmensitz in Montreal ist nach Einlagen die viertgrößte Bank in Kanada. Gegründet 1817 spielt sie eine große Rolle in der Entwicklung des Landes und finanziert in den 1880er-Jahren den Bau der ersten transkontinentalen Eisenbahn mit. Die Geschäftsaktivitäten von BMO unterteilen sich in Personal and Commercial Clients (Retail Banking), Investment Banking (BMO Capital Markets) und Private Clients (Wealth Management). Von 1990 bis 2007 steht F. A. »Tony« Comper der Bank als Chief Executive Officer (CEO) vor; ab März 2007 geht der Posten auf Bill Downe über. Bereits in 2000 tritt ein kleiner Handelsskandal beim Terminhandel mit Erdgas auf, bei dem ein Schaden von rund 30 Millionen kanadischen Dollar entsteht. In 2007 ist der Schaden aber um ein Vielfaches höher.

Der verantwortliche Händler bei BMO ist David Lee: Sein Job ist der Handel mit Erdgas-Optionen an der New York Mercantile Exchange (NYMEX) und Over-the-Counter, also abseits des Börsenhandels. Einen großen Teil dieser Geschäfte wickelt Lee über Optionable ab; für den Broker mit weniger als 20 Angestellten bedeuten diese Trades fast 30 Prozent seines gesamten Umsatzes von gut 15 Millionen US-Dollar. Es verwundert nicht, dass BMOs Star-Händler und der Optionable-CEO, Kevin Cassidy, eng befreundet sind.

Der Rohstoffhandel von BMO fährt hohe Gewinne ein …

Der Handel mit Erdgas beschert der Bank of Montreal bisher einen attraktiven Zusatzertrag; BMO ist zwar nur die viertgrößte Bank in Kanada, ihr Rohstoffhandel ist jedoch fünfzehn- bis zwanzigfach größer als der des kanadischen Marktführers, der Royal Bank of Canada (RBC). Auf 25 Händler ist der Energiehandel von BMO gewachsen, die Bank unterhält Büros in Houston, New York und Kanadas Energiemetropole Calgary. Im März 2006 werden von Downes Vorgänger, Tony Comper, auf der Hauptversammlung der Bank of Montreal in Calgary exzellente Zahlen der Investment-Banking-Sparte verkündet, die in erster Linie durch Handelsgewinne mit Öl und Gas entstanden sind.

Gefeierter Star bei BMO ist David Lee. Zur richtigen Zeit am richtigen Ort kommt Lee 1997 mit Mitte 20 von der Bank of New York zu BMO und ist beim Aufbau des Commodity-Derivative-Geschäftes von Anfang an dabei. Von einer Analystenposition wechselt er bald in den Bereich Trading und spezialisiert sich auf den Handel mit Erdgas-Optionen. Das Rohstoffgeschäft boomt, und in 2006 hat sich das Handelsergebnis der Bank of Montreal im Vergleich zu 2004 verdreifacht. Das Umfeld ist fantastisch. Aufgrund der Schäden durch Hurrikan Katrina 2005 beginnt auch der Preis für Erdgas zu haussieren. Handelt es in 2004 und der ersten Hälfte von 2005 zwischen 6 und 7 US-Dollar, zieht mit der 2005er-Hurrikansaison der perfekte Sturm auf und treibt Ölnotierungen ebenso wie den Preis für Erdgas. Mehr und mehr Firmenkunden sind an Preisabsicherungsgeschäften interessiert. Im Dezember 2005 steigt der Preis für US-Erdgas auf über 15 US-Dollar.

Doch natürlich hält die Entwicklung nicht an. Ausgehend von ihren Höchstwerten büßen die Benchmark-Gaspreise in New York rund zwei Drittel ihres Wertes wieder ein. Der milde Winter sorgt für ein ausreichendes Angebot, das diesmal auch nicht durch eine weitere Hurrikansaison beeinträchtigt wird. Das Interesse der Kunden kühlt ebenfalls deutlich ab; doch der Energiehandel bei BMO wächst weiter.

Das BMO-Team um David Lee setzt auf einen Rebound der Preise; Marktbeobachter gehen davon aus, dass nach und nach hohe Optionspositionen an der NYMEX und Over-the-Counter aufgebaut wurden, doch die Preise sinken weiter und mit ihnen sinkt die Volatilität, was den Wert der Call-Optionen implodieren lässt. Die Handelsposition in Lees Team nimmt eine immer drastischere Schieflage an, doch seinen Vorgesetzten kann er die Position mit Hilfe seines Brokers Optionable verschleiern. Die Anwaltskanz-

… doch dann liegt BMOs Star-Händler David Lee mit Erdgas-Optionen massiv schief.

lei Schatz Nobel Izard wird Optionable später vorwerfen, dem BMO-Händler bei der Fälschung seines Buches unter anderem durch die Bestätigung unzutreffender Handelspreise geholfen zu haben. Erst mit der Prüfung der anstehenden Quartalszahlen durch Deloitte and Touche lässt sich die Position nicht mehr verbergen: eine Schieflage von 350 bis 450 Millionen kanadische Dollar, so schätzen die Wirtschaftsprüfer. Die Zusammenarbeit mit Optionable wird unverzüglich eingestellt, der Kurs der Optionable-Aktie verliert daraufhin fast 90 Prozent an Wert.

Ende April 2007 – kurz vor Verkündung der Quartalszahlen – veröffentlicht BMO eine Gewinnwarnung und weist auf schiefliegende Handelspositionen der Bank im Rohstoffmarkt hin, namentlich bei Positionen in Erdgas, die den Quartalsgewinn deutlich belasten werden. Somit wird im Markt die Position von BMO bekannt. Unternehmen wie Goldman Sachs und Citadel – eine große Hedgefonds-Gruppe aus Chicago – signalisieren Interesse, das Portfolio zu übernehmen. Das Management von BMO ist jedoch überzeugt, die Lage selbst in den Griff zu bekommen. Doch hierbei ist die Veröffentlichung der Handelspositionen vor deren Reduzierung kontraproduktiv; denn bis die Schieflage beglichen ist, steigen die Verluste weiter.

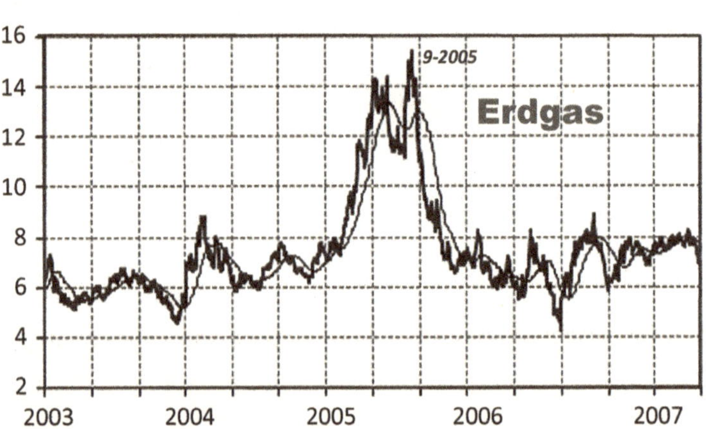

Abbildung 25: Wertentwicklung von Erdgas, 2003 bis 2007, in US-Dollar/MMBtu an der New York Mercantile, Daten: Bloomberg 2019

Eine Woche vor Veröffentlichung der Quartalszahlen im Mai 2007 erhöht BMO die Angaben über Verluste aus ihrem Rohstoffhandel auf 680 Millionen kanadische Dollar, was rund 12 Prozent des gesamten Vorjahresgewinns entspricht. Zähneknirschend berichtet Downe vom größten Handelsverlust einer kanadischen Bank in der Geschichte und macht die Illiquidität des Marktes sowie eine gesunkene Volatilität für den drastischen Verlust verantwortlich. Eine Begründung, die nicht falsch ist, aber von Marktteilnehmern bezweifelt wird. Analysten stellen im Zusammenhang mit den aktuellen Quartalszahlen unangenehme Fragen – sowohl nach der Geschäftsstrategie der Bank als auch zur Qualität des Risikomanagements. Bob Moore, Executive Managing Director für Commodity Products, und der Erdgashändler David Lee müssen das Unternehmen verlassen. Lee wird zu einer Strafe von 500.000 US-Dollar verurteilt und erhält Berufsverbot; die Gesamtkosten des Handelsskandals für BMO summieren sich auf rund 850 Millionen kanadischen Dollar.

MERKE

- Ein halbes Jahr nach der Insolvenz von Amaranth Advisors erschütterte 2007 ein weiterer Erdgashandelsskandal die Rohstoffmärkte.
- David Lee war ein Star-Trader bei BMO, der kanadischen Bank of Montral. Er und sein Team spekulierten auf eine Erholung der Erdgaspreise, nachdem sich die Preise nach einer Rekordhurrikansaison und einem Rekordhoch von über 15 US-Dollar zu normalisieren begannen.
- Doch die Erholung kam nicht. Die Preise sanken weiter und Erdgas wurde zeitweise wieder unter 4 US-Dollar gehandelt. Eine Zeit lang konnte Lee einen Handelsverlust in Höhe von zwischen 350 und 450 Millionen US-Dollar mithilfe des Brokers Optionable vor seinen Vorgesetzten verschleiern. Aber die Wirtschaftsprüfer kamen näher und näher, und Lee flog auf.
- Nachdem Lee im vergangenen Jahr Rekordgewinne erzielt hatte, implodierte seine Handelsposition. Die Verluste summierten sich schließlich auf über 800 Millionen US-Dollar.

29

Platin: In Südafrika geht das Licht aus

2008

Südafrika ist das Zentrum der weltweiten Platinproduktion. Aufgrund der anhaltenden Versorgungsengpässe mit Elektrizität durch Afrikas größten Energieanbieter, Eskom, schränken die großen Minenkonzerne ihre Förderung ein, und der Preis für Platin explodiert.

»South Africa needs at least 40 new coal mines to prevent shortages over the long term.«
BRIAN DAMES, ESKOM IN 2009

»Restoring energy security for the country is an absolute imperative.«
CYRIL RAMAPHOSA, PRÄSIDENT VON SÜDAFRIKA IN 2019

Zwei Jahre vor Austragung der Fußball-Weltmeisterschaft im Juni 2010 erlebt Südafrika im Frühjahr 2008 den schlimmsten Versorgungsengpass seit Jahrzehnten, und die Regierung ruft den Energienotstand aus. Der nationale Stromversorger Eskom – größter Stromanbieter Afrikas – schaltet wochenlang täglich für mehrere Stunden den Strom ab, denn die vorgehaltene Kapazität deckt bei Weitem nicht die Nachfrage. Seit 20 Jahren wächst die Wirtschaft des Landes im höchsten Tempo und die Elektrizitätsnachfrage ist seit dem Ende der Apartheit 1994 um 50 Prozent angestiegen, doch die südafrikanische Regierung und Eskom hatten es in den letzten Jahren versäumt, entsprechende Kapazitäten aufzubauen; eine krasse Fehlplanung der südafrikanischen Regierung in den 1990er-Jahren. Die Elektrizitätsgesellschaft hatte immer wieder betont, die Kraftwerke des Landes müssten überholt und neue Kraftwerke errichtet werden – doch stieß dies bei den staatlichen Stellen auf taube Ohren.

Weil nicht genug Strom zur Verfügung steht, wird dieser in verschiedenen Intervallen und Zonen rationiert, was täglich zu zwei- bis dreistündigen Stromausfällen führt. Besonders betroffen sind Johannesburg und die Region Gauteng, das Zentrum der Gold- und Platinproduktion des Landes. Ohne Strom kann das Wasser nicht mehr aus den Minen gepumpt und für ausreichend Sauerstoff in den teils mehrere Kilometer tiefen Minen gesorgt werden. Rund die Hälfte ihres Energiebedarfs benötigen die Minengesellschaften allein zur Aufrechterhaltung der Infrastruktur, so dass die Auswirkungen auf die tatsächliche Förderung noch dramatischer ausfallen. Die Gewerkschaft der Minenarbeiter teilt mit, dass die Gesellschaften mehrere Zehntausend Mitarbeiter nach Hause oder zu Schulungen geschickt haben. Ende Januar verschärft sich die Situation zusehends, denn durch andauernde Regenfälle sind Eskoms Kohlevorräte nass geworden – und das Energieunternehmen betreibt mit dem Kraftwerk Kendal das nach Leistung größte Kohlekraftwerk der Welt. Nun kommt Bewegung in die internationalen Edelmetallnotierungen.

Eskom stellt den Minengesellschaften den Strom ab.

Teures Platin und Palladium

Die Gruppe der Platinmetalle (PGMs) umfasst neben Platin noch Palladium, Rhodium, Iridium, Osmium und Ruthenium. Die ökonomisch bedeutenden Metalle aus dieser Gruppe sind Platin und Palladium, deren Handel vom Londoner Platin- und Palladium-Market kontrolliert wird. Südafrika und Russland sind für zusammen rund 90 Prozent der weltweiten Produktion von Platinmetallen verantwortlich. Kleinere Produzentenländer sind daneben Kanada, USA und Simbabwe. Katalysatoren (50 Prozent) und Schmuck (25 Prozent) dominieren die Verwendung von Platin. Die bedeutenden Produzenten sind Anglo American, Implats und Lonmin in Südafrika und Norilsk Nickel in Russland. In den vergangenen Jahren ist in Südafrika durch Übernahmen und Zukäufe Sibanye als neues einflussreiches Unternehmen herangewachsen. Neben Katalysatoren und Schmuck sind bei Palladium die Zahnmedizin und die Elektronik weitere wichtige Anwendungsfelder. Preisbestimmende Faktoren für beide Metalle sind die russischen und südafrikanischen Produktionsmengen, russische Lagerbestände sowie die weltweiten Wachstumsraten.

Denn seit Ende des 19. Jahrhunderts ist Südafrika das Zentrum der weltweiten Goldproduktion. 1970 liegt der Ausstoß bei rund 1.000 Tonnen Gold und damit fast 80 Prozent der jährlichen weltweiten Fördermenge. In den letzten 30 Jahren ist die Produktion jedoch rückläufig und bewegt sich aktuell deutlich unter 300 Tonnen pro Jahr. Eine dominierende Position kommt Südafrika aber noch bei der Platinförderung zu: Rund 80 Prozent der weltweiten Produktion stammen aus dem Land, wobei der überwiegende Teil im Bushveld-Komplex gefördert wird. Entsprechend sensibel reagieren die Notierungen für Platin auf Förderschwierigkeiten in Südafrika.

Die Notierungen für Platin steigen seit Mitte 2005 stetig, doch Ende 2007 und Anfang 2008 nimmt die Dynamik deutlich zu. Johnson Matthey, Weltmarktführer bei Autokatalysatoren und damit mengenmäßig der größte

Abnehmer von Platin, rechnet für 2007 erstmals seit sieben Jahren mit einer sinkenden Gesamtförderung am Kap.

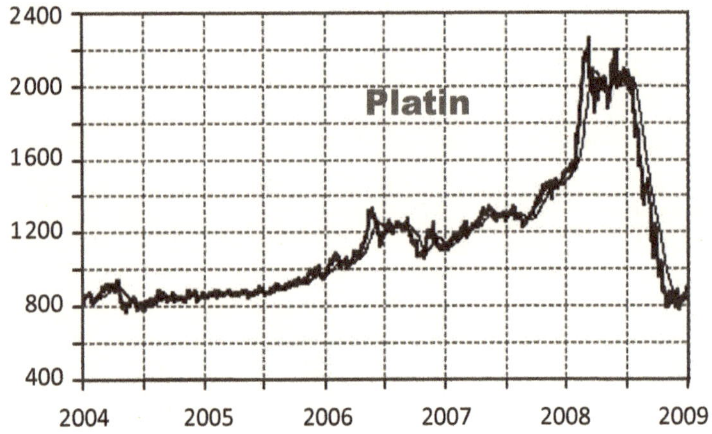

Abbildung 26: Wertentwicklung von Platin, 2004 bis 2009, in US-Dollar/ Feinunze, Daten: Bloomberg 2019

Für das Gesamtjahr 2007 geht Johnson Matthey von einem leichten Marktdefizit aus. Die Nachricht Ende Januar 2008, dass in Südafrika die drei größten Goldproduzenten sowie der größte Platinproduzent aufgrund der anhaltenden Stromausfälle die Produktion in sämtlichen Minen einstellen, wirkt wie ein Katalysator.

Neben Gold steigt insbesondere der Preis für Platin über Nacht um fast 100 US-Dollar auf über 1.700 US-Dollar. Angloplat, mit 40 Prozent Anteil der Weltmarktführer, rechnet mit einem Produktionsausfall von 9.000 Unzen am Tag. Die Nummer zwei auf dem Markt, Impala Platinum, verliert nach eigenen Angaben rund 3.500 Unzen pro Tag. Anfang März 2008 schließt der Preis für eine Feinunze Platin bei über 2.250 US-Dollar und markiert einen vorläufigen Höchstpreis.

Bis März 2008 steigt der Preis für Platin auf über 2.200 US-Dollar pro Feinunze.

Langsam erlangte der Elektrizitätsversorger Eskom wieder Kontrolle über die Situation. Doch die Jahre des Missmanagements bei Afrikas größtem Versorgungsunternehmen hielten an. Im Februar 2019 eskaliert die Situation erneut und Cyril Ramaphosa, der als Präsident von Südafrika Jacob Zuma nachfolgte, erklärt Eskom als »too big and too important to fail«, also als zu bedeutend um das Unternehmen dem freien Spiel des Marktes zu überlassen. Neben seinen in die Jahre gekommenen Kohlekraftwerken drückt eine Schuldenlast von mehr als 30 Milliarden US-Dollar das Unternehmen. Eine Preiserhöhung insbesondere für die Minenindustrie ist nur eine Frage der Zeit. Gleichzeitig kostet die Feinunze Platin 800 US-Dollar – ein Level bei dem sich eine erneute Rally ankündigt.

MERKE

- Obwohl die goldenen Tage des Goldabbaus in Südafrika vorüber waren, dominierte das Land am Kap weiterhin die Förderung von Metallen der Platingruppe mit einem Anteil von rund 80 Prozent der Weltproduktion.
- 2008 stand Südafrika vor dem schlimmsten Energie-Engpass seit Jahrzehnten, und die Regierung erklärte einen Notstand. Der nationale Energieversorger Eskom, der größte Stromversorger Afrikas, schaltete jeden Tag für mehrere Stunden den Strom ab. Durch die Stromausfälle gezwungen, senken viele Minen ihre Förderung drastisch.
- Dies heizt die Entwicklung des Preises für Platin an, der seit Mitte 2005 stetig gestiegen ist und bereits 1.000 US-Dollar erreicht hat. Bis März 2008 verdoppelte sich der Platinpreis auf über 2.200 US-Dollar pro Feinunze. Dies ist der höchste Preis, der je für das Metall bezahlt wurde.
- In 2019 beginnt sich bei Eskom erneut eine Krise anzubahnen. Der Anfang einer erneuten Preisrally bei Platin scheint sich abzuzeichnen.

30

Reis: Das Orakel in Thailand

2008

Das thailändische »Reis-Orakel«, Vichai Sriprasert, prognostiziert 2007 für das folgende Jahr einen Anstieg des Reispreises von 300 auf 1.000 US-Dollar und erntet Spott und Hohn. Eine gefährliche Kettenreaktion in der Reisversorgung läuft in Asien ab und gipfelt mit dem Zyklon Nargis in einer Katastrophe.

»National hoarding really doesn't help the market.«
Robert Zeigler, International Rice Research Institute

Vichai Sriprasert, 65 Jahre alt, ist einer von Thailands größten Reisexporteuren und trägt den Beinamen »das Reis-Orakel«. Jahrelange Erfahrung um die Zusammenhänge zwischen Angebot, Nachfrage und Preisentwicklung haben Vichai viel Geld verdienen lassen und ihm den Ehrenvorsitz des thailändischen Verbandes der Reishändler eingebracht. Thailand ist weltweit der größte Exporteur von Reis und damit eine bestimmende Größe der internationalen Preisfindung. Hohn und Spott bringt 2007 dem sonst bescheiden auftretenden Vichai jedoch seine Aussage ein, der Reispreis werde im nächsten Jahr wahrscheinlich die Marke von 1.000 US-Dollar je Tonne durchbrechen – zu dieser Zeit wird thailändischer Exportreis zu rund 300 US-Dollar je Tonne gehandelt! Nach dem rasanten Anstieg des Ölpreises und den ebenfalls dramatisch gestiegenen Preisen für Weizen und Mais ist jedoch vielen das Lachen vergangen, denn im Frühjahr 2008 durchbricht der Preis für Reis tatsächlich die anvisierte Marke von 1.000 US-Dollar. Und fürs Erste kennt er kein Halten mehr. Vichai vergleicht die Situation mit den 1970er-Jahren: Im Schatten der Ölkrise stieg der Reispreis damals auf rund 2.700 US-Dollar je Tonne.

Reis Realitäten

Nach Zahlen der Ernährungs- und Landwirtschaftsorganisation FAO ist Reis mit einer jährlichen Produktionsmenge von rund 650 Millionen Tonnen neben Mais und Weizen eine der am häufigsten angebauten Getreidearten der Welt. Die größten Produzentenländer sind China, Indien, Indonesien, Bangladesch, Vietnam und Thailand. Durch den überwiegenden Nassreisanbau werden pro Kilogramm Reis zwischen 3.000 und 5.000 Liter fließendes Wasser benötigt, was sich auf der einen Seite positiv hinsichtlich eines geringeren Schädlings- und Unkrautbefalls auswirkt, aber andererseits zu gravierenden Ernteausfällen bei trockenem Wetter führen kann. Trotz der Bedeutung als eines der wichtigsten Grundnahrungsmittel ist der organisierte Terminhandel mit Reis im Vergleich zu Weizen oder Mais unbedeutend und wenig liquide. Wichtigster Handelsplatz für Reis ist in den USA die Chicago Board of Trade. Die gehandelten Kontrakte notieren in US-Cent je amerikanischem Zentner (1 cwt = 100 lbs = 45,359 kg), wobei ein Kontrakt 2.000 Zentner umfasst.

Was ist passiert? Getrieben durch den steigenden Preis für Rohöl steigen in 2007 die Preise vieler Agrargüter deutlich an: Der von der Food and Agriculture Organization der Vereinten Nationen (FAO) berechnete Lebensmittelpreis-Index ist innerhalb nur eines Jahres (März 2007 zu März 2008) um 57 Prozent gestiegen. Die Preise für Weizen und Soja verdoppeln sich zwischen Frühjahr 2007 und Mitte Februar 2008; der Preis für Mais steigt seit Herbst 2007 um 66 Prozent.

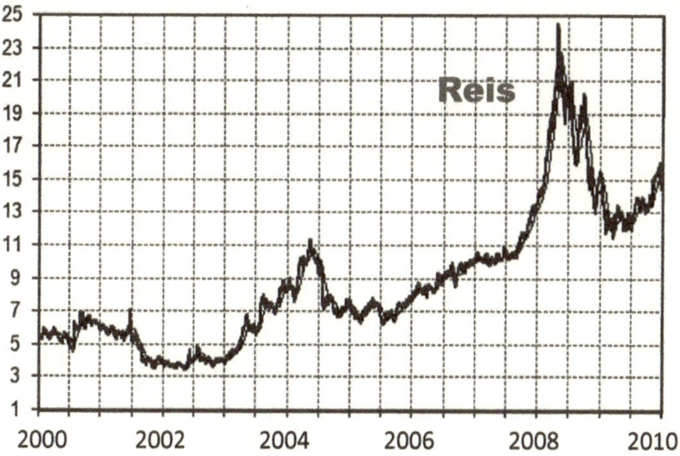

Abbildung 27: Entwicklung des Reispreises, 2000 bis 2010, in US-Cent/Zentner an der Chicago Board of Trade, Daten: Bloomberg 2019

Der Anstieg des Reispreises liegt aber noch deutlich über dem anderer Agrargüter und entwickelt im Frühjahr 2008 eine eigene Dynamik: Von Juni 2007 bis April 2008 verteuert sich das Getreide um rund 75 Prozent, in Asien je Tonne sogar von Preisniveaus unter 400 US-Dollar auf über 1.000 US-Dollar. Der dynamischen Verteuerung von Reis in Asien kommt ein besonderer Stellenwert zu: Reis ist hier Grundnahrungsmittel für rund 3 Milliarden Menschen, und in vielen Staaten ist annähernd die Hälfte des Haushaltseinkommen einer Durchschnittsfamilie für Ernährung aufzuwenden. Der Preisanstieg gefährdet die politische Stabilität in mehreren Ländern und führt weltweit zu schweren Unruhen: Auf Haiti werden mehrere Menschen bei Protesten getötet, weitere Aufstände werden aus Ägypten, Burkina Faso, Kamerun, Indonesien, Côte d'Ivoire (Elfenbeinküste), Mauretanien, Mosambik und dem Senegal gemeldet. Wie konnte es zur Kumulation dieser Ereignisse kommen?

Der Reismarkt unterliegt strukturellen Defiziten: Die durchschnittlich pro Jahr an den Weltmärkten gehandelte Reismenge von rund 30 Millionen

Tonnen fällt in Anbetracht der weltweiten Produktion von rund 650 Millionen Tonnen sehr gering aus, was die Weltmarktpreise mitunter extrem anfällig für kurzfristige Fluktuationen von Angebot und Nachfrage macht. Einflussfaktoren, die in ähnlichem Umfang auch für andere Agrargüter gelten, sind Verstädterung, Demografie, Wachstum, Nachfrage nach alternativen Energien sowie Wetterbedingungen. Beispielsweise vernichtet die rasante Urbanisierung in Asien immer mehr Anbaufläche, und zunehmender Wohlstand in Asien führt zu mehr Fleischkonsum, wodurch sich die Menge des für Futtermittel benötigten Getreides um ein Vielfaches erhöht. So ist allein der Fleischkonsum der Chinesen in den letzten 30 Jahren um rund 150 Prozent gestiegen. Weiterhin müssen die Reisfelder Asiens einen jährlichen Geburtenzuwachs von rund 80 Millionen Neugeborenen in der Region auffangen. Indirekt treiben auch der hohe Ölpreis und die damit zusammenhängende gestiegene Nachfrage nach Bio-Treibstoffen den Reispreis, denn viele Landwirte steigen auf den einträglicheren Anbau von Mais, Weizen und Ölsaaten um. Dazu verzeichnen einige Länder wetterbedingt deutliche Einbußen bei der Reisernte. Unwetter und Überschwemmungen zerstören innerhalb eines Jahres mehr als 20 Millionen Hektar Reisfelder, was der doppelten gesamten Anbaufläche von Thailand entspricht. Bangladesch, sonst ein wichtiger Exporteur von Reis, erleidet in 2007 durch Überschwemmungen und den Tropensturm Sidr erhebliche Ernteeinbußen, es wird fast die komplette Ernte vernichtet. Die Reisernte in Vietnam wird zudem von starkem Schädlingsbefall und Krankheiten geschmälert. Der Preis für das Getreide steigt weiter und die Situation spitzt sich allmählich zu.

Die weltweit gehandelte Reismenge von 30 Millionen Tonnen ist im Vergleich zur gesamten Produktion von 650 Millionen Tonnen sehr gering.

Panikkäufe und Exportbeschränkungen – die Dominosteine fallen: In Asien spannt sich die Versorgungslage immer weiter an. Die Reisexportstaaten Vietnam und Indien erlassen Beschränkungen für die Ausfuhr von Reis, Indien drosselt den Export, um die Preise im eigenen Land zu stabilisieren. Andere Exportstaaten wie China, Ägypten und Kambodscha schließen sich mit Quoten und Steuern an. China zeigt sich so besorgt um die Versorgung der eigenen Bevölkerung, dass man auf Exporte bis auf Weiteres ganz verzichtet. In Thailand, dem größten Exporteur, beginnen Landwirte, Händler und Reismühlen ihren Reis zu horten. Überall in der Region kommt es zu Hamsterkäufen der Bevölkerung. Selbst in den USA wird der Verkauf von Großhandelspackungen bei Wal-Mart rationiert. Der weltweit größte Importeur, die Philippinen, kündigt massive Käufe an, um einer weiteren Angebotsverknappung zuvorzukommen. Betroffen sind auch die Importstaaten Bangladesch, Indonesien und Iran. Und dann kommt es in der Nacht vom 3. Mai zur Katastrophe: Der Zyklon Nargis erreicht die Küste Myanmars (Birma), verwüstet dessen Reiskammer mitten in der Erntezeit und hinterlässt zwischen 50.000 und 100.000 Tote. Der Reispreis schießt noch einmal in die Höhe und das Risiko für Hungersnöte und Hungerrevolten steigt weiter an.

In Asien verschlimmern Hortung und Exportbeschränkungen die ohnehin angespannte Versorgungslage.

In der Spitze hat sich der Reispreis vervierfacht und vielen Regionen drohen Unruhen der Bevölkerung. Neben der angespannten Versorgungslage und den ungünstigen Wetterbedingungen führen vor allem eine künstliche Verknappung durch Exportbeschränkungen und Hortung zu einer dramatischen Zuspitzung der Situation. Im Mai 2008 entspannt sich die Versorgungslage jedoch wieder: Pakistan, einer der größten Reisproduzenten, lockert seine Exportbeschränkungen, und die aktuelle Ernte in Indien fällt mehr als 2 Millionen Tonnen größer aus als erwartet. Die strukturellen Probleme des Reismarktes bleiben jedoch bestehen, so dass vor dem Hintergrund eines vergleichsweise kleinen internationalen Marktes mit wiederholten Versorgungsengpässen in Asien zu rechnen ist.

MERKE

- Anfang 2007 prognostizierte Vichai Sriprasert, der in Thailand auch unter dem Spitznamen das »Reisorakel« bekannt ist, einen massiven Preisanstieg für Reis. In der damaligen Situation kaum nachzuvollziehen, doch die Geschichte gab ihm Recht.
- Später in 2007 stiegen jedoch die Preise vieler landwirtschaftlichen Erzeugnisse, getrieben durch die steigenden Rohölpreise stark an (»Agflation«). Besonders kritisch wurde die Situation auf dem Reismarkt.
- Zwischen Juni 2007 und April 2008 galoppierten die Reispreise in Asien von 400 auf über 1.000 US-Dollar je Tonne. Hortung und Exportbeschränkungen verschlimmerten eine ohnehin angespannte Situation.
- Als der Zyklon Nargis im April 2008 Myanmar traf, starben bis zu 100.000 Menschen und die Reisernte des Landes wurde vernichtet.
- Der Preis für Reis vervierfachte sich, und viele Regionen wurden von Unruhen erschüttert.

31
Weizen: Working in Memphis

2008

Der Preis für Weizen eilt von Rekord zu Rekord – der Händler Evan Dooley setzt auf die falsche Entwicklung, jongliert mit 1 Milliarde US-Dollar und beschert dem Broker MF Global im Februar 2008 einen Verlust von rund 140 Millionen US-Dollar.

»... touched down in the land of the Delta Blues in the middle of the pouring rain.«
BRUCE SPRINGSTEEN, »WALKING IN MEMPHIS«

»I simply do not know where the money is.«
JON CORZINE, CEO OF MF GLOBAL

Knapp einen Monat, nachdem Jérôme Kerviel durch Wetten auf europäische Aktienindizes seinem Arbeitgeber, der französischen Großbank Société Générale, fast 5 Milliarden Euro Verlust beschert, bringt ein weiterer Händler seinen Arbeitgeber, diesmal durch Spekulationen mit Weizen-Terminkontrakten, in Schwierigkeiten. MF Global, einer der weltweit größten Futures- und Options-Broker, muss Ende Februar 2008 zugeben, dass einer ihrer Händler in Memphis, Tennessee, sich auf Firmenkosten mit Termingeschäften auf Weizen verspekuliert hat. Innerhalb von Stunden entsteht ein Verlust von rund 140 Millionen US-Dollar.

Als Spin-off von MAN Financial Group in 2007 hat sich MF Global auf Commodity Brokerage, Clearing und Execution spezialisiert. Jon Corine, ehemaliger Politiker und Goldman-Sachs-Banker, hat den Anspruch, MF Global auf Augenhöhe mit Goldman Sachs und JPMorgan zu bringen. Zwar war die Firma ein Nischenplayer an der Wall Street, aber an den Terminmärkten spielte MF Global ganz vorne mit: 100 Milliarden US-Dollar in Futures und Optionen laufen über die Bücher von MF Global, und seine Kunden machen 30 Prozent des Handelsvolumens an der Terminbörse CME aus.

Der Handel mit Weizen

Weizen ist nach Mais das am zweithäufigsten angebaute Getreide der Welt und wird weltweit an Warenterminbörsen gehandelt. An der CBOT, der Chicago Board of Trade, wird Weizen unter dem Kürzel W und dem aktuellen Kontraktmonat (z. B. W Z0 für Weizen Dezember 2020) gehandelt. Ein Kontrakt bezieht sich auf 5.000 Scheffel Weizen. Ein Scheffel entspricht dabei 27,2155 Kilogramm.

Ausgehend von Preisen von 7,50 US-Dollar pro Scheffel im November 2007 etabliert sich der Preis für US-Weizen seit Jahresbeginn 2008 bei über 8 US-Dollar pro Scheffel. Neben der sich weiter zuspitzenden Angebotssituation auf dem Weizenmarkt treibt neben der schwachen US-Währung verstärkt zunehmend spekulatives Anlagekapital die Preisbewegung. Die Marken von 9 US-Dollar und von 10 US-Dollar pro Scheffel fallen innerhalb weniger Tage. Ende Februar läuft die Situation dann aber zunehmend aus dem Ruder: Am 27. Februar verzeichnet der aktuelle Weizen-Kontrakt Kursbewegungen von bis zu 25 Prozent innerhalb dieses Tages. Der

US-Handel eröffnet positiv, dann fällt der Preis im Tagesverlauf bis auf 10,80 US-Dollar am Mittag zurück.

Am Nachmittag springt der Kurs jedoch erneut bis auf 13,50 US-Dollar je Scheffel. Die Nachricht, dass Kasachstan, einer der größten Exporteure von Weizen, Exportsteuern einführen wolle, um Verkäufe in einem bereits angespannten Markt zu reduzieren, beflügelt an diesem Tag den US-Weizenpreis. Diese Tagesbewegung markiert die bislang stärkste Intraday-Bewegung bei Weizen, die jemals beobachtet wurde.

Der Händler Evan Dooley spekuliert mit 2 Millionen Tonnen Weizen auf fallende Preise.

Abbildung 28: Entwicklung des Weizenpreises, 2007 bis 2008, in US-Cent/Scheffel an der Chicago Board of Trade, Daten: Bloomberg 2019

Die Erklärung hierfür folgt aber noch am gleichen Tag: Evan Dooley, 40 Jahre alt, seit November 2005 Händler bei MF Global, hat auf eigene Rechnung erhebliche Positionen in Weizen-Futures in sehr kurzer Zeit – in den Morgenstunden des 27. Februar – eingegeben und mit diesen unautorisierten Trades seine eigenen Handelslimits deutlich überschritten. Dabei soll Dooley, auf einen fallenden Weizenpreis setzend, rund 15.000 Futures (rund 2 Millionen Tonnen Weizen) gehandelt haben; der Wert der Position schwankt zwischen 800 Millionen und 1 Milliarde US-Dollar. Da der Weizenpreis jedoch weiter kräftig anzieht, ist das Unternehmen nach Bekanntwerden des Handels gezwungen, die Position mit Verlusten glattzustellen, also weitere Terminkontrakte zu kaufen. Das führt zu einem weiteren Preissprung im Markt auf ein zwischenzeitliches Niveau, das der Markt trotz der anhaltenden Stärke über mehrere Jahre nicht wieder erreichen wird. MF Global zeigt sich besorgt über das Ausmaß des Verlustes und verspricht eine Überarbeitung der internen Richtlinien und des Risikomanagements. Nach Aufdeckung der Geschäfte wird Dooley sofort freigestellt. Die Verluste von rund 140 Millionen US-Dollar entsprechen dem Vierfachen des letzten Quartalsergebnisses und mehr als 5 Prozent des Eigenkapitals der Gesellschaft. Der Preis der MF-Global-Aktie verliert an diesem Tag mehr als 25 Prozent an Wert.

Dooley wurde zu 5 Jahren Gefängnis verurteilt, und MF Global zu einer Zahlung von 10 Millionen US-Dollar aufgrund mangelnder Aufsicht seines Händlers.

Wenige Jahre später, in 2011, kollabierte MF Global aufgrund schiefliegender Spekulationen in europäischen Anleihen, namentlich Portugal, Spanien und Italien. Im Oktober veröffentlichte MF Global einen Quartalsverlust von 192 Millionen US-Dollar. Der Skandal weitete sich aus als Kundengelder verschwanden. Der folgende Bankrott von MF Global mit mehr als 40 Milliarden US-Dollar Bilanzwert ist der achtgrößte Konkurs in der amerikanischen Wirtschaftsgeschichte. Aber verglichen mit der Insolvenz von Lehman Brothers in 2008 mit einer Bilanzsumme von 691 Milliarden US-Dollar ist MF Global wenig relevant. Das dachten sich auch die Aufsichtsbehörde und das Wirtschaftsministerium, die begierig darauf waren zu zeigen, dass nicht jedes Wall-Street-Haus »too big to fail« sei. So ging MF global unter.

MERKE

- Weniger als einen Monat nach der katastrophalen Wette von Jérôme Kerviel auf europäische Aktienindizes im Januar 2008, welche in die Geschichte der größten Spekulationsverluste einging, bereitete ein anderer Händler seinem Arbeitgeber Probleme: Evan Dooley von MF Global aus Memphis, Tennessee. Er spekulierte auf sinkende Weizenpreise und baute eine Short-Position von fast 1 Milliarde US-Dollar auf.
- Die Preise für Weizen stiegen jedoch immer weiter an: Ende 2007 war Weizen noch für 7,50 US-Dollar zu haben, im Januar 2008 mussten bereits mehr als 10 US-Dollar pro Scheffel bezahlt werden.
- Am 27. Februar 2008 schwankte der in Chicago gehandelte Weizenpreis im Tagesverlauf um 25 Prozent. Er sank auf 10,80 US-Dollar und stieg am Nachmittag wieder auf 13,50 US-Dollar. An dem Tag erlitt MF Global innerhalb von Stunden einen Verlust von rund 140 Millionen US-Dollar.

32

Rohöl: Contango in Texas

2009

Der Preis für US-Rohöl der Sorte West Texas Intermediate (WTI) bricht ein und verunsichert Rohstoffhändler in aller Welt. Eine 10.000-Einwohner-Gemeinde in Oklahoma wird zum Zentrum der Welt. Der Begriff des »Super-Contango« wird geboren, und Investmentbanken steigen ins Tanker-Geschäft ein.

»Super-Contango is a state in which a forward price of a commodity is higher than the spot price to a greater extent than can be explained by the interest and storage costs that explain the usual state of contango.«

MONEYTERMS.CO.UK

Cushing ist eine Kleinstadt in Oklahoma, USA: weniger als 10.000 Einwohner, ein Wal-Mart, einige Fast-Food-Restaurants und Tankstellen. Nur die Tanks, die vielen Rohre und Raffinerien lassen erahnen, dass das Städtchen etwas Besonderes ist. Im Süden der Stadt befindet sich ein Lager für die strategischen Ölreserven der USA; mit einer Kapazität von 35 Millionen Barrel eines der größten im Land. Und

Cushing ist der einzige Lieferort für West Texas Intermediate (WTI), das US-Benchmark-Rohöl. Plötzlich, Anfang 2009, steht Cushing im Fokus der Weltöffentlichkeit, denn auf dem Ölmarkt hat die Zeit der Lagerhaltung in großem Stil begonnen.

Grundlagen des Ölhandels

Wegen der vielen unterschiedlichen Arten und Qualitäten von Rohöl haben sich die Marktteilnehmer auf den Handel mit einigen wenigen lokalen Referenzsorten geeinigt. An der Warenterminbörse NYMEX in New York ist dies das US-Öl West Texas Intermediate (WTI), an der ICE in London die Nordseesorte Brent und in Singapur die asiatische Referenzmarke Tapis. Daneben wird auch ein OPEC-Korb-Preis gehandelt, der den durchschnittlichen Preis von sieben Rohölsorten berechnet: Sahara Blend (Algerien), Minas (Indonesien), Bonny Light (Nigeria), Arab Light (Saudi-Arabien), Dubai (Vereinigte Arabische Emirate), Tia Juana Light (Venezuela) und Isthmus (Mexiko). An den Warenterminbörsen dienen WTI und Brent als primäre Referenz für den Ölpreis. Unter den Kürzeln CL (WTI) und CO (Brent) sowie den entsprechenden Kontraktmonaten (z. B. Z0 für Dezember 2020) werden pro Kontrakt 1.000 Barrel auf Termin gehandelt.

Im Zuge der Finanzmarktkrise sowie der sich eintrübenden konjunkturellen Aussichten gerät der Preis für Rohöl in der zweiten Jahreshälfte 2008 massiv unter Druck. Handelt Rohöl im Hoch im Sommer 2008 kurzzeitig bei Preisen von über 145 US-Dollar, sackt der Preis auf weniger als 45 US-Dollar ab. Auch der Rückzug von Anlagekapital (»Deleveraging«) trägt bedeutend zu dem Preisverfall bei. Deutlich wird dies zum Beispiel anhand der kurzlaufenden Rohöl-Kontrakte, in denen Finanzinvestoren typischerweise investiert sind und die nun deutlich stärker betroffen sind als längerlaufende Kontrakte.

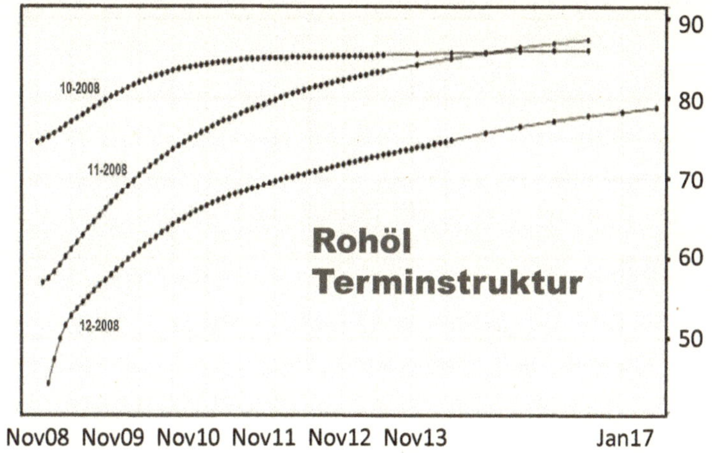

Abbildung 29: Terminkurven von Rohöl in 2008, in US-Dollar/Barrel, Daten: Bloomberg 2019

Ist die Terminstrukturkurve, die den Preis zukünftiger Rohöllieferungen über einen mehrjährigen Zeitraum abbildet, im Sommer 2008 noch annähernd flach, verstärkt sich die Contango-Struktur bei US-Rohöl (WTI) immer mehr. Als Contango bezeichnen Händler die Situation, wenn die Kassa- beziehungsweise Spot-Preise unter dem Niveau der Future-Preise handeln. Dies kann beispielsweise an Kosten der Lagerhaltung inklusive Versicherung und Zinskosten liegen, die aber durch Angebots- und Nachfrageeffekte überlagert werden können.

Super-Contango! Rohöl fällt im Kassamarkt bis auf 35 US-Dollar, während Öl-Kontrakte mit längerer Laufzeit weiter über 50 US-Dollar handeln.

Zwischen Oktober und Dezember 2008 nimmt die Contango-Handelsstruktur extreme Dimensionen an: Das Ausmaß des Preisverfalls am kurzen Ende der WTI-Kontrakte führt zu einem Rekord-Preisunterschied (»Spread«) zwischen dem WTI-Januar-2009- und dem WTI-Dezember-2009-Kontrakt von im Hoch über 20 US-Dollar. Rohstoffhändler führen hierfür den Begriff des »Super-Contango« ein. Rohstoffanalysten bezeichnen das Ausmaß der Preisverzerrung von US-Rohöl als absurd: WTI koppele sich vollständig ab und sei als Gradmesser für die Lage an den internationalen Märkten für Rohöl »so nützlich wie ein Backhandschuh aus Schokolade«, wie ein Rohstoffanalyst von Barclays anmerkt. Was hat zu dieser Situation geführt? Und wichtiger: Welche Auswirkungen gehen von ihr aus?

Die Augen der Welt richteten sich auf Cushing, die »Pipeline-Kreuzung« der Welt und den einzigen Lieferort für US-Rohöl. Durch den zunehmenden Contango nimmt hier die Lagerung des Rohstoffs kontinuierlich zu: Contango-Strukturen begünstigen die Vorratshaltung, denn anstatt zu einem niedrigen aktuellen Preis kann Öl auf Termin zu einem späteren Zeitpunkt zu einem höheren Preis verkauft werden.

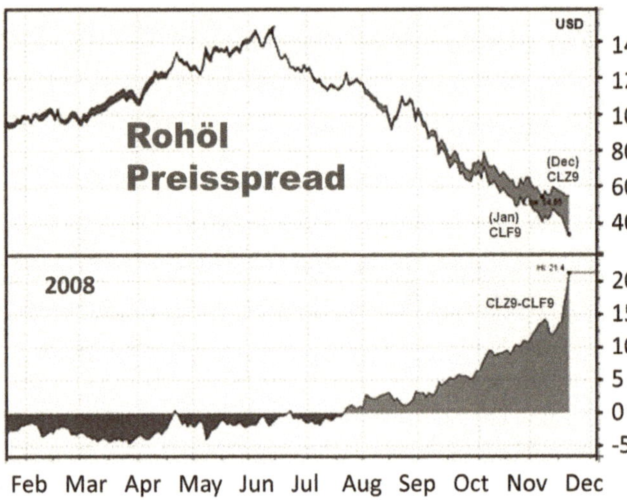

Abbildung 30: Entwicklung der Preisdifferenz von Januar 2009 und Dezember 2009 Rohöl-Kontrakten in US-Dollar in 2008, Daten: Bloomberg 2019

Der Besitzer von Rohöl muss nur über die entsprechenden Möglichkeiten zur Lagerung verfügen können. Im Januar sind die Lager mit über 33 Millionen Barrel (je 159 Liter) gefüllt und die restlichen Kapazitäten schwinden buchstäblich wie Butter in der Sonne. Der »Super-Contango« führt zu einer »Super-Lagerhaltung«, denn jeder Halter von Rohöl-Terminkontrakten ohne die entsprechenden Lagerkapazitäten muss Rohöl verkaufen – wenn es sein muss, zu jedem Preis. Denn WTI ist im Unterschied zur Nordsee-Referenzsorte Brent ein physisch lieferbarer Terminkontrakt und wird nicht durch Barausgleich glattgestellt, das heißt, für jeden gekauften Kontrakt (»long«) muss ein Kontrakt verkauft werden (»short«), um das Geschäft glattzustellen. Dieser Zusammenhang bringt den Preis für WTI wiederholte Male kurz vor Fälligkeit eines Kontraktes deutlich unter Druck. Im Tief handelt US-Rohöl bei unter 35 US-Dollar. Fraglich ist, ob der »Super-Contango« ausschließlich ein Ausdruck der kurzfristigen Überversorgung der Märkte mit Rohöl aufgrund der wirtschaftlichen Abschwächung ist, oder ob nicht eine kurzfristige Überverkaufsituation aufgrund der Deinvestition von Index- und Hedgefonds-Kapital in den vorderen Kontrakten vorliegt. Technisch nimmt die Steilheit der Rohöl-Terminstrukturkurve weiter zu (Time-Spread); ebenfalls ist eine deutliche Abkopplung des WTI-Preises zu anderen Rohöl-Referenzpreisen, unter anderem der europäischen Sorte Brent, zu beobachten (WTI-Brent-Spread).

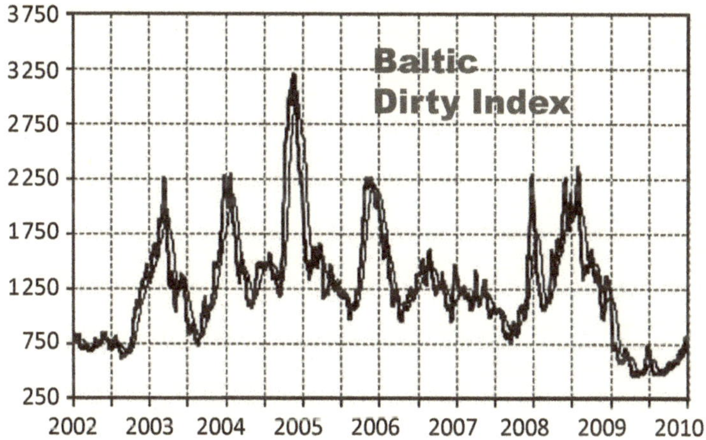

Abbildung 31: Entwicklung des Baltic Dirty Tanker Index, 2002 bis 2010, Daten: Bloomberg 2019

Ein zusätzlicher Faktor – neben dem Ausmaß der Preisunterschiede – unterscheidet die aktuelle Situation von vergangenen Ereignissen: Die wirtschaftliche Abkühlung und die Effekte der Kreditklemme (»Credit Crunch«) haben die internationalen Frachtraten extrem unter Druck gebracht. Die Frachtraten für Öltanker liegen Anfang 2009 rund 85 Prozent unter ihren Höchstständen im Sommer 2008.

Die Kombination aus »Super-Contango« – zeitweilig beträgt der Preisunterschied zwischen den aktuellen Rohöl-Kontrakten und den Dezember-2009-Kontrakten über 30 Prozent – und dem niedrigen Niveau der Rohöltanker-Frachtraten eröffnet nicht nur Rohölhändlern, sondern auch Investmentbanken ein neues Geschäftsfeld: die Lagerung von Rohöl auf hoher See in Öltankern. Bei ausreichenden Lagerbeständen macht es keinen Sinn, Öl zu Preisen von unter 40 US-Dollar zu verkaufen, wenn auf Termin unterjährig Verkäufe zu über 55 US-Dollar risikolos möglich sind. Zeitweilig liegen die Preise der Januar-Rohöl-Kontrakte über 20 US-Dollar unter den Dezember-Kontrakten. Unter der Annahme, dass Transport, Versicherung und Finanzierung gesichert sind, sind hier immense Gewinne für Ölgesellschaften und Händler zu machen. Die Kosten der Lagerung an Bord eines Supertankers liegen im Januar 2009 durchschnittlich bei rund 90 US-Cent pro Barrel.

Der Rohöl-»Super-Contango« in Kombination mit geringen Frachtraten bedeutet für Investmentbanken ein lukratives Geschäft.

Tanker Talk

Die Baltic Exchange ist ein globaler Marktplatz für Schiffsmakler, Reeder und Charterer – die Indexfamilie der Börse bietet einen wichtigen Überblick zu Frachtraten differenziert nach Frachtgut, Schiffsgrößen sowie Schifffahrtsrouten. Die Frachtraten für Schüttgutfrachter – zusammengefasst im Baltic Dry Index – sind seit den lokalen Hochständen im Sommer 2008 aufgrund der wirtschaftlichen Abkühlung und der Kreditklemme während der internationalen Finanzkrise um mehr als 90 Prozent zurückgegangen. Die Frachtraten für Tanker verlieren im Vergleich etwas weniger an Wert. Der Baltic Clean Tanker Index (BCTI) erfasst Tanker, die gereinigte Ladung wie Ölprodukte (Benzin, Diesel, Heizöl oder Kerosin) transportieren, der Baltic Dirty Tanker Index (BDTI) solche Tanker, die ungereinigte Ladung wie Rohöl befördern. Die Frachtraten für Öltanker (BDTI) verbilligen sich um rund 85 Prozent seit den lokalen Hochständen in den Sommermonaten von 2008.

Besonders gesucht sind Tanker-Leasingzeiträume zwischen drei und neun Monaten. Bereits im Dezember 2008 sind nach Angaben des Brokers ACM Shipping 16 Tanker als mobile Lager gebucht.

Im Februar 2009 berichtet Frontline, der weltgrößte Eigner von Supertankern, dass bereits 25 Tanker gechartert wurden und noch Anfragen über 10 weitere Schiffe offen sind. Jeder Tanker, der weniger als 2 Millionen Barrel Öl fasst, wird statistisch nicht erfasst. Industrieexperten schätzen jedoch, dass sich zu dieser Zeit bis zu 80 Millionen Barrel auf dem Wasser befinden; also mehr als doppelt so viel Öl wie in den offiziellen Lagern in Cushing, Oklahoma. Das profitable Geschäft hat eine neue Größenordnung angenommen. Die neuen Nachfrager nach Tankern heißen aber nicht mehr BP oder Exxon, sondern Merrill Lynch, Morgan Stanley, Goldman Sachs, Citibank, Barclays und Deutsche Bank. Schiffbroker rund um den Globus zeigen sich überrascht vom Ausmaß der Lagerhaltungsanfragen. Immerhin stellen 35 Supertanker rund 7 Prozent der weltweit verfügbaren Rohöltanker dieser Größe dar. Aufgrund der zusätzlichen Nachfrage können sich die Tanker-Frachtraten von ihren Tiefständen wieder leicht erholen; die schwimmenden Lager verhindern jedoch unterjährig einen signifikanten Ausbruch des Ölpreises nach oben – unabhängig von einer Verbesserung der wirtschaftlichen Rahmendaten. Nach einem beinahe 75-prozentigen Preisverfall bei Rohöl innerhalb nur eines Jahres verunsichert nun der Angebotsüberhang der schwimmenden Lager den Markt. Und für 2008 meldet die Internationale Energieagentur (IEA) zum ersten Mal seit 1983 einen Rückgang der Ölnachfrage.

Finanz- und Wirtschaftskrise: Weltweit fallen Frachtraten um 90 Prozent!

MERKE

- Cushing, eine Kleinstadt in Oklahoma, wird auch als Pipeline-Hauptstadt der Welt bezeichnet – der Ort ist der einzige Lieferpunkt für die Rohölsorte West Texas Intermediate (WTI), der wichtigsten Benchmark für Rohöl.
- Im Sommer 2008 stieg der Preis für Rohöl auf über 145 US-Dollar. Dann brach der Preis auf unter 45 US-Dollar ein und die Terminstruktur von WTI wechselte von Backwardation in einen tiefen Contango: Die Geburtsstunde des *Super-Contango*.
- In Verbindung mit niedrigen Fracht- und Transportkosten aufgrund der Wirtschaftskrise wurde der Super-Contango von Öl bald zu einem lukrativen Geschäft für Investmentbanken und andere Händler: Sie kauften physisch Öl, lagerten es in Tankern, verkauften es gleichzeitig auf Termin zu einem höheren Preis und erzielten damit einen sicheren und risikofreien Gewinn.
- Der Super-Contango führte über mehrere Jahre zu einem massiven Überangebot an Rohöl.

33
Zucker: Warten auf den Monsun

2010

Eine Dürre bedroht Indiens Ernte, und der weltweit größte Zuckerkonsument wird zum Netto-Importeur auf dem Weltmarkt. Brasilien als größter Exporteur hat mit eigenen Problemen zu kämpfen. Daraufhin steigen die internationalen Notierungen für Zucker auf ein 28-Jahres-Hoch.

»Durch den Monsun – Hinter die Welt – Ans Ende der Zeit – bis kein Regen mehr fällt.«
TOKIO HOTEL, »DURCH DEN MONSUN«

Der Juni 2009 ist der trockenste Sommermonat in Indien seit mehr als 80 Jahren, und die Trockenzeit nimmt kein Ende. In der ersten Augustwoche bleibt der Regenfall zwei Drittel hinter dem normalen Niveau zurück. In den Hauptanbaugebieten im Norden des Landes sorgt das Wetterphänomen El Niño dafür, dass der Monsun praktisch ausbleibt. Üblicherweise dauert die Monsunsaison auf dem Subkontinent von Anfang Juni bis Ende September.

El Niño trumpft auf.

El Niño (spanisch für »der Junge«) beschreibt ein Wetterphänomen, in dessen Verlauf sich die Windsysteme über dem Pazifik verschieben, und in dessen Folge sich der kalte Humboldtstrom westlich Südamerikas abschwächt. Eine Warmwasserschicht wandert durch den tropischen Ostpazifik von Südostasien nach Südamerika; während sich dieser erwärmt, sinken die Wassertemperaturen vor Australien und Indonesien. Das Resultat sind weltweite Wetterkapriolen wie starker Regen an der süd- und nordamerikanischen Westküste, Trockenheit, Missernten sowie Buschbrände in Australien, Indien und Südostasien. Im Gegensatz zu El Niño ist La Niña (spanisch für »das Mädchen«) eine außergewöhnlich kalte Strömung im äquatorialen Pazifik. Die Auswirkungen sind übermäßig viel Regen in Indonesien und Trockenheit in Peru. Unter Experten ist es unstrittig, dass der Klimawandel in den vergangenen Jahren zu einer Zunahme dieser Wetterphänomene geführt hat.

Als Folge von El Niño zeigen sich erhebliche Ernteausfälle. Zwar waren aufgrund von Indiens häufigen Erfahrungen mit Dürren und Hungersnöten bereits in der Vergangenheit umfangreiche Getreidespeicher angelegt worden – in 2009 lagern nach Angaben des Agrarministeriums etwa 20 Millionen Tonnen Reis und rund 30 Millionen Tonnen Weizen ein –, bei Zucker ist dies jedoch anders. Die Ernteausfälle sind vor allem im Bundesstaat Uttar Pradesh so gravierend, das Indien – der zweitgrößte Zuckerproduzent der Welt – im Jahr 2009 vom Netto-Exporteuer zum Netto-Importeuer wird. Das Land wird voraussichtlich 22 Millionen Tonnen Zucker verbrauchen, nach einer Vorjahresproduktion von über 26 Millionen Tonnen. Im August 2009 revidiert das indische Landwirtschaftsministerium die Ernteschätzungen zuerst auf 17 Millionen, später auf 15 Millionen Tonnen. Erst bis 2011 erwarten die indischen Stellen wieder ein Produktionsniveau von rund 25 Millionen Tonnen Zucker.

Süß!

Fast drei Viertel des in über 100 Ländern produzierten Zuckers stammt aus Zuckerrohr. Zuckerrüben kommen vornehmlich aus der Europäischen Union und aus Russland, während Zuckerrohr hauptsächlich in tropischen und subtropischen Regionen angebaut wird. Aus Brasilien, dem bedeutendsten Zuckerproduzenten und -exporteur kommen etwa 16 Prozent der Zuckerproduktion, gefolgt von Indien (14 Prozent), China (6 Prozent) und den USA (5 Prozent). In Brasilien wird über die Hälfte der Zuckerernte zu Kraftstoff (Ethanol) verarbeitet. Zucker wird an mehreren Terminbörsen in unterschiedlichen Klassifizierungen gehandelt – der liquideste Handel findet in Zucker No. 11 (Ticker SB) an der New York Board of Trade (NYBOT) statt. Ein Terminkontrakt wird in US-Cent pro amerikanischem Pfund (lb) gehandelt und umfasst in etwa 50 Tonnen Zucker (112.000 Pfund). Zusammen mit Weizen, Mais und Sojabohnen ist Zucker der liquideste der handelnden Agrarrohstoffe.

Die drei bedeutendsten Zuckerproduzenten weltweit sind Brasilien, Indien und China. Das weltweite Handelsvolumen von Zucker beträgt in 2008 rund 45 Millionen Tonnen, was knapp einem Drittel der weltweit produzierten Menge entspricht. Zwei Drittel der gesamten Zuckerproduktion werden direkt in den Erzeugerländern verbraucht und sind vom weltweiten Handel ausgeschlossen. Werden andere Handelshemmnisse wie Quoten und Handelsabkommen eingerechnet, stehen dem freien Weltmarkt lediglich gut 25 Prozent des weltweit erzeugten Zuckers zur Verfügung. Der dominierende Teil des Produktionswachstums der vergangenen 15 Jahre geht auf Brasilien zurück. Das Land hat seine Zuckerproduktion seit Anfang der 1990er-Jahre vervierfacht und deckt heute rund ein Fünftel der Weltproduktion von etwa 140 Millionen Tonnen. Noch beherrschender ist Brasiliens Stellung im Welthandel: Da Großverbraucher wie Indien und China größtenteils für den Eigenbedarf produzieren, stammen knapp 40 Prozent des im Welthandel angebotenen Zuckers aus Brasilien.

Aber auch Brasilien hat in 2009 mit dem Wetter zu kämpfen: Nicht Dürre, sondern Nässe macht hier der Ernte zu schaffen. Hinzu kommt, dass die brasilianische Zuckerindustrie bereits über 50 Prozent der Umsätze mit Ethanol erzielt. Viele Zuckermühlen haben ihre Produktion in den vergangenen Jahren umgestellt, um ebenfalls Ethanol herstellen zu können.

Extremwetter in Indien und Brasilien lassen den Zuckerpreis explodieren!

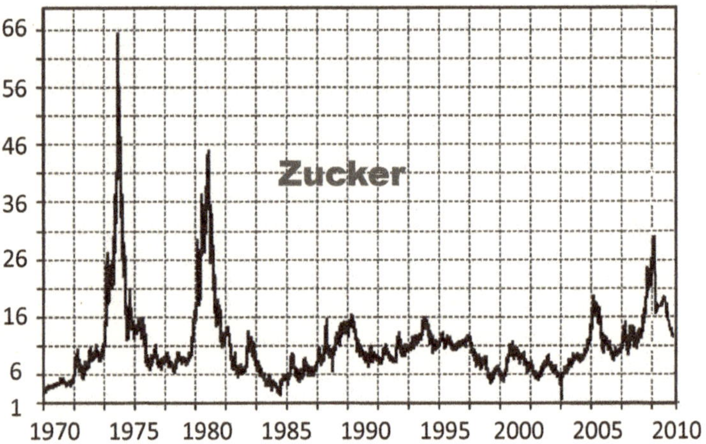

Abbildung 32: Wertentwicklung von Zucker, 1969 bis 2010, in US-Cent/ Pfund, Daten: Bloomberg 2019

In den vergangenen 40 Jahren zeigt der Preis für Zucker eine sehr volatile Entwicklung. Aber lediglich zweimal wurden ähnliche Preisspitzen wie in 2010 erreicht. Ausgehend von Tiefpreisen um 1 US-Cent pro Pfund in 1967 explodiert der Preis Mitte der 1970er-Jahre auf über 60 US-Cent. In 2004 rutscht der Preis für Zucker mit weniger als 6 US-Cent auf Niveaus ab, die Zucker seit über 20 Jahren nicht mehr gesehen hatte. Und 2010 kostet Zucker so viel wie lange nicht mehr. Massive Importe Indiens und witterungsbedingte Auslieferungsverspätungen in Brasilien haben den Rohzuckerpreis auf ein 28-Jahres-Hoch getrieben. Der Terminkontrakt schließt am 29. Januar 2010 bei 29,90 US-Cent je Pfund – ein Aufschlag von über 150 Prozent gegenüber dem Vorjahr. Erst nach dem Verfall des März-Kontraktes am 26. Februar 2010 beginnt sich die Lage zu beruhigen; positive Daten aus Brasilien signalisieren, dass die schlimmste Knappheit überstanden ist.

MERKE

- Die drei wichtigsten Zuckerproduzenten weltweit sind Brasilien, Indien und China, wobei China und Indien größtenteils zur Deckung ihres eigenen Bedarfs produzieren.
- Der Sommer 2009 stellte sich als der trockenste Sommer in Indien seit über 80 Jahren heraus. El Niño verursachte erhebliche Ernteausfälle, Indien wurde gar zu einem Nettoimporteur von Zucker auf dem Weltmarkt und auch Brasilien hatte wetterbedingte Probleme in der Zuckerproduktion. Das Ergebnis: Der Preis für Zucker begann weltweit anzusteigen.
- Die Zuckerpreise stiegen bis Ende Januar 2010 auf 30 US-Cent pro Pfund – eine Preissteigerung von mehr als 150 Prozent gegenüber dem Vorjahr. Verglichen mit 2004 als Zucker unter 6 US-Cent gehandelt wurde, verfünffachte sich der Preis und erreichte das höchste Niveau seit fast 30 Jahren.

34
Kakao: Chocolate Finger

2010

Aufgrund sinkender Ernten an der Elfenbeinküste, dem größten Kakaoexporteur auf dem Weltmarkt, steigen die Preise an den internationalen Warenterminbörsen. Im Sommer 2010 geht der Kakao-Händler Anthony Ward, Mr. Chocolate Finger, eine Wette von über 1 Milliarde US-Dollar auf die zukünftige Preisentwicklung von Kakao ein.

»Of course they are people. They're Oompa Loompas.«
WILLY WONKA, IN »CHARLIE UND DIE SCHOKOLADENFABRIK«

Kakao stammt ursprünglich aus Mittel- und Südamerika und galt bei den Mayas und Azteken als heilig und als Geschenk der Götter. Die Samen des Kakaobaumes dienten hier auch als Zahlungsmittel. So entdeckten die spanischen Eroberer in den Schatzkammern des besiegten aztekischen Königs Montezumas II. neben Gold auch über 1.200 Tonnen Kakao: Steuereinnahmen und eine gewaltige Währungsreserve. Heute wird Kakao in New York an der New York Board of Trade (NYBOT) und in London an der London International Financial Futures Exchange (LIFFE) in Kontrakten über jeweils 10 Tonnen in US-Dollar beziehungsweise Britischen Pfund gehandelt.

Im Juli 2010 verdichten sich die Marktgerüchte in London, dass ein Hedgefonds, Armajaro, eine Wette über 1 Milliarde US-Dollar im Markt für Kakao plaziert hat. Der Hedgefonds-Manager Anthony Ward soll in einem Versuch den Markt für Kakao in die Enge zu treiben, rund 240.000 Tonnen Kakao auf Termin erworben haben. Dies würde einem Anteil von etwa 7 Prozent der weltweiten Kakaoproduktion und einem Großteil der derzeit frei verfügbaren Mengen entsprechen. Während einige Händler dies als Wette sehen, dass die Preise für Kakao aufgrund eines zurückgehenden Angebots weiter steigen, argumentieren andere, dass Ward durch seine massiven Käufe kurz vor Beginn der jährlichen Kakaoernte im Oktober eine künstliche Knappheit erzeugt und den Markt manipuliert.

Die zehn größten Produzenten sind für über 90 Prozent der weltweiten Kakaoernte verantwortlich – die Elfenbeinküste dominiert mit einem Anteil von über einem Drittel die weltweite Produktion.

Von wo kommt unser Kakao?

Die Hauptanbaugebiete von Kakao haben sich in den letzten Jahren von Mittelamerika nach Afrika verlagert; die zehn größten Produzentenländer sind für über 90 Prozent der weltweiten Kakaoernte verantwortlich. Die Elfenbeinküste ist mit einem Marktanteil von über 33 Prozent der größte Anbieter von Kakao weltweit. Danach folgen mit deutlichem Abstand Indonesien, Ghana, Nigeria, Brasilien und Kamerun. Die Kakaoproduktion an der Elfenbeinküste ist in den letzten fünf Jahren mehr als 15 Prozent zurückgegangen, größtenteils aufgrund schlechter Pflege des Bestandes und Schädlingsbefall. Die Kakaoproduktion 2008/09 ist mit 1,22 Millionen Tonnen die kleinste Ernte in den vergangenen fünf Jahren – ein Trend den Marktteilnehmer auch für die 2009/10er-Ernte erwarten.

Anthony Ward ist eine Koryphäe im weltweiten Handel mit Kakao – und der aktuelle Versuch, den Markt für Kakao in die Enge zu treiben, ist spektakulär, aber kein Einzelfall: Bereits in 2002 erwarb Ward Kakao-Kontrakte über 200.000 Tonnen, was zu dieser Zeit 5 Prozent des weltweiten Angebots ausmachte. Für den größten Trade mit Kakao zeigte sich Philbro, das Rohstoffhandelsgeschäft von Salomon Smith Barney in 1996, verantwortlich: Das Kakao-Handelsdesk ging eine Position von 300.000 Tonnen Kakao ein – der Chef des Kakao-Handelsdesks zu dieser Zeit: Anthony Ward.

Anthony Ward sammelte bereits 1979 erste Erfahrungen mit dem Handel von Tee, Reis, Kakao und Kautschuk. Zusammen mit Richard Gower gründete Ward 1998 Armajaro, ursprünglich fokussiert auf den Handel mit Kakao, kamen zuerst Kaffee und später andere Agrargüter hinzu. Heute managt Armajaro 1,5 Milliarden US-Dollar und ist mit lokalen Präsenzen an der Elfenbeinküste, Indonesien und Äquador einer der größten Anbieter von Kakao auf dem Weltmarkt. In der britischen Presse ist Ward seit Juli 2010 in Anlehnung an die Verfilmung *Charlie und die Schokoladenfabrik* und dem Bösewicht aus James Bond nun auch unter den Beinamen »Willy Wonka« und »Chocolate Finger« bekannt.

Anthony Ward ist eine Koryphäe und handelt bereits seit 1979 mit Kakao – der Preis steigt um über 20 Prozent in den ersten Monaten 2010.

Kakao ist für viele Endwicklungsländer ein wichtiges Exportgut und der Grundstoff zur Herstellung von Schokolade. Deutschland gehört weltweit zu den Ländern mit dem höchsten Pro-Kopf-Verbrauch von Schokolade – jeder Einwohner isst im Durchschnitt rund 9 Kilogramm pro Jahr. Die Herstellungskosten für Schokolade hängen dabei vom Kakaoanteil, der Kakaoqualität und der Prozesszeit ab, so dass zum Beispiel für einen »normalen« Schokoriegel der Preis von Kakao lediglich 10 Prozent der Herstellungskosten ausmacht. 2009 und 2010 führen eine ansteigende Nachfrage, Produktionsrückgänge und Preisspekulationen durch Hedgefonds dazu, dass die Preise für Kakao innerhalb von zweieinhalb Jahren um über 150 Prozent ansteigen und auf dem höchsten Niveau seit 1977 handeln. Über 2.700 Britische Pfund müssen Mitte Juli je Tonne Kakao bezahlt werden. In einem Brief an die NYSE Liffe reichen 16 Unternehmen und Handelshäuser Beschwerde über Marktmanipulation am Kakaomarkt ein. Denn durch die Käufe von Armajaro steigt der kurzfristige Preis von Kakao an: Der Juli-2010-Kontrakt steigt auf über 300 US-Dollar Prämie gegenüber dem Dezember-2010-Kontrakt (Backwardation), das heißt Abnehmer müssen eine Prämie von rund 15 Prozent gegenüber einer späteren Lieferung bezahlen. Die Liffe wiegelt jedoch ab: »Hinweise für eine Marktmanipulation seien nicht zu erkennen«.

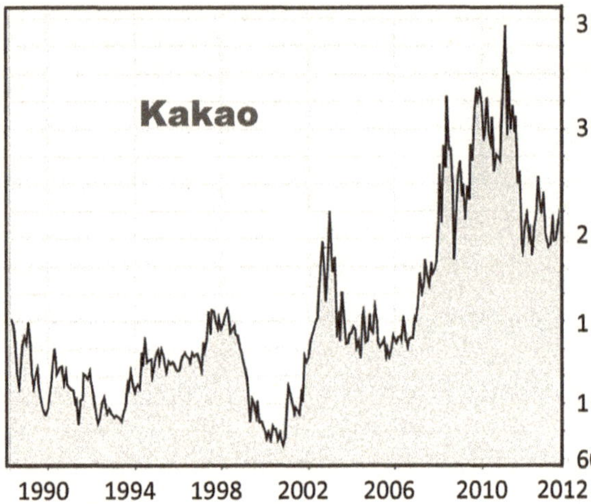

Abbildung 33: Wertentwicklung von Kakao in London in Britischen Pfund je Tonne, 1990 bis 2012, Daten: Bloomberg 2019

MERKE

- Der Kakaomarkt ist relativ klein und wirtschaftlich in einem hohen Maße konzentriert: Das afrikanische Côte d'Ivoire dominiert die weltweite Kakaoproduktion mit einem Marktanteil von mehr als einem Drittel an der Weltproduktion. Die zehn größten Produktionsländer vereinen mehr als 90 Prozent der weltweiten Ernte auf sich.
- Im Sommer 2010 verbreiteten sich Gerüchte, dass Armajaro – ein großer Hedgefonds in London – eine Wette von über 1 Milliarde US-Dollar auf dem Kakaomarkt platziert hat. Fondsmanager Anthony Ward, der in der Branche den Spitznamen »Willy Wonka« und »Chocolate Finger« trägt, soll rund 240.000 Tonnen Kakao gekauft haben, um den Markt in die Enge zu treiben.
- Verglichen mit dem Preisniveau Anfang 2009 stieg Kakao an den Börsen in London und New York um mehr als 150 Prozent und erreichte den höchsten Stand seit 1977. Eine Tonne Kakao kostete im Juli 2010 mehr als 3.600 US-Dollar – ein Plus von mehr als 500 Prozent im Vergleich zu 2002. Es war eine erfolgreiche und hochprofitable Wette für Chocolate Finger.

35

Kupfer: King of the Congo

2010

Im Kupfergürtel des Kongo schlummert ein unglaublicher Reichtum an Bodenschätzen, und zahllose Despoten plünderten bereits das Land. Nun streckt Eurasian Natural Resources (ENRC) die Hände nach Afrika aus: Die Oligarchen aus Kasachstan schrecken nicht vor Geschäften mit umtriebenen Geschäftsleuten und dem korrupten Kabila-Regime zurück.

»The West exploited Africa and now it wants to save it. Africa can only be saved by Africans.«

JOSEPH KABILA, EHEMALIGER PRÄSIDENT DER DEMOKRATISCHEN REPUBLIK KONGO

»We bought an asset from the Democratic Republic of Congo that was for sale«

SIR RICHARD SYKES, ENRC

Am Freitag, den 20. August 2010 horchen die Investoren in der Londoner City auf: Eurasian Natural Resources (ENRC), ein über 12 Milliarden Britische Pfund schwerer, in London gelisteter kasachischer Minenkonzern, übernimmt mit knapp über 50 Prozent die Mehrheit an dem Unternehmen Camrose. Brisant, denn hinter Camrose stecken die von der Regierung des Kongos erst kürzlich enteigneten Bergbaulizenzen von Kolwezi. Der Vorbesitzer der äußerst lukrativen Lizenzen: das kanadische Bergbau-Unternehmen First Quantum Minerals.

Urplötzlich steht die Demokratische Republik Kongo (DRC) nach Jahrzehnten von Kolonialismus, Diktatur und Kriegen wieder im Fokus der Aufmerksamkeit der Medien und der internationalen Minenindustrie. Ein Land, das zu den Ärmsten der Welt zählt und doch über einen immensen Reichtum an Bodenschätzen verfügt. Denn von der kongolesischen Bergbauprovinz Katanga bis nach Nord-Sambia erstreckt sich der afrikanische Kupfergürtel – in dieser Region werden rund 10 Prozent der globalen Kupferreserven vermutet. Und in 2010 ist Kupfer knapper und teurer als jemals zuvor: rund 50 Prozent (ausgehend von den Tiefstkursen) verteuert sich das Metall allein in diesem Jahr und notiert erstmalig über 9.000 US-Dollar je Tonne an der London Metal Exchange.

Der Kongo: Welcome to the Jungle

Die Demokratische Republik Kongo (DRC), ehemals Zaire, mit der Hauptstadt Kinshasa, ist nach dem Sudan und Algerien das drittgrößte Land in Afrika mit über 70 Millionen Einwohnern. Nachbarländer sind die wesentlich kleinere, ehemals französische Republik Kongo, die Zentralafrikanische Republik, Sudan, Uganda, Ruanda, Burundi, Sambia, Tansania und Angola. Mit seinem Reichtum an Bodenschätzen wie Kobalt, Diamanten, Kupfer, Gold und anderen seltenen Mineralien ist der Kongo ein Musterbeispiel für die These vom »Ressourcen-Fluch«: Denn die Einwohner der DRC zählen zu den Ärmsten der Welt, nur Simbabwe weist eine niedrigere Wirtschaftskraft pro Einwohner aus.

Der Kongo wurde am 30.06.1960 unter Präsident Kasavubu

und dem populären Premierminister Patrice Lumumba von Belgien unabhängig. Einer Zeit großer Instabilität und mehrerer Militärinterventionen folgte unter Joseph Mobutu 1965 eine Diktatur, in dessen Verlauf Mobutu und die Eliten des Landes, jetzt Zaire, die Reichtümer des Kongo systematisch plündern. Das System kollabiert 1997 als Mobutu durch Laurent-Desire Kabila entmachtet wird. Im Januar 2001 wird L.-D. Kabila unter unklaren Umständen von einem seiner Leibwächter ermordet und die Herrschaft geht auf seinen Sohn, Joseph Kabila über. Trotz des offiziellen Endes des seit 1998 wütenden Zweiten Kongokrieges im Juli 2003 herrschen noch immer Konflikte im Land. Im Verlauf dieses »Afrikanischen Weltkrieges«, an dem acht afrikanische Staaten und 25 bewaffnete Gruppen beteiligt sind, sterben über 5 Millionen Menschen: der bislang blutigste bewaffnete Konflikt seit dem Zweiten Weltkrieg. Anfang 2019 geht die Präsidentschaft auf Felix Tshisekedi über, aber der Einfluss Kabilas bleibt.

Die Kamoto-Mine in der Nähe der Stadt Kolwezi ist das Herz von Kongos Bergbaurevier – mehr als 3 Millionen Tonnen Kupfer und über 300.000 Tonnen Kobalt werden hier vermutet. Alleine der aktuelle Marktwert der Kupferreserven macht fast 30 Milliarden US-Dollar aus. Als die Mine noch in Betrieb war, bewegten die Maschinen der staatlichen Bergbaufirma Gécamines, einst das größte Unternehmen in Afrika, rund 10.000 Tonnen Erdreich am Tag. Im September 1990 stürzt der zentrale Teil des Bergwerkes ein und begräbt zahlreiche Bergleute; der Betrieb kommt zum Stillstand. Unter der Mobutu-Diktatur wird nicht neu investiert und das größte Bergwerk Katangas ist dem Verfall preisgegeben. Seit den späten 1990er-Jahren hat die staatliche Gécamines den überwiegenden Teil seiner Bergbauprojekte an internationale Minenkonzerne abgetreten.

Seit 2007 nimmt die kongolesische Regierung eine Überprüfung von mehr als 60 ausländischen Bergbauvereinbarungen in Angriff, um die Beteiligung des Staates an den Umsätzen des Minensektors zu steigern. Seitdem sorgt die Revision der Bergbaulizenzen für Konfliktstoff.

Die Regierung strebt eine mindestens 35-prozentige staatliche Beteiligung an künftigen Bergbauprojekten an. Neuere Bestimmungen sehen neben einem Signaturbonus in Höhe von 1 Prozent des Projektwertes und einer 2,5-prozentigen Lizenzgebühr auf die Bruttoeinkünfte auch die Klausel vor, dass innerhalb von zwei Jahren die Mine in Produktion gehen muss.

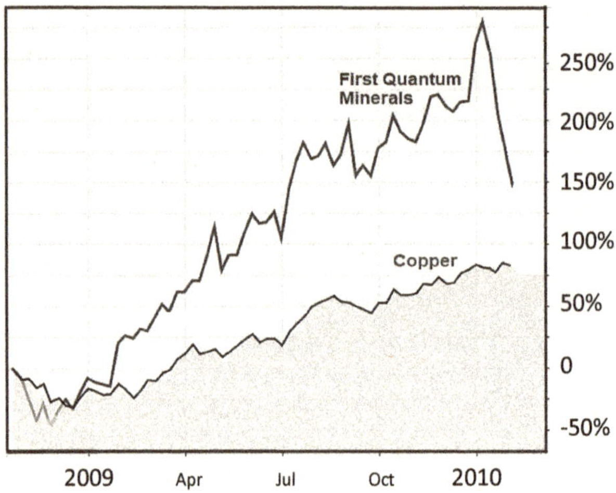

Abbildung 34: Kursverlauf von First Quantum Minerals und Kupfer, 2009/2010, Daten: Bloomberg 2019

So wird die Kolwezi-Lizenz der kanadischen First Quantum Minerals im August 2009 nach zweieinhalbjähriger Revision von der Regierung gekündigt – einer der strittigen Punkte ist die Erhöhung des Gécamines-Anteils von bislang 12,5 Prozent. Die Regierung wirft First Quantum vor, gegen die 2002 geänderten Bergbaubestimmungen zu verstoßen, und First Quantum bestreitet dies. Prekär: Das kanadische Unternehmen hat bereits über 700 Millionen US-Dollar in den Ausbau von Kolwezi investiert. Nachdem sich First Quantum nicht mit der Kabila-Regierung einigen kann, entzieht der oberste Gerichtshof dem Unternehmen ebenfalls die Lizenzen für die Frontier- und Lonshi-Minen zugunsten der staatlichen Minengesellschaft Sodimico – ein weiterer herber Schlag für First Quantum.

Schlaue Füchse

Um den Ressourcenreichtum der Katanga-Provinz im Kongo schwelt ein Machtkampf zwischen den drei gerissensten Geschäftsleuten des Kontinents: George Forrest, Billy Rautenbach und Dan Gertler.

Forrest, 67 Jahre alt und im Kongo geboren, ist der große alte Mann des kongolesischen Bergbaus und Chef der Forrest Group. Anfang 2004, wenige Monate nach Kriegsende im Kongo, schließt Forrest und Kinross Gold mit der Regierung einen Joint-Venture-Vertrag über Kamoto ab: die Kamoto Copper Company (später Katanga Mining). Rautenbach, Gründer der größten Transportfirma des südlichen Afrika, Wheels of Africa, und Freund des simbabwischen Präsidenten Mugabe, greift durch die britische Camec nach dem Juwel Katanga Mining. Doch nach einer kurzen Übernahmeschlacht muss er aufgeben: Die Regierung des Kongo kündigt an, die Bergbaulizenzen von Camec und Katanga zu überprüfen. Camec versteht den Wink und zieht im September 2007 das Übernahmeangebot zurück. Rautenbach war zuvor auch Manager der staatlichen Gécamines, wurde jedoch durch Forrest ersetzt – eine intime Feindschaft verbindet die beiden Männer. Der lachende Dritte ist der 1973 geborene Dan Gertler: Gerade einmal 30 Jahre alt, schließt er 2004 einen Joint-Venture-Vertrag mit der Regierung des Kongo zur Entwicklung von Kov (später das Unternehmen Nikanor). Kov (Kamoto-Virgule Oliveira) ist die einzige Mine in Katanga, die noch mehr Ressourcen enthält als Kamoto. Mehr als 6,7 Millionen Tonnen Kupfer und 650.000 Tonnen Kobalt – doppelt so viel wie Kamoto – werden hier vermutet. Nach aktuellen Marktpreisen übersteigt der Wert dieser Ressourcen die Wirtschaftskraft von halb Afrika. Während die Abwehrschlacht von Katanga gegen Camec läuft, kauft Gertler durch Nikanor ebenfalls Anteile an Katanga auf. Anfang 2008 fusionieren Nikanor und Katanga Mining, Camec zieht endgültig den Kürzeren. Neben dem entsprechenden Kleingeld bringt Gertler hervorragende Verbindungen mit: Er ist der Enkel des

Gründers der Diamantenbörse in Israel, ein Freund Ariel Sharons und mit dem gleichaltrigen Präsidenten des Kongo, Joseph Kabila, versteht er sich auch hervorragend.

In einer undurchsichtigen Aktion erhält im Januar 2010 die von Dan Gertler kontrollierte und neu gegründete Highwinds Properties den Zuschlag für die Kolwezi-Lizenz. Nur wenige Monate später der Coup: Am 20. August 2010 bestätigt ENRC, dass das Unternehmen sich durch die 50,5 Prozent Übernahme von Camrose Resources für 175 Million US-Dollar die Lizenzen an Kolwezi gesichert hat, und diese gemeinsam mit Cerida Global nutzen wollen. Cerida ist ebenfalls ein von Dan Gertler kontrolliertes Unternehmen. Mit der Übernahme von Camrose verpflichtet sich ENRC ebenfalls zu einem Kredit über 400 Millionen US-Dollar für Highwind und zu einer Kreditgarantie in Höhe von 155 Millionen US-Dollar für die Schulden von Cerida. Camrose eröffnet ENRC dazu eine Mehrheitsbeteiligung an Africo, deren Kupfer- und Kobalt-Projekte sich in der Nähe der Besitzungen von Camec befinden. Dies ist für das kasachische Unternehmen von hoher strategischer Bedeutung. Denn ENRC übernahm im Jahr 2009, für 955 Millionen US-Dollar die Central African Mining and Exploration Company (Camec). Hier beginnen die Anknüpfungspunkte mit Dan Gertler, denn Camec gehört zu diesem Zeitpunkt zu 35 Prozent dem israelischen Finanzinvestor, mit dem die drei Oligarchen aus Kasachstan, denen 40 Prozent von ENRC gehören, schnell einig werden.

ENRC aus Kasachstan weitet sein Geschäft in Afrika aggressiv aus und hat kein Problem damit, mit Despoten wie Joseph Kabila Geschäfte zu machen.

Camec und Camrose markieren für ENRC, zusammen mit dem im Mai 2010 erworbenen 12-prozentigen Anteil an Northam Platinum in Südafrika, wichtige Meilensteine für eine aggressive Expansionspolitik in Afrika. Unabhängig von den noch schwebenden Verfahren zu den enteigneten Vermögensgegenständen und einer skeptischen Einstellung vieler Investoren war auch ENRC im Kongo kein vorteilhaftes Schicksal beschienen.

Im November 2013 zog sich ENRC von der Börse in London zurück. Im folgenden April begann eine Untersuchung zu ausgedehnten Bestechungsvorwürfen und dem Vorwurf, internationale Sanktionen zu brechen. Die kasachischen Oligarchen beschlossen, das Unternehmen wieder in Privatbesitz zu überführen, waren aber im Februar 2014 gezwungen, alle internationalen Vermögensgegenstände zu veräußern (inklusive der Kupferminen in der Demokratischen Republik Kongo).

Joseph Kapila, auf der anderen Seite, hielt sich an der Macht bis Ende 2018. Im Januar 2019 wird der oppositionelle Präsidentschaftskandidat Felix Tshisekedi zum fünften Präsidenten Kongo-Kinshasas vereidigt und löst den langjährigen Staatschef Joseph Kabila ab, der das Land seit dem Tod seines Vaters Laurent Kabila 2001 geführt hat. Wahlbeobachter und oppositionelle Politiker unterstellen, dass Kabila und seine Elite weiterhin im Kongo die Fäden ziehen. Die Präsidentschaftswahl im Kongo hätte laut Verfassung eigentlich bereits vor mehr als zwei Jahren stattfinden müssen, wurde aber mehrfach verschoben und Proteste gewaltsam niedergeschlagen. Seit dem Ende der belgischen Kolonialherrschaft 1960 gab es noch nie einen friedlichen Machtwechsel in dem afrikanischen Land.

MERKE

- Der afrikanische Kupfergürtel auf dem Gebiet der Demokratischen Republik Kongo und Sambia birgt einen unglaublichen Rohstoffreichtum. In 2010 widerruft Präsident Kabila die Bergbaulizenz des kanadischen Bergbaukonzerns First Quantum Minerals, und der Kongo rückt in den Fokus der Finanzbranche.
- Denn Kupfer bedeutete »big Business« seit die Kupferpreise an der London Metal Exchange in Rekordhöhen von über 9.000 US-Dollar je Tonne vorgestoßen waren.
- Das kasachische Bergbaukonglomerat Eurasian Natural Resources, kurz ENRC, hatte begonnen, seine Präsenz in Afrika massiv auszubauen. Die Eigentümer des in London börsengelisteten Unternehmens waren bereit, mit zwielichtigen Geschäftsleuten sowie mit dem korrupten Regime von Präsident Kabila Geschäfte zu machen.
- In einer fragwürdigen Transaktion, bei der Dan Gertlers Gesellschaft Highwinds Properties im Mittelpunkt steht, wurden die enteigneten Vermögenswerte von First Quantum an ENRC verkauft. Internationale Investoren waren geschockt. Doch auch ENRC war kein glückliches Händchen beschienen.

36

Rohöl: Deep Water Horizon und die Katastrophe im Golf von Mexiko

2010

Im Golf von Mexiko drängt die Zeit. Nach einem Blowout kommt es auf der Deepwater Horizon zur Katastrophe. Bei der größten Ölpest aller Zeiten gelangen rund 780 Millionen Liter Rohöl ins Meer. Innerhalb von Wochen büßt BP die Hälfte seines Börsenwertes ein.

»This well did not want to be drilled [...] it just seemed like we were messing with Mother Nature.«
DANIEL BARRON, ÜBERLEBENDER DER DEEPWATER HORIZON

»I would like my life back.«
TONY HAYWARD, CEO BP

Die »Deepwater Horizon« ist eine der modernsten Tiefwasser-Bohrinseln der Welt: 2001 für 350 Millionen US-Dollar gebaut, 121 Meter lang, 78 Meter breit und 41 Meter hoch, liegt der Kollos im April 2010 rund 40 Meilen vor der Küste Louisianas im Golf von Mexiko. Seit Februar ist die Plattform hier im Mississippi Canyon Block 252 im Einsatz. In rund 1.500 Meter tiefem Wasser bohrt die »Deepwater Horizon« das weitere 4.000 Meter unter dem Meeresgrund liegende Macondo-Ölfeld. Der 20. April 2010 verspricht ein erfolgreicher Tag zu werden, denn heute soll die Bohrung mit der Kennung API Well No. 60-817-44169 abgeschlossen werden, das Bohrloch versiegelt und auf die Förderung durch eine Produktionsplattform vorbereitet werden.

20 Jahre nach der Exxon Valdez Katastrophe zeichnet sich noch etwas viel Schlimmeres am Horizont ab.

Jeder Tag zählt, denn ihre Dienstleistungen stellen Plattform-Betreiber wie Transocean den Ölkonzernen tageweise in Rechnung. Und die Auftraggeber von British Petroleum (BP) sind bereits unruhig, denn schon 43 Tage liegt die »Deepwater Horizon« hinter ihrem Zeitplan zurück: Eine Verzögerung, die den Öl-Multi bereits über 20 Millionen US-Dollar kostet.

Die Exxon-Valdez-Katastrophe

!

Im März 1989 ereignet sich die bislang schwerste Umweltkatastrophe in der Geschichte der USA. Auf dem Weg von der Öl-Verladestation der Trans-Alaska-Pipeline in der Hafenstadt Valdez Richtung Süden läuft kurz nach Mitternacht am 24. März 1989 der 300 Meter lange Öltanker Exxon Valdez auf das Bligh-Riff im Prinz William Sund vor Alaska auf. Bei dem Unfall laufen fast 40.000 Tonnen Rohöl aus, rund 2.000 Kilometer Küste werden verseucht. Hunderttausende Fische, Seevögel und andere Tiere wie Robben und Grauwale verenden. Trotz aufwendiger Reinigungsarbeiten ist das Ökosystem heute, fast 30 Jahre später, noch immer nachhaltig gestört. Besondere Brisanz verleiht dem Unglück, dass sich der Kapitän Joseph Hazelwood zum Zeitpunkt der Havarie betrunken in seiner Kammer befindet und der Dritte Offizier Gregory Cousins die Verantwortung über die Brücke innehat.

Am Morgen des 20. April 2010 treffen vier BP-Manager per Hubschrauber auf der Plattform ein, um den Abschluss der Bohrung zu überwachen. Erst wenige Stunden vorher schließen Experten des amerikanischen Ölservice-Unternehmens Halliburton die Zementierung des Bohrlochs ab. Mitarbeiter von Schlumberger, die die Zementierung testen sollten, werden von den BP-Managern unverrichteter Dinge wieder an Land geschickt.

Um den Abschluss der Arbeiten weiter zu beschleunigen, drängt BP auf einen schnellen Austausch des Bohrschlammes im Bohrloch mit Meerwasser, um die baldige Förderung vorzubereiten. Bei einer Lagebesprechung zwischen den Managern von BP und Transocean kommt es in dieser Frage zu einem heftigen Wortwechsel: Die Transocean-Manager halten diesen Schritt noch für verfrüht, denn anders als Meerwasser hält Bohrschlamm aufsteigendes Gas und Öl zurück. Doch die Manager von BP setzen sich durch und die Arbeiten beginnen. Aber die Bohrung hat ein Leck: Während der Arbeiten quellen Bohrschlamm und Gasblasen aus dem Bohrloch, und auch der eingesetzte Zementpfropfen scheint undicht. Die Arbeiten ziehen sich bis in die Nacht hin, bis plötzlich auf der Plattform ein scharfes Zischen von Methan zu hören ist und eine Schlammfontäne aus dem Bohrturm schießt: ein »Blowout«. Das Methan entzündet sich und eine riesige Flammensäule steigt in den Himmel. Der gesamte Bohrturm steht plötzlich in Flammen und vier Arbeiter auf dem Bohrdeck sterben wahrscheinlich sofort. Prekär: Alarmsensoren, die vor Feuer, einer Konzentration giftiger oder explodierender Gase warnen sollen, funktionieren zwar, sind aber ausgeschaltet, um die Arbeiter nicht durch zu häufige Fehlalarme mitten in der Nacht zu wecken. Unter Deck bricht Chaos aus. Arbeiter, zum Teil aus dem Schlaf gerissen und mit nicht viel mehr als einer Schwimmweste bekleidet, springen von der Plattform ins Wasser und versuchen, sich zu retten. Auch an den beiden Rettungsbooten herrscht mittlerweile Chaos.

Die Deepwater Horizon bohrt im Auftrag von BP im Golf von Mexiko nach Öl.

Die »Deepwater Horizon« steht in Flammen und das Öl auf dem Wasser hat Feuer gefangen. Gegen 23 Uhr hat die »Damon B. Bankston«, ein 80 Meter langes Versorgungsschiff, das unweit der Plattform liegt, die Überlebenden geborgen. In der Nacht sind elf Menschen umgekommen. Zwei Tage später versinkt die Ölplattform im Golf von Mexiko.

Der Untergang der Plattform markiert den Anfang der bislang größten Umweltkatastrophe der Geschichte. Während das Feuer an Deck der »Deepwater Horizon« ausbricht, drückt der Ingenieur Christopher Pleasant, den Notfallknopf für den Blowout Preventer (BOP). Hierbei handelt es sich um eine Reihe von Absperrventilen, die direkt über dem Bohrloch angebracht sind, um den Ölfluss direkt am Bohrloch zu unterbrechen. Insbesondere die massige Scherbacke des Blowout Preventer soll im Katastrophenfall ähnlich einer Kneifzange das Bohrloch kappen und verschließen. Das automatische Notfallsystem ist aktiviert – doch nichts passiert.

Eine Untersuchungskommission stellt später fest: Der Blowout Preventer der »Deepwater Horizon« ist schlecht gewartet, das Hydrauliksystem leckt, die Sicherheitsventile sind nicht vorschriftsmäßig instand gehalten worden. Außerdem wurde das Ringventil des Gerätes Wochen zuvor beschädigt. Nicht nur der Blowout Preventer ist in schlechtem Zustand – bereits im September 2009 merkt BP gegenüber dem Betreiber Transocean fast 400 Mängel an der Bohrinsel an: Wartungsarbeiten wurden aufgeschoben, über 26 Systeme seien in einem schlechten Zustand, es gab Probleme mit dem Ballastsystem.

Unmittelbar nach dem Sinken der Plattform bildet sich ein etwa 1,5 x 8 Kilometer großer Ölteppich, der sich innerhalb von wenigen Tagen auf fast 10.000 Quadratkilometern ausdehnt – täglich strömen zwischen 5 bis 10 Millionen Liter Rohöl aus. In den Bundesstaaten Louisiana, Florida, Mississippi und Alabama wird der Notstand ausgerufen. Nach Angaben der Flow Rate Technical Group (FRTG) des US-Innenministeriums tritt allein alle acht bis zehn Tage so viel Rohöl aus wie insgesamt bei der Havarie der Exxon Valdez 1989. Nach Schätzungen von BP befinden sich rund 7 Milliarden Liter Rohöl in der Quelle – es würde somit noch zwei bis vier Jahre dauern, bis die gesamte Ölmenge ins Meer geflossen ist.

Kurz nach dem Untergang der »Deepwater Horizon« beginnt BP mit zwei unabhängig voneinander stattfindenden seitlichen Entlastungsbohrungen (Bottom-Kill-Methode), jedoch ist die Dauer der Bohrung auf etwa drei Monate angesetzt. Das Auffangen des Öls mithilfe großer Stahldome schlägt fehl. Die Meerestiefe von rund 1.500 Metern erschwert die Arbeiten am Meeresgrund. Ende Mai 2010 werden mehrere Versuche unternommen, das Leck mit Schlamm und Zement zu stopfen (Top-Kill-Methode), jedoch erfolglos. Mitte Juli gelingt es BP, den Ölfluss durch einen neuen Abdichtaufsatz deutlich zu reduzieren. In der Folge des gedrosselten Ölflusses gelingt es BP am 6. August mit einer modifizierten Variante der Top-Kill-Methode, das Leck abzudichten (Static-Kill-Methode). Die permanente Versiegelung sollte durch das Einpumpen von flüssigem Zement durch die seitlichen Entlastungsbohrungen erreicht werden. Am 19. September, fünf Monate nach dem Untergang der »Deepwater Horizon«, erklärt BP die Quelle offiziell für »tot«.

Die Macondo-Bohrung endet im Desaster: Bei der größten Ölpest aller Zeiten laufen fast 780 Millionen Liter Rohöl aus und BP's Unternehmenswert halbiert sich.

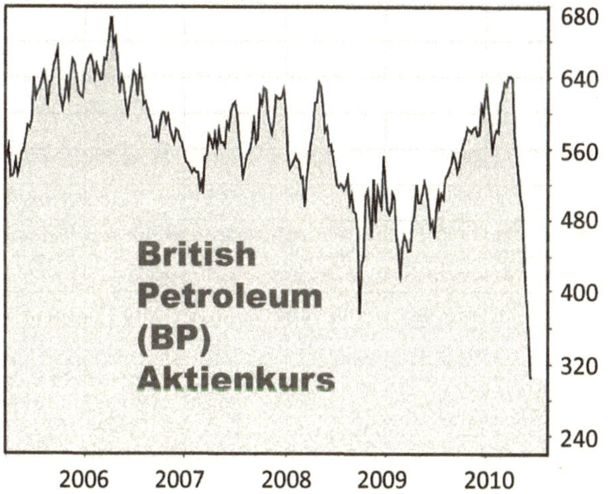

Abbildung 35: Aktienkursentwicklung von BP im ersten Halbjahr 2010, Daten: Bloomberg 2019

Schätzungen zufolge laufen insgesamt fast 5 Millionen Barrel Öl, also rund 780 Millionen Liter, aus und der Börsenwert von BP halbiert sich im Laufe der Katastrophe. Das Unternehmen kündigt an, Unternehmensteile in Höhe von 10 Milliarden US-Dollar zu veräußern, um Mittel für die Kosten der Ölkatastrophe zurückzustellen. Bisher seien zwar »nur« Kosten von etwa 3 Milliarden US-Dollar aufgelaufen, aber es wurde ein Treuhandfonds von über 20 Milliarden US-Dollar für die Folgen der Ölkatastrophe eingerichtet.

Noch immer ungeklärt ist die Frage, wer die Verantwortung an der Katastrophe trägt. Unzweifelhaft ging BP hohe Risiken ein, wendete nicht industriekonforme Praktiken an, um Kosten zu sparen, und trägt als Auftraggeber die finanzielle Verantwortung. Die Rolle von Transocean als Betreiber der Plattform muss ebenfalls näher geklärt werden, zumal sich die Ölplattform in einem vergleichsweise schlechten Zustand befand. Halliburton steht im Fokus aufgrund der bezweifelten ordnungsgemäßen Ausführung der Zementierung des Bohrlochs, und erste Forderungen sind zudem an BP's Partnerfirmen Mitsui und Anadarko herangetragen worden.

Der Öffentlichkeit führte die Katastrophe die mit Tiefseebohrungen verbundenen Risiken vor Augen – dies gilt für die Golf-von-Mexiko-Region als auch die geplanten Projekte vor Brasilien oder Afrika. Als direkte Folge der Katastrophe beschließt die US -Regierung ein Tiefsee-Moratorium, welches temporär alle neuen Bohrungen untersagt. Dieses ist zwar mittlerweile wieder aufgehoben, aber noch immer wurden keine neuen Genehmigungen vergeben. Als weitere Folge feuert US-Präsident Barack Obama die Chefin der Aufsichtsbehörde Minerals Management Service (MMS) Elizabeth Birnbaum. Die Behörde, inzwischen umbenannt in Bureau of Ocean Energy Management, Regulation and Enforcement, hatte ihre Aufsichtspflicht grob fahrlässig verletzt.

In 2018 erhöht BP die Schätzung der Kosten der Ölkatastrophe auf über 65 Milliarden US-Dollar. Nicht abzuschätzen sind neben den ökonomischen Konsequenzen die ökologischen Folgen der Katastrophe im Golf von Mexiko. Neben den direkten Folgen der Ölverschmutzung auf die Region werden neben dem Abbrennen von Öl auch der immense Einsatz giftiger Chemikalien von über 7 Millionen Liter zur Bekämpfung der Ölpest und der damit verbundenen möglichen Umweltschäden diskutiert. Heute, zehn Jahre später, sind die ökologischen Folgen noch immer nicht abzusehen.

MERKE

- Die Bohrung der Ölplattform »Deepwater Horizon« in einer Tiefe von etwa 4.000 Metern unter dem Meeresspiegel im Golf von Mexiko endete in einer Katastrophe: Knapp 780 Millionen Liter Rohöl strömten aus der Quelle in den Ozean und der Marktwert von BP, der verantwortlichen Gesellschaft, halbierte sich.
- Die Ölpest verursachte die größte Umweltkatastrophe in der Geschichte der USA und war weitaus verheerender als die Ölpest 20 Jahre zuvor, ausgelöst durch die Havarie der Exxon Valdez.
- Aufgrund der Risiken froren in der Folge die US-Behörden vorübergehend alle Tiefwasser-Bohrlizenzen ein. BP schätzt die Kosten der Ölkatastrophe heute auf insgesamt mehr als 65 Milliarden US-Dollar und hat einen Treuhandfonds eingerichtet.

37
Baumwolle: Weißes Gold

2011

Das Wetterphänomen La Niña sorgt durch Überflutungen und schlechte Wetterbedingungen für drastische Ernterückgänge in Pakistan, China und Indien. Panik-Käufe und Hortung treiben den Preis für Baumwolle über ein Niveau, das seit dem Ende des amerikanischen Bürgerkrieges vor fast 150 Jahren nicht mehr erreicht wurde.

»It's not something you're going to see again in your lifetime.«
Sharon Johnson, Senior Cotton Analyst

»I think there's still hope for prices to go higher.«
Yu Lianmin, chinesischer Baumwollfarmer

Im 19. Jahrhundert boomt das Geschäft mit dem »weißen Gold«, wie Baumwolle bereits im alten Babylon genannt wird, denn mit Erfindungen wie der Dampfmaschine, der Entkörnungsmaschine (»Cotton Gin«), der Spinnmaschinen (»Spinning Jenny«) und des mechanischen Webstuhls Ende des 18. Jahrhunderts entstehen Spinnereien und Webereien, die Stoffe und Kleidung viel günstiger produzieren als Handwerksbetriebe. Die Textilindustrie des Vereinigten Königreiches benötigt immer größere Mengen des begehrten Rohstoffes und produziert wird in den (ehemaligen) Kolonien. Besonders in den Südstaaten der USA ist die Produktion von Baumwolle in den vorangegangen Jahrzehnten dynamisch gewachsen: Die Pflanzen gedeihen überall dort, wo es feucht und warm ist, und Arbeitskräfte sind hier billig. Denn seit rund 350 Jahren schuften Sklaven auf den Baumwollplantagen der amerikanischen Südstaaten, die Baumwollproduktion wächst von wenigen 10.000 Ballen auf über 4 Millionen Ballen pro Jahr an, bis die Sklaverei nach dem amerikanischen Bürgerkrieg 1865 abgeschafft wird. Während der Unruhen des Bürgerkrieges steigt der Preis für Baumwolle in schwindelerregende Höhen … die erst im Frühjahr 2011, fast 150 Jahre später, wieder erreicht werden.

Ende September 2010 durchbricht der Preis für Baumwolle das erste Mal seit 15 Jahren wieder das Niveau von 1 US-Dollar je Pfund. Seit 1995 handelte Baumwolle größtenteils zwischen 0,40 und 0,80 US-Dollar. Bereits Ende Mai postuliert das Magazin *Der Spiegel* »Das Ende der Billig-Jeans« und bezieht sich auf die Preisexplosion bei Baumwolle – aber dies ist erst der Anfang. Bis November 2010 verteuert sich Baumwolle um weitere 40 Prozent. Es folgt eine scharfe Korrektur, jedoch wird das Niveau von 1,40 US-Dollar bereits Ende Dezember 2010 wieder erreicht. Und ab Januar 2011 kennen die Warenterminmärkte kein Halten mehr. Über 2,15 US-Dollar sind im März 2011 erreicht. Das entspricht einer Vervierfachung der Preise gegenüber Anfang 2000 oder einem Aufschlag von 480 Prozent gegenüber dem Preisniveau im November 2008. Dies ist der höchste Preis, der jemals für Baumwolle bezahlt wurde, seit 1870 der amerikanische Baumwoll-Handel an der New York Cotton Exchange eingeführt wurde.

Fast 2 US-Dollar für ein Pfund Baumwolle wurde das letzte Mal nach dem amerikanischen Bürgerkrieg bezahlt.

Bereits Ende 2009 zeichnet sich ein robustes Wachstum der weltweiten Textilindustrie ab – Branchenverbände prognostizieren einen Zuwachs von rund 3 Prozent für 2010. Doch Überflutungen und schlechte Wetterbedingungen gleich in mehreren wichtigen Erzeugerländern wie China, Indien, Pakistan und Australien führen zu deutlichen Ernteeinbußen, und für die kurzfristige Verfügbarkeit werden aufgrund der deutlich gesunkenen Lagerbestände hohe Prämien gezahlt.

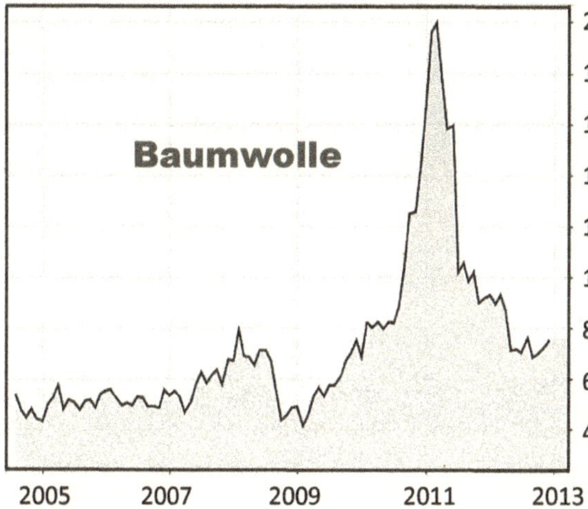

Abbildung 36: Preisentwicklung amerikanischer Baumwolle in US-Cent pro Pfund, 2005–2013, Daten: Bloomberg 2019

In Pakistan, dem viertgrößten Baumwollproduzenten weltweit, kommt es 2010 als Folge außergewöhnlich starker Monsunregenregenfälle, die als die stärksten seit mehr als 80 Jahren gelten, zu Überschwemmungen, von denen nach UN-Schätzungen mehr als 14 Millionen Menschen betroffen sind. Dadurch wird über 280.000 Hektar Baumwolle vernichtet. Nach den Angaben der Pakistan Cotton Ginners Association zerstörte die Flut 2 Millionen Ballen Baumwolle. Der Industrieverband All Pakistan Textile Mills Association vermeldet eine besorgniserregende Knappheit von Baumwolle: Nur 30 Prozent der Spinnereien hätten Baumwolle für die nächsten 90 Tage vorrätig, so dass der Vorsitzende Gohar Ejaz kurze Zeit später einen Ausfuhrstopp für Baumwolle verhängt.

Nur wenige Wochen später verhängt das indische Textilministerium ebenfalls einen Ausfuhrstopp. Eine ausreichende Versorgung der indischen Textilindustrie mit Baumwolle sei sonst nicht mehr zu gewährleisten. Prekär, denn Indien ist der zweitgrößte Baumwollproduzent der Welt. Bereits in der letzten Saison sind die indischen Exporte auf 0,5 Millionen Tonnen zurückgegangen, nachdem sie in der Saison 2007/08 noch bei 1,5 Millionen Tonnen lagen. Der Grund liegt im dynamischen Wachstum der heimischen Textilindustrie. Beim weltgrößten Baumwollproduzenten und -importeur China könnte die Ernte aufgrund niedriger Temperaturen und zu viel Regen ebenfalls zum zweiten Mal in Folge schrumpfen. Dies würde höhere Importe notwendig machen. Die Statistiken der China Cotton Association vom Dezember belegen, dass die monatlichen Importe sich im Vergleich zum Vorjahr verdoppeln.

Ausfuhrstopps verschärfen die Situation – Panik-Käufe und Hortung sind die Folge.

Baumwoll-Basics

Die meisten Baumwoll-Arten und -Sorten werden als einjährige Pflanzen kultiviert und stellen an Wärme- und Wasserversorgung hohe Ansprüche. In der nördlichen Hemisphäre findet die Aussaat abhängig vom Standort zwischen Anfang Februar und Anfang Juni statt. Die Ernte erfolgt zwischen Oktober und Februar. Hauptanwendungsgebiet für Baumwolle ist die Textilindustrie, in der aus Baumwolle weltweit rund ein Drittel aller Textilfasern produziert werden. Der Anteil synthetischer Fasern dominiert mit knapp 60 Prozent. Textilfasern sind entweder natürlichen Ursprungs wie Pflanzenfasern (z. B. Baumwolle, Leinen oder Jute) und tierische Fasern (z. B. Wolle, Haare und Seide) oder künstlichen Ursprungs (Kunstfasern). Kunstfasern gliedern sich in zellulosische Fasern (z. B. Viskose) und synthetische Fasern, die aus Erdöl gewonnen werden. Die wichtigsten synthetischen Fasern sind Polyester-, Polyamid- und Polyacrylfasern. In der Erntesaison 2009/2010 lag die weltweit produzierte Baumwollmenge bei knapp 25 Millionen Tonnen. China, Indien, USA, Pakistan, Brasilien und Usbekistan vereinen zusammen rund 85 Prozent der weltweiten Baumwollproduktion – China und Indien produzieren bereits über die Hälfte des weltweiten Marktvolumens. Baumwolle wird in den Vereinigten Staaten an den Warenterminbörsen unter dem Kürzel CT und dem jeweiligen Kontraktmonat in einer Kontraktgröße von 50.000 Pfund gehandelt.

Ende 2010 und Anfang 2011 richten Überflutungen und der Zyklon Yasi schwere Schäden in Australien an: Der Kontinent steht auf Rang 8 der Top 10 Baumwollproduzenten weltweit. Die Australian Cotton Shippers Association reduziert daraufhin die Ernteprognose um über 10 Prozent nach unten – zuvor war noch eine Rekordernte von über 4 Millionen Ballen prognostiziert worden. Verarbeiter von Baumwolle in der Region reagieren panisch: Mit Käufen zu jedem Preis treiben sie die Preise weiter nach oben. Für kurzfristig verfügbare Ware werden »Luxuspreise« bezahlt. Baumwoll-Farmer, die noch über Lagerbestände verfügen, reizen die Situation weiter aus. So schätzt das China National Cotton Information Center, dass rund 2 Millionen Tonnen verfügbares Material in China nicht auf den Markt gelangen. So auch in Huji in der Shandong Provinz, rund 220 Kilometer von Peking entfernt. Über 50 Prozent der aktuellen Ernte wird Ende Januar noch von den Anbauern zurückgehalten, die mit weiter steigenden Preisen rechnen. Eine Strategie, die aufgrund der Lagerfähigkeit noch bis April oder Mai durchgehalten werden kann.

Doch der Boom des Rohstoffes Baumwolle ist nur von kurzlebiger Natur. Das International Cotton Advisory Committee in Washington schätzt als Reaktion auf die Rekordpreise eine Ausweitung der Anbauflächen für die Saison 2011/2012 auf 36 Millionen Hektar – der höchste Stand seit 17 Jahren. Doch kurzfristig bleibt den meisten Verarbeitern nichts anderes übrig, als günstigere Kunstfasern der teuren Baumwolle beizumischen.

MERKE

- Die aufregenden Zeiten des Baumwollhandels in den USA spielten sich vor mehr als 100 Jahren ab? Falsch, wie sich im Jahr 2010 herausstellte.
- Erste Auswirkungen des globalen Klimawandels zeigten sich in einer Reihe extremer Wetterereignisse. Überschwemmungen und schlechte Witterungsbedingungen durch La Niña verursachten erhebliche Ernteausfälle in mehreren wichtigen Baumwollproduktionsländern wie China, Indien, Pakistan und Australien.
- Abnehmer von Baumwolle in der Region gerieten in Panik und trieben die Preise weiter in die Höhe. Baumwollproduzenten, die noch über Vorräte verfügten, hielten ihr Angebot in Erwartung noch höherer Preise zurück.
- Infolgedessen schossen die Baumwollpreise durchs Dach. Baumwolle, die 2009 bei 40 US-Cent pro Pfund gehandelt wurde, verdoppelte sich im Wert innerhalb eines Jahres und stieg 2011 auf über 2 US-Dollar: Ein Anstieg von 500 Prozent in zwei Jahren!
- Aufgrund von kurzfristigen Angebotsengpässen, Exportbeschränkungen, Panikkäufen und illegaler Hortung stieg der Preis für Baumwolle auf ein Niveau, das seit dem Ende des amerikanischen Bürgerkriegs vor 150 Jahren nicht mehr erreicht wurde.

38

Glencore – Ein Riese tritt ins Licht

2011

Im Mai 2011 geht der größte Rohstoffhändler der Welt an die Börse: Eine verschworene und diskrete Partnerschaft mit bewegter Geschichte. Die ehemaligen Besitzer Marc Rich und Pincus Green wurden fast 20 Jahre von der US-Justiz verfolgt; die Firma schloss im Verborgenen Rohstoffdeals mit Diktatoren überall auf der Welt ab und strebt nun zur Finanzierung ihrer weiteren Aktivitäten an die Öffentlichkeit.

»Glencore is Marc Rich's legacy.«
Daniel Ammann

»My business is my life.«
Marc Rich

Es ist die Woche vor Ostern und die Sonne scheint in Frankfurt am Main. Die Temperaturen sind das erste Mal in diesem Jahr über die Marke von 20 Grad geklettert und die Stadt ist voller Menschen, die die ersten Sonnenstrahlen genießen. Es ist ebenfalls die erste Woche der sogenannten »Investor Educations« in der Bankenmetropole zum größten Börsengang des Jahres: Glencore. Aktiensektor-Spezialisten erläutern die Geschäftsgrundlage des weltgrößten Rohstoffhandelshauses und die Gründe, warum sich institutionelle Investoren am Börsengang des Jahres beteiligen sollen. So auch in einem Besprechungsraum in einem der Bankentürme hoch über der Innenstadt. Hier nesteln elf Personen an den Etageren mit kleinen Snacks herum, denn der Analyst lässt auf sich warten. Ein Wirrwarr zu vieler Meetings und Telefonkonferenzen. Und vieles, was jenseits der börsengelisteten Beteiligungen und der Industriebeteiligungen innerhalb von Glencore abläuft, bleibt undurchsichtig. Wie genau erwirtschaftet der Rohstoffgigant, dessen Unternehmenswert von den am Konsortium beteiligten Banken auf zwischen 60 und 80 Milliarden US-Dollar geschätzt wird und dessen Namen außer Brancheninsidern niemand kennt, seinen Unternehmensgewinn? Denn bisher schätzte das Unternehmen mit Sitz in der Schweiz vor allem eins: Verschwiegenheit.

Erstaunlich, denn Glencore – der Kunstname für Global Energy Commodity and Resources – zählt zu den weltweit führenden Rohstoffkonzernen, dessen Geschäftsaktivitäten unter anderem die Produktion, Verarbeitung und Handel mit Aluminium und dessen Vorprodukten, Eisenlegierungen, Kupfer, Zink, Nickel, Blei, Kohle und Rohöl, sowie Agrarprodukten umfassen. Das Unternehmen ist gemessen am Umsatz das größte Unternehmen der Schweiz und mit rund 33 Prozent größter Einzelaktionär des multinationalen Bergbauunternehmens Xstrata. Glencore, vor dem Börsengang vollständig im Privatbesitz des Managements und der führenden Mitarbeiter des Unternehmens, blickt auf eine bewegte Geschichte, die bis 1993 maßgeblich von einem Mann bestimmt wird: Marc Rich, Spitzname »The King of Oil«.

Marc Rich ist der erfolgreichste Rohstoffhändler der Welt – zusammen mit Pincus Green bricht er das Kartell der »Sieben Schwestern«, der marktbeherrschenden Ölmultis.

An den Rohstoffmärkten ist Mark Rich eine Legende: Kein Rohstoffhändler vor oder nach ihm war jemals so erfolgreich. Als Sohn deutschsprachiger Juden begann Rich seine Karriere 1954 beim damals größten Rohstoffhändler der USA, Philipp Brothers. Die 1960er-Jahre sind eine Blütezeit für Rohstoffhändler, denn die Wirtschaft in Europa, USA und Asien boomt. Als Philipp Brothers 1973 einen Rekordgewinn erzielt, an dem Marc Rich und Pincus Green maßgeblich beteiligt sind, kommt es zu einem Disput über die zukünftige Bezahlung. Im Streit verlassen Rich und Green Philipp Brothers, werben Jacques Hachuel, Alexander Hackel und John Trafford ab, und gründen in einer Anwaltskanzlei im Schweizer Zug am 3. April 1974 die Marc Rich + Co Aktiengesellschaft. Rich und Green revolutionieren den Rohstoffhandel, sie brechen das Kartell der »Sieben Schwestern«, der großen multinationalen Ölkonzerne, und werden eine feste Größe im internationalen Handel mit Erdöl. Anfang der 1980er-Jahre ist Rich der größte unabhängige Ölhändler der Welt. Die Marc Rich + Co erwirtschaftet mehr Gewinn als die Schweizer Großbank UBS und das Privatvermögen von Rich soll sich auf mehr als 1 Milliarde US-Dollar belaufen. Zunächst konzentriert sich das Unternehmen auf den physischen Handel mit Eisen und Nicht-Eisen-Metallen, Mineralien und Erdöl. Öl- und Kohleprodukte markieren den nächsten Expansionsschritt in den Energiebereich. Mit der Akquisition eines etablierten niederländischen Getreidevertriebs im Jahr 1982 steigt die Rich + Co auch in die Agrarwirtschaft ein. Durch weitere Akquisitionen in den Bereichen Bergbau, Schmelzereien, Raffinerien und Verarbeitung expandiert das Unternehmen in den 1980er- und 1990er-Jahren weiter.

Wer ist Marc Rich?

Marc Rich wurde am 18. Dezember 1934 in Antwerpen als Marcell David Reich als Sohn deutschsprachiger Juden geboren und lebte später in der Nähe von Luzern in der Schweiz. In den Kriegs- und Verfolgungswirren floh die Familie in die USA und änderte den Familiennamen in Rich. Das Studium an der New York University bricht Rich nach 2 Semestern ab, um 1954 beim damals größten Rohstoffhandelsunternehmen der USA, Philip Brothers, einzusteigen. Unter Ludwig Jesselson beginnt Rich's Karriere, zwischen 1964 bis 1974 arbeitete er als Manager der Philipp Brother Büros in Spanien. 1974 trennt sich Rich von Philip Brothers und gründet zusammen mit Pincus Green, Jacques Hachuel, Alexander Hackel und John

Trafford ein eigenes Rohstoffhandelsunternehmen: die Marc Rich + Co AG in Zug. Die neue Firma wird über die nächsten zwei Jahrzehnte zum erfolgreichsten Unternehmen der Branche. Nach dem Management Buy-Out 1993 trennt sich Rich vom Unternehmen und der Konzern wird in Glencore umbenannt. Zu dieser Zeit schätzte das US-Magazin *Forbes* Rich's privates Vermögen auf über 1,5 Milliarden US-Dollar. Trotz Verfolgung durch die US-Behörden wurde Rich nie vor Gericht gestellt. An seinem letzten Amtstag gewährte US-Präsident Bill Clinton Rich und Green Amnestie. Im Juni 2013 starb Rich an einer Herzattacke im Alter von 78 Jahren in einem Krankenhaus in Luzern. Im benachbarten Zug wehen an dem Tag die Flaggen auf Halbmast.

Auf der Jagd nach Gewinnen ist man dabei nicht zimperlich – die Liste der Handelspartner der Marc Rich + Co liest sich wie ein »Who is Who« der internationalen Schurkenstaaten. Das Unternehmen handelt Rohstoffe mit dem Iran während der Geiselkrise, mit Fidel Castros Kuba, Slobodan Milosevics Jugoslawien, Nord Korea, Gaddafis Libyen, der Sowjetunion unter Breschnew, Südafrikas Apartheitsregime oder Nigeria und Angola in den späten 1970er-Jahren. Durch die Geschäfte mit dem Iran, trotz politischer und wirtschaftlicher Sanktionen der USA und deren Abbruch der diplomatischen Beziehungen im April 1980, rückt die Firma in den Fokus der amerikanischen Justiz.

Einer Anklage wegen organisierter Kriminalität und Steuerbetrug entzieht sich Rich durch Flucht in die Schweiz – fast 20 Jahre fahndet die US-Justiz nach Rich und Green, während die Geschäfte profitabel weiterlaufen. Zu einem Prozess kommt es nie, denn beide können sich der Justiz immer wieder entziehen. An seinem letzten Amtstag, dem 20. Januar 2001, gewährt der amerikanische Präsident Bill Clinton in einer Nacht-und-Nebel-Aktion Rich und Green eine vollständige und bedingungslose Begnadigung.

Bereits in den 1990er-Jahren wendete sich das Blatt zuungunsten von Rich. Pincus Green und Alex Hackel setzen sich zur Ruhe, die Negativ-Schlagzeilen in der Presse über das Geschäftsgebaren der Firma reißen nicht ab, und nach Verlusten im Eigenhandel verliert Rich weiteren Rückhalt im Management.

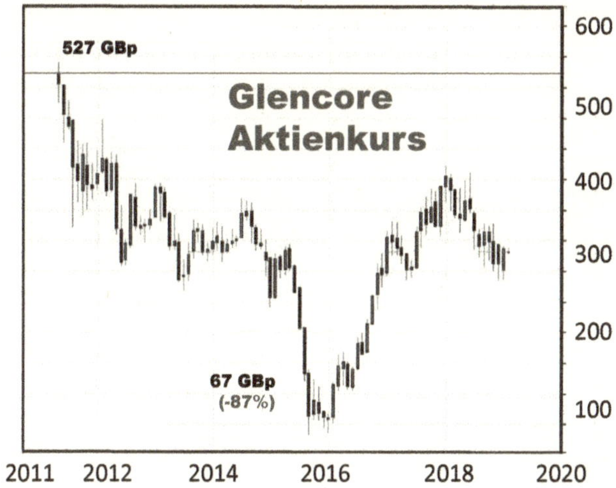

Abbildung 37: Kursentwicklung von Glencore seit Börsengang am 18.05.2011, Daten: Bloomberg 2019

Im November 1993 treffen sich die 39 wichtigsten Mitarbeiter der Marc Rich + Co im Parkhotel in Zürich, um die Zukunft der Firma ohne Marc Rich zu diskutieren. Unter Willy Strothotte, dem neuen starken Mann, kommt es zu einem Management-Buy-out. Bis November 1994 veräußert Marc Rich seinen Anteil an der Firma schrittweise an das Management und leitende Mitarbeiter, zusammen rund 200 Personen. Der Wert der Firma – Branchenführer im Handel mit Rohöl, Metallen und Mineralien – wird auf 1 bis 1,5 Milliarden US-Dollar geschätzt. Die neuen Besitzer taufen die Firma in Glencore um und der Name Mark Rich verschwindet nach 20 Jahren. Strothotte übernimmt bei Glencore den Posten des Verwaltungsratspräsidenten. Aber nicht nur bei Glencore rückte er an diese zentrale Stelle, auch bei der Schweizer Südelektra, die 1999 in Xstrata umbenannt wird und an der Glencore mit über 33 Prozent beteiligt ist, wird er zum Präsidenten des Verwaltungsrats. Beide Firmen pflegen enge Geschäftsbeziehungen: Während Xstrata im Laufe der Zeit immer stärker für die Produktionsseite zuständig wird, sorgt Glencore für die Vermarktung der Rohstoffe. Während die in London gelistete Xstrata für Investoren eine gewisse Transparenz bietet, liefen die Geschäfte von Glencore bislang eher hinter den Kulissen. Doch das Unternehmen stößt an Wachstumsgrenzen und Teile des Managements wollen über die nächsten Jahre ausgezahlt werden, so dass den Kapitalhunger des Unternehmens ein Börsengang stillen soll.

Der Börsengang spülte 12 Milliarden US-Dollar in die Kassen des Unternehmens. Am 19. Mai 2011 wurden die Aktien von Glencore in London zu 5,27 Britische Pfund gelistet. Im Februar 2012 verkündet Glencore den Zusammenschluss mit Xstrata, welcher ein Jahr später unter Ivan Glasenberg vollzogen wurde. Glasenberg ist seit 2002 CEO von Glencore und ist seit 1984 beim Unternehmen. Mit einem geschätzten Vermögen von mehr als 5 Milliarden US-Dollar zählt er zu den zehn wohlhabendsten Personen in der Schweiz.

Im Rückblick heute steht fest, dass das Top-Management von Glencore zum richtigen Zeitpunkt ausgecashed hat: Während des Preisverfalls bei Rohstoffen fielen die Aktien von Glencore bis auf ein Tief von 0,67 Britische Pfund am 28. September 2015 zurück. Ein Verlust von fast 90 Prozent seit dem Börsengang! Am Ende des ersten Quartals 2019 haben sich die Notierungen zumindest auf 3 Britische Pfund erholt.

MERKE

- Das Rohstoffhandelsunternehmen Glencore durchlebte eine turbulente Geschichte, die bis 1993 maßgeblich von einem Mann bestimmt wurde – Marc Rich, der den Spitznamen »The King of Oil« erhielt. Rich hatte das Vorgängerunternehmen von Glencore, Marc Rich + Co AG, im schweizerischen Zug 1974 gegründet.
- Mit einem Privatvermögen von mehr als 1 Milliarde US-Dollar war Rich der berühmteste Rohstoffhändler, der das Kartell der »Sieben Schwestern« brach und der weltweit zum größten unabhängigen Ölhändler aufstieg. Seine Liste von Geschäftspartnern liest sich wie ein »Who is Who« der internationalen Schurkenstaaten und Diktaturen.
- Glencore und andere Rohstoffhandelsunternehmen wie Vitol oder Trafigura pflegen im Allgemeinen eine Aura der Geheimhaltung und zogen es vor, ihre Geschäfte im Privaten zu tätigen. Um steigende Finanzierungszwänge zu überwinden, entschied sich Glencore, das sich nach 1993 zu 100 Prozent im Besitz des Managements und seiner Mitarbeiter befand, zu einem Gang an die Börse. Beim IPO im Mai 2011 sammelte das Unternehmen rund 12 Milliarden US-Dollar ein. Das Unternehmen fusionierte ein Jahr später mit dem Bergbaugiganten Xstrata und notierte unter den drei größten Unternehmen im Bergbau und im Rohstoffhandel.
- Im Mai 2011 wurden die Aktien von Glencore zum ersten Mal in London zu 5,27 Britische Pfund notiert. Im Nachhinein stellte sich das als Höhepunkt des Rohstoffzyklus heraus. Während des folgenden Rohstoff-Bärenmarktes fiel der Aktienwert im September 2015 auf 0,67 Britische Pfund Heute haben sich die Aktien von Glencore zumindest auf 3 Britische Pfund erholt.

39

Seltene Erden: Euphorie bei Neodym, Dysprosium und Lanthan

2011

China verknappt das Angebot von Seltenen Erden und die Hightechindustrien in USA, Japan und Europa schlagen Alarm. Doch das Monopol der Chinesen ist kurzfristig nicht zu knacken. Und die sprunghaft gestiegenen Preise locken eine Schar von Glücksrittern an.

»The Middle East has oil. China has rare earths.«
Deng Xiaoping, ehemaliger Staatschef von China

In der Wildnis von Kanada erwarb der Geologe Don Bubar vor fünf Jahren 4.000 Hektar Land für weniger als eine halbe Millionen US-Dollar. In einigen Jahren, so hofft er, ist das Areal Milliarden wert. Denn Bubar plant mit seinem Unternehmen Avalon Rare Metals hier ab 2015 die Förderung von Seltenen Erden aufzunehmen. In der Branche ist eine Goldgräberstimmung ausgebrochen, fast 300 Unternehmen weltweit sind auf die Suche nach Seltenen Erden und anderen exotischen Metallen wie Lithium, Indium oder Gallium. Das Geld der Investoren sitzt locker, denn

Seltene Erden sind gefragt und die Preise schießen in die Höhe. Denn sie sind unverzichtbar für moderne Hightechanwendungen geworden. Für den Anwender unsichtbar schlummern sie zum Beispiel in Computern, Handys oder Flachbildschirmen, und auch die heraufbeschworene Energiewende ist ohne Seltene Erden in Elektro-/Hybridautos oder in Windkraftanlagen nicht zu bewerkstelligen. Und eben um diese Metalle spitzt sich seit einigen Jahren ein Handelskonflikt zwischen dem Hauptproduzenten, China, und den Industriestaaten zu.

Was ist selten an Seltenen Erden?

»Seltene Erden« ist der Überbegriff für eine Gruppe von 17 Metallen, die in der Natur gemeinsam und nur in chemischen Verbindungen vorkommen, nämlich Metalloxiden (»Erden«): Scandium, Yttrium, Lanthan, sowie die Lanthanoide Cerium, Dysprosium, Europium, Erbium, Gadolinium, Holmium, Lutetium, Neodym, Praseodym, Promethium, Samarium, Terbium, Thulium und Ytterbium. Zu den leichten Seltenen Erden gehören Cer, Lanthan, Neodym oder Praseodym, zu den schweren Seltenen Erden werden unter anderem Yttrium, Terbium, Dysprosium oder Europium gezählt. In den meisten Lagerstätten kommen leichte Seltene Erden in großen Mengen vor, während die Vorkommen an schweren Seltenen Erden wesentlich geringer ausfallen.

Eines der am extensivsten verwendeten Metalle ist Neodym – unverzichtbar für die Herstellung von Dauermagneten, also Magneten, die sich nicht entladen. Das Metall findet sich in vielen Produkten von Handys und Computern über Windturbinen oder Elektro- beziehungsweise Hybridautos. Pro Megawatt Leistung eines Windgenerators wird zwischen 600 und 1.000 Kilogramm an Permanentmagneten, bestehend aus Eisen-Bor-Neodym-Legierungen, benötigt. In jeder Windturbine sind somit mehrere Hundert Kilo der Elemente Neodym und Dysprosium verbaut. Lanthan wird ebenfalls in vielen Hightechanwendungen gebraucht. Während in einem Hybrid-Motor zum Beispiel eines Toyota Prius rund 1 Kilogramm Neodym stecken, sind in den Batterien etwa 15 Kilogramm Lanthan eingesetzt.

Die Bundesanstalt für Geowissenschaften und Rohstoffe rechnet mit einem Anstieg der Nachfrage nach Seltenen Erden auf knapp 200.000 Tonnen bereits bis 2020. Bei aktuellen Preisen bedeutet dies eine Marktgröße von 2 Milliarden US-Dollar. Gegenüber anderen Metallmärkten wie beispielsweise dem Kupfermarkt mit einer jährlichen Produktionsmenge von fast 20 Millionen Tonnen und einem Marktwert von fast 140 Milliarden sind Seltene Erden ein winziges Segment.

Das Reich der Mitte ist in der Lage, die Weltmarktpreise zu diktieren, stammen doch aus der chinesischen Produktion rund 97 Prozent der weltweit geförderten Menge von etwa 120.000 Tonnen pro Jahr. Und auch bei den weltweiten Reserven spielt China mit einem Anteil von fast 40 Prozent in der ersten Liga, weitere nennenswerte Reserven werden in Russland, USA, Australien und Indien vermutet.

Ähnlich wie die OPEC in der Zeit der Ölkrisen in den 1970er-Jahren nutzt China seine dominierende Rolle am Weltmarkt aus und drosselt seit Jahren die Exporte. Lagen die Ausfuhren Chinas in 2005 noch bei rund 65.000 Tonnen pro Jahr, schrumpft diese Menge seitdem dramatisch. Für das erste Halbjahr 2011 kündigt die chinesische Regierung Exporte in Höhe von grade einmal 14.500 Tonnen an. Insbesondere die USA, Japan und Europa klagen über die rigiden Ausfuhrbeschränkungen und hohen Exportzölle. Die Folge: Stiegen die Preise für Seltene Erden von 2005 bis 2008 bereits stark an, setzt ab dem dritten Quartal 2009 ein erneuter starker Preisschub ein. Beispielsweise kostet 1 Kilogramm Neodym im Mai 2011 fast 300 US-Dollar, statt wie nur 12 Monate zuvor nur etwa 40 US-Dollar. Über die vergangenen 20 Jahre ist eine wirtschaftliche Abhängigkeit entstanden, in die sich die Industrieländer selbst hineinmanövriert haben.

Seit Mitte der 1960er-Jahre förderten die USA Seltene Erden in der Mountain Pass Mine, einem Bergwerk in der kalifornischen Mojave Wüste. Bis in die späten 1990er-Jahre deckte allein diese Mine den weltweiten Bedarf an Seltenen Erden ab – in der Industrie gilt diese Zeit als die sogenannte

»Mountain Pass Ära«. Aufgrund von Umweltauflagen und der niedrigen Preise für Seltene-Erden-Metalle wurde die Mine 2002 jedoch geschlossen.

Die in den Himmel schießenden Preise für Seltene Erden haben viele Glücksritter angelockt.

Seit Beginn der 1990er-Jahre waren die Chinesen in der Lage, wesentlich kostengünstiger und ohne hinderliche Umweltauflagen zu produzieren und überschwemmten den Weltmarkt. Der überwiegende Teil der chinesischen Förderung stammt aus der Mongolei. Wenige Kilometer von der Millionenstadt Baotou liegt eines der größten Tagebauprojekte der Welt: Bayan Obo.

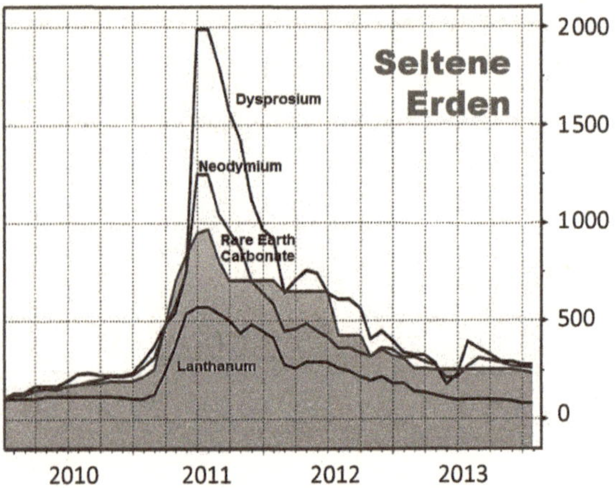

Abbildung 38: Seltene Erden. Preisentwicklung Neodymium, Dysprosium und Lanthanum, indexiert (30.12.2008=100), Daten: Bloomberg 2019

Schätzungen zufolge lagern hier allein bis zu 35 Millionen Tonnen an Seltenen Erden. Über die Hälfte der gesamten chinesischen Förderung stammt von hier; ein weiterer großer Anteil der chinesischen Förderung stammt aus den südlichen Provinzen, wo es neben einigen staatlichen Projekten auch zahlreiche illegale Betriebe gibt. Doch die aufwendige Förderung verlangt ihren Preis, denn beim Abbau von Seltenen Erden fallen große Mengen an giftigen Rückständen an, die zu großen Belastungen durch Thorium, Uran, Schwermetalle, Säuren und Fluoriden führen. So haben ungeklärte Abwasser den nahen 12 Kilometer langen Trinkwasser-Stausee bei Baotou in eine mit Chemikalien und radioaktivem Thorium angereicherte Kloake verwandelt. Wohl weniger aus ökologischen, sondern aus ökonomischen Interessen zieht nun China beim Export die Daumenschrauben an und setzt seine Ressourcen ähnlich der OPEC in den 1970er-Jahren als politisches Druckmittel ein. Als Japan einen chinesischen Schiffkapitän festsetzt, verhängt China kurzerhand im September 2010 ein Exportverbot für Seltene Erden nach Japan.

Ein kurzfristiger Ausweg aus der selbstverschuldeten und eher wirtschaftspolitisch bedingten Knappheit erscheint nicht möglich, ist doch der Aufbau einer Förderung unter Berücksichtigung der Umweltproblematik sehr kapitalintensiv. Weniger problematisch ist das Auffinden geeigneter Lagerstätten, denn trotz der irreführenden Namensgebung sind Seltene Erden nicht wirklich knapp: Selbst das seltenste Metall aus der Gruppe kommt noch immer rund 200 Mal häufiger vor als Gold. Dies und die enorm gestiegenen Preise rufen jedoch viele Glücksritter auf den Plan. Überall auf der Welt gehen kleine Minengesellschaften auf die Suche nach Seltenen Erden und anderen exotischen Metallen. Die beiden aussichtsreichsten Gesellschaften sind Molycorp und Lynas. Die 2010 an die Börse gekommene Molycorp plant die Mountain Pass Mine zu reaktivieren und Lynas plant noch in 2011 die Produktion in der Mine Mount Weld in Australien aufzunehmen. Alle weiteren Projekte erstrecken sich über einen Planungshorizont von mindestens fünf Jahren. Noch folgenschwerer als die kapitalintensive Förderung ist das Fehlen der Aufbereitungsinfrastruktur. Anlagen zur Trennung des Erzkonzentrates in einzelne Metalle sind außerhalb von China nicht vorhanden.

Die Förderung in China ist mit erheblichen Umweltschäden verbunden. Ironischerweise sind Seltene Erden insbesondere für Windkraftanlagen und Elektro-/Hybridautos kaum zu ersetzen.

Im Jahr 2015 meldete Molycorp Insolvenz an. Mit dem harten Wettbewerb und den sinkenden Preisen für Seltene Erden kam das Unternehmen nicht klar. Molycorp wurde daraufhin als Neo Performance Materials umstrukturiert. Lynas ging erfolgreich in Produktion und hat im November 2012 eine erste kommerzielle Produktion von Konzentrat aufgenommen. Heute betreibt es eine Förderungs- und Konzentrationsanlage in Mount Weld und eine Raffinerieanlage in Kuantan, Malaysia. Im September 2018 wurden die Verarbeitungsanlagen in Malaysia jedoch aufgrund von Umweltbedenken von der Regierung überprüft, und die Aktien reagierten äußerst nervös. China wird auch nach 2020 die dominierende Quelle für Seltene Erden sein, was perfekt in den strategischen Plan des chinesischen Premierministers Li Keqiang und seines Kabinetts vom Mai 2015 passt: Made in China 2025.

MERKE

- Die Gruppe der 17 Seltenen Erden mit exotischen Namen wie Neodym, Dysprosium oder Lanthan ist für moderne Hightechanwendungen wie Windkraftanlagen und Elektromobilität nicht mehr wegzudenken.
- 2011 drückte China das Angebot an Seltenen Erden und nutzte seine weltweite Dominanz in der Förderung als politische Waffe. Aufgrund eines weltweiten Marktanteils von mehr als 90 Prozent konnte China die Preise bestimmen.
- Die Hightechbranche in den USA, Japan und Europa schlug Alarm, aber es war unmöglich, das chinesische Monopol für die Versorgung mit Seltenen Erden kurzfristig zu brechen. In der Folge stiegen die Preise für Seltene Erden zwischen 2009 und 2011 durchschnittlich um das Zehnfache. Die Preise für Neodym und Dysprosium, die am stärksten nachgefragt werden, stiegen sogar noch drastischer an. Dieser Preisanstieg lockte weltweit Investoren an, die mit Seltenen Erden Geld verdienen wollten.
- Auch heute dominiert China die Förderung von Seltenen Erden, was den »Made in China 2025«-Zielen entspricht.

40

Erdöl: Das Ende? Rohöl im Überfluss

2016

Ein perfekter Sturm braut sich auf dem Ölmarkt zusammen. Die Konjunktur kühlt sich ab, die Nachfrage nach Öl geht daher zurück und gleichzeitig hat der Super-Contango zu hohen Öllagerbeständen geführt. Die Welt scheint im Öl zu schwimmen, dessen Preis im Februar 2016 auf 26 US-Dollar fällt. Aber die Nacht ist immer am dunkelsten bevor die Sonne aufgeht, und Rohöl erholt sich zusammen mit anderen Rohstoffen.

»Everybody be cool. You—be cool.«
SETH GECKO IN »FROM DUSK TILL DAWN«

»The crude oil supply glut is gone.«
NICK CUNNINGHAM, WWW.OILPRICE.COM

Ein Armageddon der weltweiten Finanzmärkte konnte nach 2007/2008 durch massive Interventionen und eine mehr als unkonventionelle Geldpolitik aller großen Zentralbanken weltweit abgewendet werden. Als Gradmesser der Weltwirtschaft crashte der Rohölpreis von fast 150 US-Dollar im Juni 2008 auf unter 33 US-Dollar im Frühjahr 2009. Bis zum Jahresende 2009 hatte sich der Preis bereits wieder auf 80 US-Dollar erholt und zwischen 2011 und 2014 war die Marke von 100 US-Dollar ein guter Referenzpunkt für Rohöl.

Im Rückblick stellte sich der Sommer im Jahr 2014 als die Ruhe vor dem Sturm für den Ölmarkt und für andere Rohwaren heraus: Der Preis für Rohöl der Sorte WTI fiel von fast 110 auf weniger als 26 US-Dollar! Dies war ein Rückgang von fast 80 Prozent und ein niedrigeres Niveau als während dem Höhepunkt der Finanz- und Wirtschaftskrise (zudem auch der niedrigste Preis seit 2003).

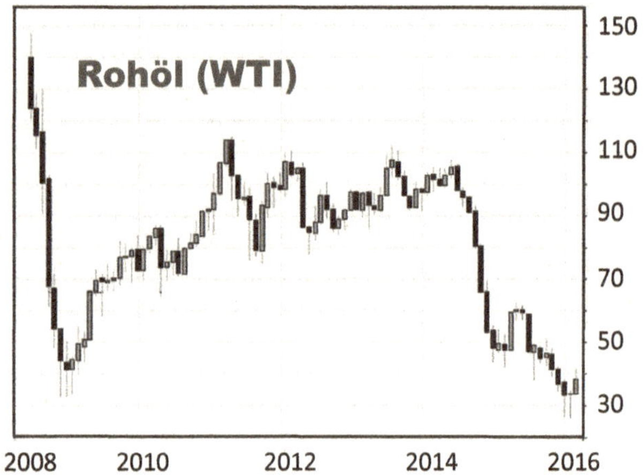

Abbildung 39: Rohöl (WTI): Erholung und Bärenmarkt, 2008 bis 2016. Daten: Bloomberg 2019

Aber Rohöl war nicht das einzige Opfer. Das Jahr 2016 begann ungemütlich für alle Rohstoffe, da der chinesische Aktienmarkt aufgrund schlechter Wirtschaftszahlen korrigierte, was nicht nur zu einer Ansteckung vieler Aktienmärkte der Welt führte, sondern auch die Notierungen vieler Rohstoffe negativ beeinflusste. Die chinesische Nachfrage nach Rohstoffen war und ist von fundamentaler Bedeutung aufgrund der schieren Größe des Landes, des Wirtschafts- und Bevölkerungswachstums. Auch kam der US-Dollar-Index von Höchstwerten von 100 Indexpunkten deutlich zurück, und die Rohstoffpreise fielen weiter.

Der massive Preisverfall von Rohöl während der Finanzkrise führte zu einer Änderung der Terminpreisstruktur von Öl: Die Terminkurve verschob sich in Contango. Die aktuellen Preise notierten unter dem Niveau der längeren Lieferzeiten. Für die Spieler am Ölmarkt machte es mehr Sinn, Öl zu lagern und auf Termin zu veräußern, statt direkt am Markt zu verkaufen. Die dadurch weltweit anwachsende Ölmenge brachte die bestehenden Lagerkapazitäten an ihre Grenze und Händler funktionierten kurzerhand auch Tanker als schwimmende Lager um.

Als der Sommer 2015 zu Ende ging, stiegen die Rohöllagerbestände weltweit noch immer an und die Preise kamen ins Rutschen. Anfang 2016 verharrten die Lagerbestände weiter in der Nähe der Höchststände der vergangenen 80 Jahre: 490 Millionen Barrel Rohöl allein in den USA. Dies stimmte pessimistisch im Hinblick auf die weitere Preisentwicklung.

Die Internationale Energieagentur (IEA) merkte hierzu an, dass der Rohölmarkt »in einer Flut von Angebot untergeht«. Die Analysen der IEA zeigten, dass die Lagerbestände weltweit in 2015 um rund 1 Milliarde Barrel angewachsen waren und weiter stiegen. Sogar im vierten Quartal, in dem saisonal normalerweise immer Lagerbestandsreduktionen erfolgen, verzeichnete man eine steigende Ölmenge.

Der Preis für Rohöl stürzte ab. Grund war ein massiver Angebotsüberschuss. Im Tief handelte Öl bei unter 26 US-Dollar je Barrel.

Die Anzeichen mehrten sich, dass weltweit die Lagermöglichkeiten knapp wurden. Dies würde dem Ölmarkt endgültig den Todesstoß geben. Rohöl stürzte auf das tiefste Niveau in über zehn Jahren, als die Lagerbestände in Cushing, Oklahoma, ein neues Rekordhoch erreichten.

Kapitulation!

Anfang Februar 2016 verzeichneten der S&P Goldman Sachs Commodity Index und der Bloomberg Commodity Index, die zwei wichtigsten Gradmesser der Rohstoffmärkte, zweistellige Verluste. Die verbliebenen Investoren waren verzweifelt, denn bereits 2015 war ein Blutbad für Rohstoffinvestoren. Rohöl fiel auf 26 US-Dollar je Barrel, Kupfer handelte unter 2 US-Dollar je Pfund und selbst Gold war für 1.050 US-Dollar je Feinunze zu haben. Kryptowährungen waren noch nicht ins Zentrum der Aufmerksamkeit gerückt. Bitcoins hatten bereits in 2015 ein schlechtes Jahr, handelten unter 200 BTC/US-Dollar und fingen in 2016 gerade an, sich zu erholen.

Gold war unter den mehr als 20 Rohstoffen des Bloomberg Commodity Index in 2016 der erste Turnaround-Kandidat. Der Goldpreis begann, sich zu erholen und stieg schnell über den 200-Tage-Durchschnitt, ein starker positiver technischer Marktindikator.

Am 11. Februar 2016 verzeichnete der S&P Index in den USA einen Rückgang von 12 Prozent seit Jahresanfang, der Baltic Dry Index — ein Indikator für Frachtraten weltweit — fiel auf ein Allzeittief von 290 Indexpunkten. Handelsaktivitäten kamen fast zu einem Stillstand, ebenso wie der Handel mit Rohstoffen. Der Bloomberg Commodity Index musste einen Rückgang von 30 Prozent seit Jahresanfang verkraften. Trotz alledem, der 11. Februar markierte ein Preistief für viele Vermögensgegenstände. Von hier begannen sich die Märkte über die nächsten Monate zu erholen.

Die OPEC und Russland einigten sich auf eine gemeinsame Förderkürzung, um die zu große Förderung weltweit in den Griff zu kriegen. Endlich begannen sich die Preise zu erholen.

Im Angesicht eines massiven Angebotsüberschusses einigten sich die OPEC und Russland auf eine gemeinsame Förderreduktion. Es war die erste Förderkürzung der OPEC seit 2008, als die Ölpreise während der Finanzkrise ins Taumeln gerieten. Die Kürzungen waren darauf ausgelegt den Ölmarkt langfristig wieder ins Gleichgewicht zu bringen. Als Joker im Spiel stellte sich die unkonventionelle Rohölförderung in den USA heraus. Die amerikanische Rohölförderung war durch die im Vorfeld gestiegenen Preise auf der Welle des Fortschritts bei horizontalen Bohrungen und des Frackings wieder angestiegen. Im Markt wurden hierzu Befürchtungen laut, dass dies den Angebotsüberschuss weltweit verlängern und die Maßnahmen der OPEC und Russlands konterkarieren könnte.

Aber es gab auch Anzeichen, dass die massiven Lagerbestände bei Rohöl und anderen Rohstoffen allmählich abgetragen wurden. Die Nachfrage stieg langsam wieder an, und Analysten konzentrierten sich auf den langfristigen positiven Trend, der durch die demografische Entwicklung gestützt wird. Mehr und mehr Menschen benötigen immer mehr Rohstoffe. Die klassische Wirtschaftstheorie legt nah, dass eine steigende Nachfrage zu fallenden Lagerbeständen und steigenden Preisen führen muss.

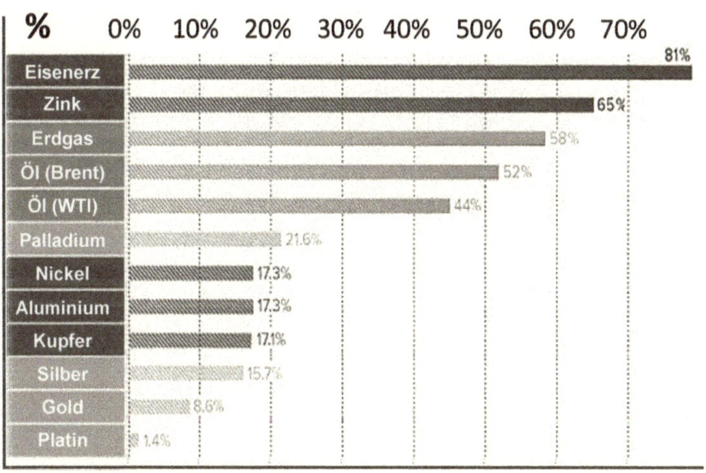

Abbildung 40: Performance von Rohstoffen in 2016. Daten: Bloomberg 2019

In der Zwischenzeit fingen die Rohstoffpreise an zu steigen. Gold fungierte als Wegbereiter. Das Edelmetall stieg auf mehr als 1.380 US-Dollar je Feinunze nach der englischen Brexit-Nachricht. Silber sprang im gleichen Zeitraum auf über 21 US-Dollar. Rohöl stieg von 26 US-Dollar im Februar auf mehr als 50 US-Dollar je Barrel im Oktober des gleichen Jahres. Zucker, als einer der am meisten gehandelten Agrargüter, stieg von 10 US-Cent im August 2015 auf über 24 US-Cent im September 2016. Die Preise für Eisenerz, Zink, Nickel oder Blei stiegen alle um zweistellige Prozentsätze im Gesamtjahr 2016. Aber das wahrscheinlich optimistischste Signal für die Rohstoffmärkte ging vom Baltic Dry Index aus: Der Index für Frachtraten und damit für die weltweiten Handelsaktivitäten stieg von 290 Punkten im Februar auf 915 Indexpunkte im Oktober 2016 – eine Verdreifachung innerhalb weniger Monate!

Preise für Rohstoffe hatten eine signifikante Bodenbildung vollzogen. Rohstoffe als Anlageklasse konnten, ausgehend von ihren Tiefstständen in 2016, eine erste beeindruckende Rally aufweisen: den Anfang machte ein Anstieg der Rohstoffpreise von rund 20 Prozent! Der Preis für Rohöl verdoppelte sich gar auf über 55 US-Dollar je Barrel.

Rohölpreise verdoppelten sich von ihren Tiefstpreisen in 2009, und der Ausblick für die Rohstoffmärkte hellte sich auf.

Förderkürzungen seit Anfang 2017 konnten helfen, den Markt wieder ins Gleichgewicht zu bringen und dem weltweiten Produktionsüberschuss Herr zu werden. Die globalen Lagerbestände verharrten aber noch lange über ihrem Durchschnitt der vergangenen fünf Jahre. Erst im Mai 2018 erklärte die OPEC den weltweiten Angebotsüberschuss offiziell für abgebaut. Trotz eines ersten Anstiegs sehen die Preise und Fundamentaldaten für viele Rohstoffe zum Beginn der 2020er-Jahre endlich wieder positiv aus.

MERKE

- »Super-Contango« hatte zu einem massiven Überangebot an Rohöl geführt, und die Lager für Rohöl in Cushing, Oklahoma, stießen an ihre Kapazitätsgrenzen: Die Welt schien im Öl zu schwimmen und der Preis für WTI stürzte von fast 110 auf weniger als 26 US-Dollar im Februar 2016 ab. Mit dem Sturz um fast 80 Prozent war das niedrigste Preisniveau seit 2003 erreicht.
- Anfang 2016 brach der chinesische Aktienmarkt ein und viele andere Aktienindizes weltweit folgten. Auch die Rohstoffmärkte gerieten in den Abwärtssog. Im Frühjahr 2016 fanden die Rohstoffmärkte jedoch einen Tiefpunkt, und Rohstoffe als Anlageklasse verzeichneten über das Gesamtjahr beeindruckende Gewinne von mehr als 20 Prozent. Der Preis von WTI verdoppelte sich in diesem Zeitraum auf über 55 US-Dollar je Barrel.
- Trotzdem dauerte es bis Mai 2018, bis die OPEC bestätigte, dass die globalen Überschuss-Lagerbestände beinahe abgebaut waren. Die Ausgangslage für die Rohstoffmärkte hat sich entscheidend aufgehellt.

41

E-Mobility: Die goldene Zukunft von Batteriemetallen

2017

Elon Musk und Tesla bestimmen das Tempo für einen Megatrend: Elektromobilität und Elektrifizierung! Die Nachfrage nach Batterien steigt rasant. Auf den Rohstoffmärkten sind plötzlich nicht nur Lithium und Kobalt, sondern auch traditionelle Metalle wie Kupfer und Nickel wieder stark gefragt. Die Elektrifizierung könnte sich langfristig als »neues China« für die Rohstoffmärkte erweisen.

»Tesla is here to stay and keep fighting for the electric car revolution.«
ELON MUSK

Das Jahr 2016 hielt einen Paukenschlag für die Automobil- und die Öl-und-Gas-Industrie bereit: Das mächtige Kartell des Ölmarktes, die OPEC, äußerte sich zu ihrem schlimmsten Alptraum. Die Organisation passte ihre Wachstumserwartungen für Elektroautos (EV) massiv nach oben an (und zwar um 500 Prozent!). Statt von 46 Millionen EVs ging die OPEC nun davon aus, im Jahr 2040 mit 266 Millionen EVs konfrontiert zu sein, die kein Benzin oder Diesel mehr tankten. Andere Prognosen, wie zum Beispiel von Bloomberg, gehen gar von mehr als doppelt so vielen Elektroautos bis 2040 aus!

Liegt die OPEC mit dieser Prognose richtig, dann würde die Nachfrage nach Rohöl in 2040 rund 8 Millionen Barrel pro Tag niedriger liegen. Das ist etwa die Menge, die in den USA pro Tag gefördert wird, oder anders ausgedrückt, etwa 8 Prozent der weltweiten Nachfrage. Die Welt benötigt derzeit 100 Millionen Barrel Rohöl pro Tag. Tendenz steigend. Der überwiegende Teil dieses Öls hält die Welt in Schwung: Autos, Lastwagen, Schiffe und Flugzeuge – der Bereich Transport verbraucht fast drei Viertel des weltweit produzierten Öls.

Elon Musk und Tesla

Elon Musk, der Gründer und CEO von SpaceX und Tesla, wurde 1971 in Pretoria, Südafrika, geboren. Das Magazin *Forbes* führt Musk an 53. Stelle der reichsten Menschen der Welt auf. Sein Vermögen wird auf über 20 Milliarden US-Dollar geschätzt. Auch ist Musk unter den 20 einflussreichsten Menschen. Er gründete die Plattform PayPal, die später von eBay für 1,2 Milliarden US-Dollar gekauft wurde.

Tesla, mit dem Hauptsitz in Palo Alto, Kalifornien, ist der Pionier und Marktführer bei der Herstellung elektrischer Autos (EVs), für Lithium-Ionen-Batterien zur Energiespeicherung sowie von Solarzellen durch die Tochterfirma SolarCity. Tesla betreibt verschiedene Fabriken im Großraum Reno, Nevada und in Fremont, Kalifornien. Die Gigafactory in Reno produziert primär Batterien für Tesla-Fahrzeuge und für Energiespeichergeräte wie die Powerwall. Nach Zahlen von Bloomberg hat Tesla im Jahr 2018 durchschnittlich 8.000 US-Dollar die Minute vernichtet – das sind etwa eine halbe Millionen US-Dollar pro Stunde. Der Traum der Elektromobilität ist teuer und noch nicht profitabel.

Es mag der Anfang einer Revolution sein, doch aktuell sind Elektroautos noch kein Verkaufsschlager. 2017 produzierte und verkaufte Tesla 100.000 Autos. Zum Vergleich: Die deutschen Autobauer BMW, Mercedes und Audi verkauften zusammen im gleichen Zeitraum 6,6 Millionen Autos. Und für diese traditionellen Autobauer hat die elektrische Revolution gerade erst begonnen. In Deutschland lagen die Neuwagenzulassungen von EVs in 2017 bei gerade einmal 55.000 Stück, von denen die Hälfte Plug-in Hybrids waren. Dies entspricht 1,6 Prozent aller neu zugelassenen Autos in diesem Jahr. Im Verhältnis zu knapp 44 Millionen Autos in Deutschland eine verschwindend geringe Menge.

Derzeit macht China laut dem *Global EV Outlook 2018* der Internationalen Energieagentur mehr als die Hälfte des weltweiten Elektrofahrzeugmarktes aus. China hat im Jahr 2017 580.000 Elektrofahrzeuge verkauft, ein Zuwachs von 72 Prozent im Vergleich zum Vorjahr. Der weltweite Bestand an elektrischen Pkws lag im vergangenen Jahr bei über 3 Millionen.

Nur 1,6 Prozent aller neu zugelassenen Autos im autoverrückten Deutschland in 2017 waren elektrisch. Nach Schätzungen von Bloomberg New Energy Finance werden EVs bis 2040 bis zu 40 Prozent der Neuzulassungen ausmachen – ein unglaubliches Wachstum!

Verglichen mit dem gesamten weltweiten Fahrzeugbestand ist dies jedoch nur ein Tropfen auf dem heißen Stein: BMI Research schätzt die weltweite Autoflotte auf rund 1,2 Milliarden Autos. Für 2018 wird ein weltweiter Pkw-Absatz von über 81 Millionen Neufahrzeugen erwartet. Neben China gehören die USA sowohl in Bezug auf die Produktion als auch auf den Umsatz zu den größten Automobilmärkten der Welt.

Daher dreht sich alles um die Zukunft. Denn die Automobilhersteller beginnen gerade erst, ihr Geschäft auf die Elektromobilität auszudehnen. Bloomberg New Energy Finance (BNEF) schätzt, dass die weltweite Durchdringung bei den Neufahrzeugen bis 2040 rund 35 bis 40 Prozent erreichen könnte.

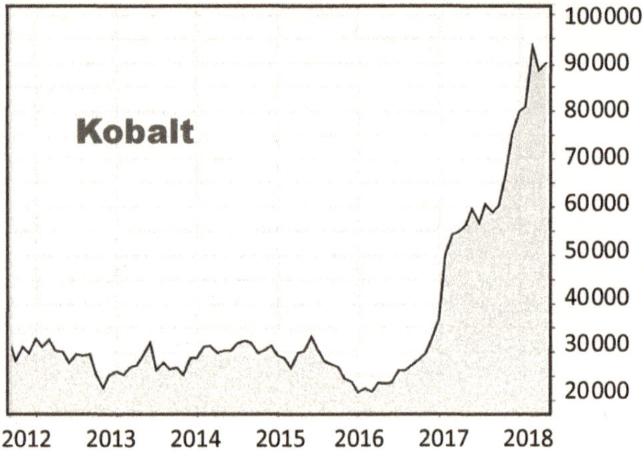

Abbildung 41: Preisentwicklung von Kobalt, 2012 bis 2018. Daten: Bloomberg 2019

Für die Rohstoffmärkte könnte dies den Beginn einer Lawine bedeuten, da die Fertigung von Elektroautos rohstoffintensiver ist: Es werden mehr Rohstoffe und auch andere Materialen benötigt. Studien der Investmentbank UBS und BNEF legen beispielsweise nahe, dass bis 2040 ein deutlicher Nachfrageanstieg nach Graphit, Nickel, Aluminium, Kupfer, Lithium, Kobalt und Mangan zu erwarten sein wird. Andere Rohstoffe wie Rohöl, Stahl sowie Platin und Palladium wären dagegen negativ betroffen.

Kobalt und Lithium, Metalle, die beide für die unterschiedlichen neuen Batterietypen alternativlos sind, haussieren. Lithium-basierte Batterien wurden vor einigen Jahren erstmals kommerzialisiert. Jetzt sind sie in nahezu allen mobilen Geräten zu finden: Laptops, Smartphones, Elektro-Akkuwerkzeugen und ... Autos. Gigafactories befinden sich in den USA und in China im Aufbau, und die Batteriepreise sinken aufgrund von Größen- und Verbundvorteilen. Die geringeren Kosten wiederum begünstigen neue Anwendungen, die wiederum die Nachfrage befeuern.

Für die Rohstoffmärkte stellt sich der neue Megatrend der Elektrifizierung als ein großer Nachfrage- und Preisschub heraus.

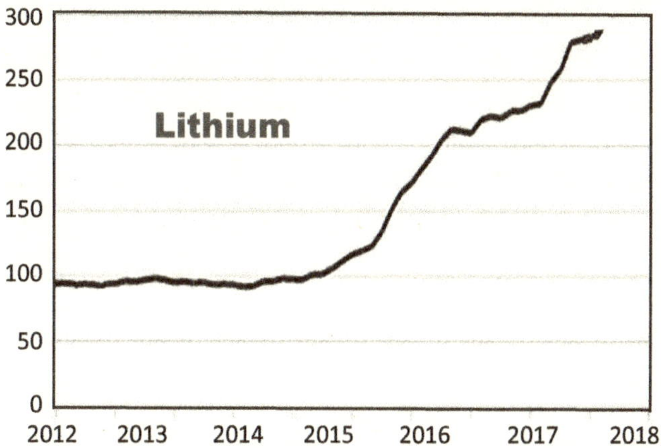

Abbildung 42: Benchmark Lithium Index, 2012 bis 2018. Daten: Benchmark Mineral Intelligence 2019

Tesla verliert vielleicht seine Führungsrolle bei Elektroautos innerhalb der nächsten Jahre, aber Elon Musk hat eine Revolution in Sachen Elektrifizierung ausgelöst – eine Revolution, die zum Wohl der Menschheit beiträgt und als Nebeneffekt auch für die Rohstoffmärkte von Vorteil sein wird.

Die Elektrifizierung der Automobilindustrie ist ein gigantischer Schritt, aber nur die Spitze eines Eisbergs. Energiespeicherung im größeren Maßstab ist das fehlende Bindeglied der Energiewende und der Verbreitung regenerativer Energien wie Wind, Solar und Wasser. Bis 2025 könnten Power Banks und Power Walls – Instrumente, die Tesla zur dezentralen Energiespeicherung in Häusern erfunden hat – den Absatz von Lithiumbatterien für die Automobilindustrie bei Weitem übertreffen. Dieser Markt ist viel größer und verspricht ein viel höheres Wachstum.

MERKE

- Batteriemetalle wie Lithium und Kobalt sind in einem Bullenmarkt. Gigafactories, Fabriken für Lithiumionen-Akkus schießen wie Pilze aus der Erde. Die Preise für Kobalt vervierfachten sich allein im Jahr 2017 von 25.000 auf 100.000 US-Dollar je Tonne.
- Elon Musk und Tesla stehen an der Spitze eines neuen Megatrends: Elektromobilität und Elektrifizierung. Obwohl der Absatz von Elektrofahrzeugen heute noch verschwindend gering ist, werden nach Branchenschätzungen bis zu 40 Prozent der weltweiten Pkw-Neuzulassungen im Jahr 2040 elektrisch sein. Wir stehen am Beginn einer revolutionären Umwälzung einer gesamten Industrie.
- Elektromobilität ist der erste Schritt, aber die stationäre Energiespeicherung ist das fehlende Bindeglied zum endgültigen Durchbruch einer alternativen Energieerzeugung durch Wind, Sonne und Wasser.
- Elektromobilität und Energiespeicherung könnten sich langfristig als »neues China« für die Rohstoffmärkte erweisen, da nicht nur Lithium und Kobalt, sondern auch traditionelle Metalle wie Kupfer und Nickel verstärkt nachgefragt werden.

42

Crypto Craze: Bitcoins und der Aufstieg von Kryptowährungen

2018

Als erste Kryptowährung erschienen Bitcoins Anfang 2009 auf der Bildfläche. Ihr Wert explodiert im Jahr 2017 von unter 1.000 auf über 20.000 US-Dollar und sorgte weltweit für Aufsehen. Dieser kometenhafte Preisanstieg, gefolgt von einem Absturz von fast 80 Prozent im Jahr 2018, verhalfen Bitcoins zum Image der größten Finanzblase aller Zeiten, die selbst den niederländischen Tulpenwahn des 17. Jahrhunderts in den Schatten stellte. Trotz des Booms und der Krise sieht die Zukunft vielversprechend aus, denn die zugrunde liegende Blockchain-Technologie beginnt grade erst, unseren Alltag zu revolutionieren.

»[Bitcoin/Blockchain] is the next major IT revolution that is about to happen.«

Steve »Woz« Wozniak, Mitgründer von Apple

»With all of the calls of ›bubble‹, it's worth remembering that we're in the early stages of global adoption as well as the early stages of development of the technology.«
ARI PAUL, FORBES

»Bitcoin is a fraud.«
JAMIE DIMON, CEO JPMORGAN

Farkas sah den Schlag nicht kommen. Bevor Robert Farkas, Mitbegründer von Centra Tech, im März 2018 ein Flugzeug besteigen konnte, um das Land zu verlassen, wurde er von lokalen Strafverfolgungsbehörden in den Vereinigten Staaten festgenommen.

Ein halbes Jahr zuvor, im September 2017, hatte der prominente Boxer Floyd Mayweather gut gelaunte Bilder von sich veröffentlicht, wie er mit seiner auf Kryptowährungen basierten Centra-Karte, Geld in teuren Läden in Beverly Hills durchbrachte.

Farkas und sein Mitbegründer von Centra Tech, Sohrab »Sam« Sharma, hatten behauptet, eine von Visa und Mastercard unterstützte Debitkarte anzubieten, mit der Kryptowährung automatisch in US-Dollar umgerechnet werden kann, um sie für Waren des täglichen Bedarfs auszugeben. Die amerikanische *Security and Exchange Commission* prüfte nach, dass Centra keinerlei Beziehung zu einem der Kartenunternehmen unterhalte. Sharma und Farkas hatten zusätzlich gefälschte Biografien von fiktionalen Führungskräften erstellt und Prominente bezahlt, um die bevorstehende Finanzierung durch ein Initial Coin Offering (ICO) zu unterstützen. Ein ICO ist bis heute ein nahezu unregulierter Prozess, durch den ein Unternehmen einen Coin gegen »echtes« Geld ausgeben kann. Soziale Medien versprachen einen schnellen Reichtum ohne Mühen. Sharma und Farkas ergaunerten 32 Millionen US-Dollar von Anlegern.

Centra Tech ist nur ein Beispiel für mehrere große Betrügereien auf dem Krypto- und ICO-Markt im Jahr 2018. Zum Beispiel wurde Centra Tech von anderen ICO-Betrügern wie Modern Tech in den Schatten gestellt, die Anlegern über 660 Millionen US-Dollar abgenommen haben.

Es sind nach wie vor Pionierzeiten im Technologiesektor, wo ICOs populärer und bekannter sind als die traditionellen Börsengänge (IPOs) von Unternehmen. ICOs haben sich rasch zu einer wichtigeren Quelle für die Projektfinanzierung entwickelt und scheinen unschlagbare Vorteile gegenüber endlosen Diskussionen mit Risikokapitalgesellschaften zu haben. Es gibt jedoch eine dunkle Seite: Die Möglichkeiten eines sich schnell entwickelnden Marktes ziehen immer Betrüger und schwarze Schafe an. Das ist Teil des Spiels.

Im Dezember 2018 herrscht immer noch Wildwest-Stimmung in einer Branche, die kaum zehn Jahre alt ist. Bitcoins, im November 2008 erstmalig in einem Whitepaper beschrieben und im Januar 2009 von dem Pseudonym Satoshi Nakamoto als Open-Source-Software veröffentlicht, gilt allgemein als erste dezentrale Kryptowährung. Bitcoins wurden ursprünglich als alternative, dezentrale Peer-to-Peer-Zahlungsmethode erfunden. Seit dem Start dieser ersten Kryptowährung wurden mehr als 4.000 alternative Varianten (»Altcoins«) geschaffen. Wie Napster mehr als zehn Jahre zuvor, arbeitet das System als Peer-to-Peer-Netzwerk, in dem Transaktionen direkt zwischen Benutzern, ohne Zwischenhändler und ohne eine Zentralbank, stattfinden. Blockchain ist die zentrale Technologie hinter Kryptowährungen und entwickelt sich schnell zu einer Plattform für eine Vielzahl von innovativen Anwendungen.

Bitcoins erschienen 2009 auf der Bildfläche. Heute gibt es mehr als 4000 alternative Coins (»Altcoins«).

Eine Blockchain ist eine kontinuierlich erweiterbare Liste von Datensätzen, auch »Blöcke« genannt, die mittels kryptografischer Verfahren miteinander verkettet sind. Diese Verkettung schützt vor dem ungewollten oder unerlaubten Kopieren von Dateien. Alles, woraus sich eine Liste machen lässt, kann mit Hilfe der Blockchain effizienter und sicherer umgesetzt werden: Dies beginnt mit der Nachverfolgung von Land- und Immobilienbesitz über den Bereich Gesundheit (z. B. Arzneimittel- und Krankheitsdaten) und Finanzen bis hin zum Thema Bildung wie beispielsweise die Verleihung von Zertifikaten und Diplomen. Bereits heute ist klar: Einige dieser Ideen sind brillant, während andere sich nicht durchsetzen werden.

Digitale Assets, Kryptowährungen und Token

Ein digitales Gut ist alles, was in einem binären Format existiert und das Recht zur Verwendung beinhaltet. Der Begriff »Kryptowährung« bezieht sich auf digitale Münzen (»Coins«), die die zentralen Geldfunktionen erfüllen. Hiermit sind gemeint: Wertaufbewahrung, Recheneinheit und Fungibilität. Beispiele sind Bitcoin, Ether (Ethereum) und XRP (Ripple). Zu beachten ist, dass sich Ethereum und Ripple auf die zugrunde liegende Blockchain beziehen und nicht auf die Kryptowährung. Krypto-Token ähneln Kryptowährungen, da sie auf Blockchains basieren. Kryptowährungen sind die häufigste Form von Token, jedoch umfassen Token ein breiteres Anwendungsfeld der Blockchain. Der Nutzen zeigt sich in einer Vielzahl von Bereichen – angefangen bei Kryptowährungen über Treuepunkte bis hin zu Vermögenswerten, die auf der Blockchain liegen.

Ethereum zum Beispiel ist die zugrunde liegende Blockchain für mehrere Token, die diese Plattform zur Entwicklung von Produkten und Dienstleistungen verwenden. Der Unterschied zwischen Kryptowährungen und Tokens im Allgemeinen wird in Bezug auf Investitionen wichtig. Die Bewertung einer Kryptowährung basiert beispielsweise auf dem Erfolg eines Coin bei der Wahrnehmung und Adaptierung der Funktionen von Geld. Auf der anderen Seite hängt die Bewertung von Tokens von den unterschiedlichsten Faktoren ab.

Kryptowährungen sollen eine dezentrale Alternative zu herkömmlichen Währungen darstellen. Die Entwicklung dieses Bereiches steht aber noch am Anfang. Selbst während der bislang höchsten Bewertung im Dezember 2017 machten Bitcoins inklusive der Summe aller anderen Kryptowährungen ein Jahrzehnt nach ihrer Erfindung nur einen Bruchteil der physischen Geldmengen von US-Dollar, Euro, Pfund Sterling oder Yen aus. Bitcoins sind nach wie vor die mit Abstand größte Kryptowährung, gefolgt von Ether, Ripple und Dash. Im Jahr 2018 hatten die 500 größten Münzen eine Marktkapitalisierung von etwa 500 Milliarden US-Dollar. Hiervon machten Bitcoins etwa zwei Drittel aus. Der Umlaufwert allein von US-Dollar-Banknoten wird dagegen auf 1,5 Billionen US-Dollar geschätzt. Und dies ist nur ein kleiner Teil der gesamten US-Dollar-Bestände. Der gesamte Wert des Goldmarktes wird auf 8 Billionen US-Dollar geschätzt. Der Devisenmarkt, also der kombinierte Wert aller Fiat-Währungen zusammen ergeben einen Wert von 83 Billionen US-Dollar. Dies umfasst das gesamte physische und elektronische Geld.

Ein weiterer wichtiger Faktor ist die Konzentration der Nutzer. Etwa 40 Prozent der Bitcoins werden von etwa 1.000 Benutzern gehalten. Die Top-100-Bitcoin-Adressen kontrollieren zusammen 17 Prozent aller ausgegebenen Coins, sagt Alex Sunnarborg, Mitbegründer des Krypto-Hedgefonds Tetras Capital. Das ist insbesondere deswegen relevant, da die Kryptowährung maximal eine Menge von 21 Millionen Bitcoins erreichen kann. Bitcoins werden durch »Mining« geschaffen, ein Vorgang, bei dem Transaktionen überprüft und dem öffentlichen Ledger, der dezentral geführten Kontobuchtechnologie, hinzugefügt werden. Derzeit wird ungefähr alle 10 Minuten ein Bitcoin hinzugefügt.

Bitcoins sind mehr als digitales Geld.

Bei Ether kontrollieren die Top-100-Adressen 40 Prozent des gesamten Angebots. Bei kleineren Währungen sind es oft über 90 Prozent.

Bitcoins wurden der Öffentlichkeit zuerst als eine Form des digitalen Geldes erklärt, und in dieser Form gingen auch Konkurrenten und Nachfolger wie Litecoin und Ether an den Start. Jede dieser Währungen gleicht in gewisser Weise dem traditionellen Geld: Sie sind Abstraktionen eines wirtschaftlichen Wertes und können gehandelt werden. Keine von diesen Währungen erfüllt jedoch die grundlegendste Rolle einer Währung als relativ stabiles Tauschmittel. Jede Transaktion dauert zu lange, verbraucht zu viel Energie und birgt zu viele Risiken.

Die größten Probleme mit Bitcoins, die bislang aufgetaucht sind, stehen im Zusammenhang mit den Mechanismen des Kaufens und Haltens, für die Mittelsmänner bezahlt werden müssen. Diese Zwischenhändler, die elektronischen Brieftaschen (»Wallets«) für Kryptowährungen anbieten, werden zu Versagenspunkten für das gesamte System. Sie werden gehackt, ihre Systeme fallen aus oder werden von Regierungen und Aufsichtsbehörden angewiesen, Transaktionen zu melden, von denen die Benutzer glauben, dass sie anonym sind.

Der Mt. Gox Überfall

Jed McCaleb, der später Ripple gründete, startete Mt. Gox im Jahr 2010. Mit Sitz in Shibuya, Tokio, entwickelte sich Mt. Gox zur größten Bitcoin-Börse der Welt. 2013 wickelte die Börse weltweit mehr als 70 Prozent aller Bitcoin-Transaktionen ab.

Im Juni 2011 wurde Mt. Gox von Mark Karpelès erworben. Das Unternehmen wurde das erste Mal gehackt und 2.000 Bitcoins wurden gestohlen. Infolgedessen wurde eine Reihe von Sicherheitsmaßnahmen eingeleitet, einschließlich einer beträchtlichen Anzahl von Bitcoins, die offline genommen wurden. Als Ergebnis einer Untersuchung des US-Heimatschutzministeriums bezüglich der Lizenz des Unternehmens beschlagnahmte die US-Regierung mehr als 5 Millionen US-Dollar von Mt. Gox, und das Unternehmen musste vorübergehend die Ausgabe von US-Dollar an seine Kunden einstellen. Das war aber nicht das größte Problem. Wie sich herausstellte, war das Unternehmen mehr als zwei Jahre lang Opfer eines andauernden Hacks.

Im Februar 2014 stellte Mt. Gox den Handel ein, schloss seine Website und beantragte Insolvenzschutz in Japan und den USA. Kurz darauf begann das Liquidationsverfahren. Die Krypto-Börse gab bekannt, dass rund 850.000 Bitcoins von Kunden und dem Unternehmen vermisst wurden (ein heutiger Marktwert von 4 Milliarden US-Dollar). Obwohl 200.000 Bitcoins schließlich wieder auftauchten, wurden die restlichen 650.000 nie gefunden.

CEO Mark Karpelès wurde im August 2015 in Japan verhaftet und wegen Betrugs, Unterschlagung und Manipulation angeklagt. US-Behörden folgten der Spur des Geldes, und im Juli 2017 wurde Alexander Vinnik in Griechenland festgenommen und angeklagt, der eine Schlüsselrolle bei der Wäsche von gestohlenen Bitcoins gespielt zu haben schien. Vinnick soll mit BTC-e, einer etablierten Bitcoin-Börse, in Verbindung gestanden haben, welche im Rahmen der Ermittlungen vom FBI geschlossen wurde. Bisher ist der Großteil des Geldes jedoch nicht wieder aufgetaucht.

Was ist ein fairer Preis eines Bitcoin heute? Ist es 1 oder 100.000 US-Dollar? Einige Finanzanalysten betonen heute, dass Bitcoins keinen intrinsischen Wert haben, und einige Ökonomen verweisen auf die Fisher-Gleichung, die den aktuellen Wert eines Bitcoin auf 20 bis 25 US-Dollar bestimmt in Bezug auf die Faktoren Gesamtzahl der Bitcoins, die Transaktionsgeschwindigkeit und das Handelsvolumen. Es ist jedoch wichtig anzumerken, dass diese volkswirtschaftliche Gleichung den Status Quo, und nicht das zukünftige Potenzial dieser Technologie bewertet. Zukünftige Anwendungsmöglichkeiten sind durchaus relevant für den Wert eines Bitcoin. Grenzen für die zukünftige Anwendung der Blockchain-Technologie sind aktuell kaum auszumachen, was den Gegenwartswert zum Objekt wilder Spekulationen macht.

Bitcoins wurden 2017 nicht zuletzt wegen der spektakulären Preisschwankungen zum heißen Thema abseits des Finanz-Mainstreams. Aber treten wir einen Schritt zurück: Die Preise wurden anfangs in US-Cent und einstelligen US-Dollar Beträgen im Land der *Dungeons und Dragons* oder *World of Warcraft* bemessen. Aber am 22. Mai 2010 machte Laszlo Hanyecz die erste Bitcoin-Transaktion in der realen Welt, indem er zwei Pizzen für 10.000 BTC in Jacksonville, Florida, kaufte. Dies impliziert eine Bewertung von Bitcoin von 0,03 US-Dollar. Ein Jahr später, im Frühjahr 2011, wurden Bitcoins zur Parität zum US-Dollar gehandelt. Und sechs Jahre später, am 17. Dezember 2017, übertrafen Bitcoins erstmals den Wert von 20.000 US-Dollar.

Im Mai 2010 kaufte Laszlo Hanyecz zwei Pizzen in Jacksonville, Florida, für 10.000 BTC. Dies war die erste dokumentierte Bitcoin-Transaktion in der realen Welt.

Im selben Monat, im Dezember 2017, führte die Chicago Mercantile Exchange (CME) Terminkontrakte für Bitcoins im Rohstoffsegment ein. Dies heizte eine heiße Spekulationsblase noch weiter an. Bitcoins wurden für die breite Öffentlichkeit zugänglich und standen plötzlich neuen Investoren und dem Mainstream jenseits der technologieverliebten Enthusiasten offen. Bis dahin war der Handel mit Bitcoin und anderen Kryptowährungen auf spezialisierte Börsen wie Bitfinex, Kraken oder OkCoin beschränkt. Hier konnten Anleger mit elektronischen Geldbörsen US-Dollar oder Euro in Bitcoins umtauschen und dann Bitcoins in jede andere Kryptowährung konvertieren. Von ihrem Hoch im Dezember 2017 stürzten Bitcoins innerhalb von zwei Wochen auf unter 6.000 US-Dollar ab.

Bitcoins wurden zu 0,03 US-Dollar im Mai 2010 bewertet, und erreichten einen Wert von 20.000 US-Dollar im Dezember 2017.

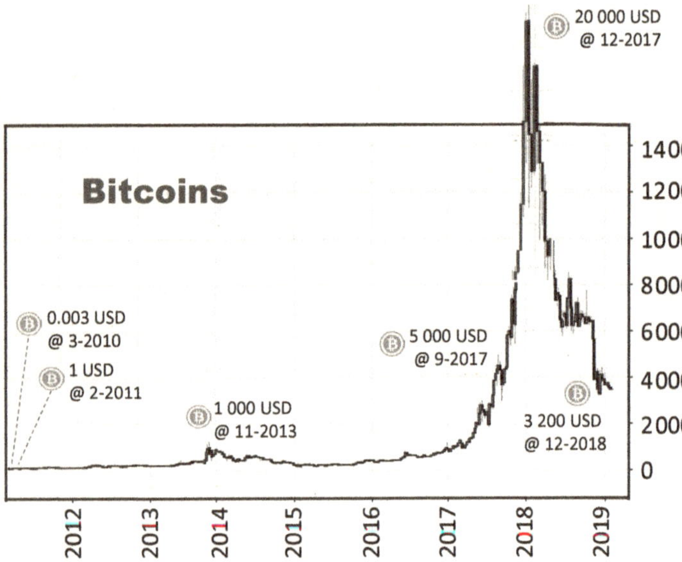

Abbildung 43: Die Preise von Bitcoins überstiegen 1.000, 5.000, 10.000 und schließlich 20.000 BTC je US-Dollar in 2017. Daten: Bloomberg 2019

Im Dezember 2018 fielen die Bitcoins unter 3.500 US-Dollar auf ein 13-Monats-Tief, bevor sie sich stabilisierten. Der Preissturz sorgte auch für einen Ausverkauf rivalisierender Währungen wie Ether, Litecoin und XRP. Nach Monaten der Stabilität zwischen 6.000 und 6.500 US-Dollar hatten Bitcoins und andere Kryptowährungen seit ihrem Höchststand im Januar 2018 mehr als 700 Milliarden US-Dollar an Marktkapitalisierung eingebüßt. Noch im ersten Halbjahr 2019 scheinen Bitcoins im Permafrost gefangen.

Eine wichtige Rolle bei dem Preisverfall spielten Regulierungsbedenken. Die US-Börsenaufsichtsbehörde kündigte Strafen gegen zwei Unternehmen an, die ihre Coins nicht als Wertpapiere registriert hatten. Das US-Justizministerium war auch dabei zu überprüfen, ob die Rally des Vorjahres durch Marktmanipulationen angeheizt wurde.

Wie Robert Shiller in seinem Buch *Irrationaler Überschwang* feststellte, ist es unmöglich, eine Blase zu erkennen und ihr Platzen zeitlich zu bestimmen, wenn Sie Teil der gleichen Blase sind. Dies ist nur im Nachhinein möglich. Aber nach dem kometenhaften Aufstieg von weniger als 1 US-Dollar vor 2011 und dem Sturz um fast 80 Prozent gegenüber dem Höchststand vom Dezember 2017 ist das Urteil offiziell:

Bitcoins haben sich zur größten Finanzblase in der Geschichte entwickelt!

Die Preisentwicklung stellt sogar den Tulpenwahn des 17. Jahrhunderts in den Schatten, der zuvor alle historischen Finanzmarktblasen übertroffen hatte, einschließlich der Mississippi- oder der Südsee-Blase, des Aktienkursverfalls während der Großen Depression, des Schwarzen Freitags 1987 oder näher am heutigen Datum die Dotcom-Blase und der Crash der Finanz- und Wirtschaftskrise vor 10 Jahren.

Das Jahr 2013 war ein wilder Ritt für Bitcoins. Der Mt. Gox Zwischenfall führte beinah zur Auslöschung der Kryptowährungen.

Es mag Investoren trösten, dass ein Absturz von 80 Prozent im Krypto-Universum kein seltenes Ereignis ist. In den letzten fünf Jahren fiel der Wert von Bitcoins dreimal um die Hälfte und stürzte 16-mal um mehr als 25 Prozent ab, um dann bis Ende 2017 auf neue Höchststände zu steigen.

Gemessen von NASDAQ Composite dauerte es im Durchschnitt etwa 15 Jahre, bis Anleger ihre Verluste aus der Dotcom-Blase ausgeglichen hatten! In der Vergangenheit waren Erholungen im Krypto-Universum viel schneller.

Gemessen am prozentualen Wertverfall waren die Bitcoin-Abstürze des Jahres 2013 fast so blutig wie 2018. Die Preise stiegen von einigen US-Dollar auf über 1.200 US-Dollar an, bevor sie einbrachen. Im April 2013 sanken die Bitcoin-Preise über Nacht von 230 auf 67 US-Dollar, ein massiver Rückgang von 70 Prozent in 12 Stunden. Es dauerte sieben Monate, bis sich die Preise erholt hatten. Nach April handelten die Bitcoin-Preise bis zum Herbst zwischen 100 und 120 US-Dollar. Dann stiegen die Preise Ende November plötzlich auf 1.200 US-Dollar, nur um im Dezember auf weniger als die Hälfte zurückzufallen.

#HODL. Hold on for dear life.

Der lange Weg der Erholung nach dem Zusammenbruch im Dezember 2013 wurde durch den Mt.-Gox-Skandal noch verlängert. Die Preise von Bitcoins stiegen im Januar und Februar 2014 stetig an, als sie plötzlich wegen des Mt.-Gox-Überfalls um fast 50 Prozent von 880 auf unter 500 US-Dollar sanken.

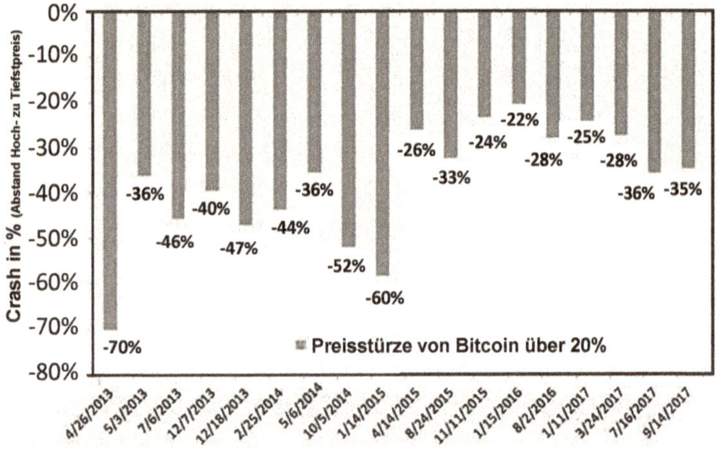

Abbildung 44: Verschiedene Bitcoin Crashs in der jüngsten Geschichte, 2013 bis 2017. Daten: Coindesk.com 2019

Eines der Ergebnisse der unberechenbaren Preisschwankungen von 2013 bis 2014 ist die Entstehung einer aktiven Krypto-Tradingszene mit einem sehr eigenen Slang. Der Begriff »HODL« ist wahrscheinlich der bekannteste. Während einem der massiven Crashs im Jahr 2013 veröffentlichte jemand mit dem Benutzernamen »GameKyuubi«, anscheinend betrunken, den Post mit dem Betreff »I AM HODLING« in einem Bitcoin-Forum. Was der Benutzer in dem Post vermitteln wollte, war, dass er trotz des starken Preisverfalls seine Bitcoins behalten wollte. Das Posting ging nicht zuletzt wegen des Rechtschreibfehlers viral, und #HODL wurde später als »Hold On for Dear Life« interpretiert. Im Anlagegeschäft entspricht dies der Strategie »Buy & Hold«, einer Systematik mit der sich jeder langfristige Investor anfreunden kann.

Der Krypto-Slang ist heutzutage sehr bunt und enthält eine Vielzahl neuer Begriffe und Ausdrücke, deren Bedeutung weit über ihre traditionellen Definitionen hinausgeht. Es gibt Wörter und Abkürzungen wie »Mooning«, »Fudding«, ADDY, JOMO, BTFD und DYOR – die Liste geht weiter. HODL ist jedoch bei Weitem der Populärste dieser Begriffe und einer, mit dem sich fast alle Kryptoinvestoren identifizieren können.

Wie lässt sich die außergewöhnliche Bitcoin-Rally und das Platzen der Blase erklären? Ursprünglich war die Idee von Bitcoins, auf einfachem Weg Werte zwischen Menschen umzuverteilen und die Rolle von Banken und anderen Finanzinstituten zu verringern. Jeder könnte eine Bank, ein Zahlungsdienstleister oder ein Kreditgeber werden. Bitcoins und andere Kryptowährungen wurden jedoch auch zu einem beliebten Instrument für Geldwäsche und Kapitalflucht. Aufgrund der nicht existierenden gesetzlichen Regelungen breitete sich die Verwendung von Kryptowährung rasend schnell auf die Schattenwirtschaft aus. Die Einführung eines automatischen Finanz- und Konto-Informationsaustauschs im Jahr 2017 führte zu einer Panik in letzter Minute des Jahres. Ein neuer globaler Standard für den automatischen zwischenstaatlichen Informationsaustausch machte gezielt Jagd auf Steuerhinterzieher. Das neue System sah den Austausch von Informationen über ausländische Finanzkonten mit den Steuerbehörden im jeweiligen Land des Kontoinhabers vor. Erstmals wurden im September 2017 Daten ausgetauscht, aber die Mehrheit der über 100 teilnehmenden Länder wollte das System zum 1. Januar 2018 implementieren.

Maßnahmen gegen Geldwäsche sowie das Verbot von Kryptowährungen und ICOs in China belasteten Bitcoins in 2018.

Die Top 5 Krypto-Milliardäre in 2018

1. Chris Larsen (57 Jahre), Mitbegründer von Ripple, besitzt 5,2 Milliarden XRP, dem Ripple Token, im Wert von etwa bei 8 Milliarden US-Dollar.
2. Joseph Lubin (53 Jahre), Mitbegründer von Ether, ist geschätzt etwa 1 bis 5 Milliarden US-Dollar schwer.
3. Changpeng Zhao (41 Jahre), Gründer und CEO von Binance, der größten Kryptobörse, verfügt über ein geschätztes Privatvermögen von 1 bis 2 Milliarden US-Dollar.
4. Cameron und Tyler Winklevoss (36 Jahre) waren frühe Bitcoin Investoren und Gründer der Börse Gemini in 2015. Ihr geschätztes Vermögen liegt bei circa 1 Milliarde US-Dollar.
5. Matthew Mellon (45 Jahre), ein früher Investor von Ripples XRP, folgt mit knapp 1 Milliarde US-Dollar Privatvermögen.

Quelle: Business Insider 2018

Eine zunehmende Kapitalflucht wollte auch die chinesische Regierung unterbinden. Durch den Kauf von Bitcoins konnten Chinesen Geld ins Ausland schaffen und die strengen Kapitalverkehrskontrollen des Landes umgehen. Ein Dorn im Auge der chinesischen Zentralregierung. Im September 2017 machten Renminbi-Bitcoin-Geschäfte mehr als 90 Prozent aller Bitcoin-Transaktionen aus. Dann verbot die chinesische Regierung, dass Fiat-Geld zum Kauf von Kryptowährungskäufen verwendet wurde, und verhängte sogar Reiseverbote gegen leitende Mitarbeiter von Huobi und OKCoin, zwei der größten Krypto-Börsen des Landes. Chinesische Aufsichtsbehörden verhängten außerdem ein Verbot von ICOs und erklärten diese schließlich im September 2017 in China endgültig als illegal. Huobi musste seinen Betrieb nach Singapur verlegen, während es OKCoin, das in OKEx umbenannt wurde, in die Finanzoase Malta zog. Viele Chinesen transferierten ihre Bitcoins einfach an die Offshore-Börsen und handelten bis Februar 2018 weiter.

Doch im Februar gab die People's Bank of China (PBOC) als zentrale Regulierungsbehörde eine Erklärung ab, die besagt, dass »sie den Zugang zu allen inländischen und ausländischen Kryptowährungsbörsen und ICO-Websites blockieren wird«, wodurch grundsätzlich alle Kryptowährungsaktivitäten im Land geschlossen wurden. Und die Behörden blufften nicht: Im April 2018 stürmten Polizisten in der Stadt Tianjin einen großen Bitcoin-Mining-Betrieb und konfiszierten 600 Computer bei der Razzia.

Die chinesische Regierung hat erfolgreich strengere Kapitalkontrollen durchgesetzt, den Handel mit Bitcoins und ICOs verboten und die Bevölkerung durch die *Great Firewall* vor schlechten Einflüssen geschützt. China wird jedoch die Zeit für die Blockchain-Technologie und ihre Anwendungen nicht zurückdrehen können.

Die Blockchain und Kryptowährungen werden in einem Jahrzehnt ihr volles Potenzial entfalten, so Steve Wozniak, Mitbegründer von Apple im Jahr 2018. Und laut Jack Dorsey, CEO von Twitter, werden Bitcoins die »Einheitswährung« der Welt. Bis 2017 wurde Jamie Dimon, CEO der Bank JPMorgan, regelmäßig zu seinen Ansichten von Bitcoins zitiert: »Bitcoin ist Betrug«, sagte er, sowie »Bitcoin wird nicht überleben« und »Bitcoin geht nirgendwo hin.« Später bedauerte Jamie Dimon, dass er Bitcoin als Betrug bezeichnete, blieb aber dennoch bärisch gestimmt. Zu Beginn des Jahres 2018 gab Goldman Sachs, Rivale von JPMorgan, von der Kundennachfrage überwältigt, die Einrichtung einer Kryptohandelsabteilung bekannt.

Für die Durchsetzung und Anwendung der Distributed-Ledger-Technologie wie der Blockchain ähnelt die heutige Situation derjenigen des Internets von 1992 mit ihrem enormen Potenzial. Beide Technologien weisen eine steile, aber nicht geradlinige Lernkurve auf. Jede erfolgreiche neue Technologie erfährt eine Explosion des Wachstums, einer Vision, der ein Realitätscheck der Anwendungsmöglichkeiten folgt, bis zu der Zeit, wenn sich die besten Anwendungen durchsetzen. In den späten 1990er-Jahren in Dotcom-Aktien zu investieren war eine Achterbahnfahrt, und viele der Pioniere auf diesem Gebiet scheiterten letztendlich. Die tatsächliche Wirkung, Verbreitung und

Für Bitcoins und die Blockchain ist 2018 wie das Jahr 1992 für das Internet – Early Days! Das wirkliche Potential von Kryptowährungen wird in zehn Jahren zu sehen sein!

Durchsetzung des Internets hat Jahrzehnte gedauert, aber die Zukunft des elektronischen Handels und der Gesellschaft hat sich für immer verändert.

Die Blockchain-Technologie kann im Laufe der Zeit mindestens ebenso große Umwälzungen bringen. Genau wie bei der Dotcom-Blase ist der Erfolg eines einzelnen Unternehmens des Krypto-Universums, als würde man bei einem Roulette-Spiel auf 27 Rot setzen. Es ist zu früh und die Ergebnisse sind zu unsicher, um potenzielle Gewinner zu klar zu identifizieren. Mit der digitalen Revolution, die wir gerade erleben, wird sich die Wirtschaftslandschaft jedoch drastisch verändern. Und trotz der Sünden des Erwachsenwerdens und der irrationalen Übertreibungen der frühen Jahre haben Token und Blockchain-Technologien bereits begonnen, unsere Welt zu revolutionieren. Die Anwendungen allein in den Sektoren Immobilien, Banken und Finanzdienstleistungen und im Gesundheitswesen – um nur einige zu nennen – sind unbegrenzt und können nur mit der Entwicklung des Internets oder dem Aufkommen von Smartphone-Anwendungen verglichen werden. Es scheint, dass wir den ersten Blick auf eine *tokenized economy* der Zukunft werfen, eine Zeit, in der Wirtschaftsprozesse überwiegend smart und digital ablaufen. Diese Zukunft sieht sehr vielversprechend aus!

MERKE

- Bitcoins wurden Anfang 2009 als alternative, dezentralisierte Zahlungsmethode auf der Grundlage von Blockchain-Technologie eingeführt. Heute gibt es bereits mehr als 4.000 alternative Kryptowährungen und Coins (»Altcoins«).
- Innerhalb von zehn Jahren stieg der Preis für Bitcoins exponentiell an: In 2010 wurden Bitcoins erstmalig zu 0,03 US-Dollar gehandelt. Bitcoins stiegen bereits im Folgejahr auf über 1 US-Dollar und kletterten unter großen Schwankungen weiter auf über 1.000 US-Dollar zu Beginn des Jahres 2017. Im Dezember 2017 erreichten Bitcoins kurzzeitig den Wert von 20.000 US-Dollar, aber innerhalb weniger Wochen brachen die Notierungen um fast 80 Prozent auf unter 3.500 US-Dollar im ersten Quartal 2019 ein.
- Dieser raketenhafte Aufstieg und Absturz der Preise verlieh Bitcoins den Titel der größten bekannten Finanzblase in der Geschichte, größer noch als der niederländische Tulpenwahn von 1637.
- Die außerordentliche Preisentwicklung in 2017 bis 2018 kann mit dem drohenden Verbot von Kryptowährungen und ICOs in China sowie Maßnahmen zur Bekämpfung der Geldwäsche in Zusammenhang gebracht werden.
- Die Pionierphase neuer revolutionärer Technologien zieht oft schwarze Schafe und Betrüger an. Viele der ICOs haben sich im Nachhinein als Betrug herausgestellt. Doch dies darf nicht über das gewaltige Potential dieser neuen Technologie täuschen.
- Kryptowährungen wie Bitcoins und andere Blockchain-Anwendungen stehen noch am Anfang ihrer Entwicklung. Um ihr wahres Potenzial abzuschätzen, ist analog zum Internet der 1990er-Jahre ein weiteres Jahrzehnt erforderlich. Aus heutiger Sicht sehen die Anwendungsfelder schier grenzenlos aus.

Ausblick auf den Beginn einer neuen Ära

Wir stehen vor dem Anbruch der 2020er-Jahre, und die Rohstoff- und Kryptomärkte stehen in den Startlöchern für einen neuen positiven Preiszyklus. Anfang 2016 schauten Anleger noch auf fünf schmerzvolle Jahre an den Rohstoffmärkten zurück. Allein im Vorjahr hatte der Bloomberg Commodity Index, der die Entwicklung von 22 Rohstoffen wie Rohöl, Gold und Kupfer abbildet, rund 25 Prozent an Wert eingebüßt. Und es kam noch schlimmer: Im Januar 2016 fiel der Rohstoffmarkt um weitere 7 Prozent – der Bloomberg Commodity Index handelte auf dem tiefsten Stand seit Indexauflage 1991. Seit dem Frühjahr 2014 hatten Investoren die Hälfte ihres eingesetzten Vermögens verloren. Besonders betroffen waren die Besitzer von Gold- und Silberminen. Der Acra Gold BUGS Index und der Philadelphia Gold and Silver Index, die die weltweit größten Gold- und Silberminen repräsentieren, handelte auf einem Preisniveau wie zuletzt Anfang 2000, als eine Feinunze Gold rund 260 US-Dollar kostete.

Zwischen Sommer 2011 und Anfang 2016 mussten Anleger zusehen, wie sich 80 Prozent ihrer Vermögenswerte in Luft auflösten, während der Preis für eine Feinunze Gold von über 1.900 US-Dollar auf 1.050 US-Dollar (–45 Prozent) zurückfiel. Der gesamte Bergbausektor litt: Der Marktwert von Unternehmen, die im MSCI, dem World Metals & Mining Index, zusammengefasst sind, fiel um mehr als 80 Prozent von ihren erreichten Hochs zurück. Die Aktien von Glencore, dem größten Rohstoffhandels- und Bergbaukonglomerat der Welt notierten bei 66 Britischen Pfund im September 2015. Gemessen am Börseneinführungspreis im Mai 2011 war das ein Wertverlust von beinahe 90 Prozent!

Irrationale Marktübertreibungen ließen die Preise für Kreditausfallversicherungen für Bergbaukonzerne, sogenannter Credit Default Swaps, in ungeahnte Höhen schießen. Zum Beispiel fielen Anleihen von Glencore mit dreijähriger Restlaufzeit und einer Verzinsung von 2,5 Prozent um 25 Prozent. Das entsprach einer Rendite auf die Restlaufzeit von mehr als 17 Prozent pro Jahr! Vergleichbares passierte mit Anleihen anderer großer etablierter Rohstoffproduzenten wie Freeport-McMoRan, Teck Resources, First Quantum oder Lundin Mining: Der Kapitalmarkt begann, einen Bankrott der gesamten Branche einzupreisen.

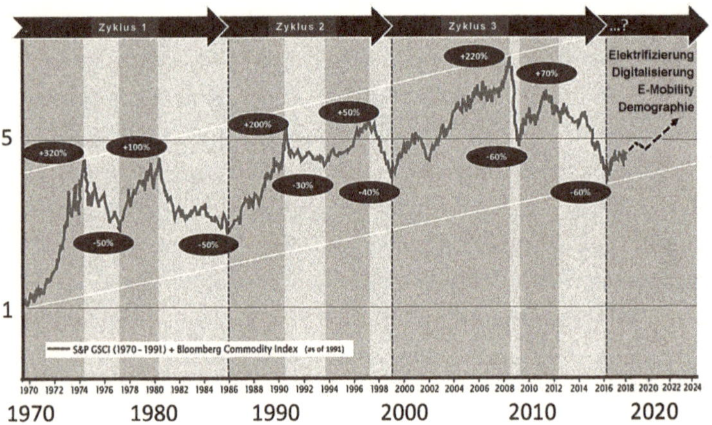

Abbildung 45: 50 Jahre Rohstoffmärkte. Haben wir 2016 den Beginn eines neuen Zyklus erlebt? Daten: Bloomberg 2019

In Retrospektive haben wir Anfang 2016 Kapitulationsniveaus bezeugen können, und mutige Anleger griffen zu. Am Jahresende 2016 hatten sich der Wert von Goldminen verdreifacht, der Goldpreis erholte sich um 30 Prozent, und selbst Käufer von Anleihen verdienten ein Vermögen. Der Börsenkurs von Glencore erholte sich auf 300 Britische Pfund, eine Vervierfachung innerhalb eines Jahres.

Während die Preise für Rohstoffe bröckelten und der Marktwert von Bergbaukonzernen sich in Staub auflöste, feierten die weltweiten Aktien-

und Anleihenmärkte die Party des Jahrhunderts. Nach dem anfänglichen Schock der Finanz- und Wirtschaftskrise 2008/09 stiegen die Kurse. In den USA erreichten Dow Jones und S&P 500 ein Allzeithoch nach dem anderen bis hinein ins Jahr 2018. Gleichzeitig fiel die Verzinsung zehnjähriger Staatsanleihen in den USA auf unter 1,5 Prozent zurück. In Deutschland mussten die Anleger sogar draufzahlen, um dem Deutschen Staat Geld leihen zu dürfen – Negativzinsen! Für Besitzer von Anleihen bedeutete dies, dass der Wert ihres Vermögens von Tag zu Tag stieg. Und es sah so aus, als würde die Party ewig so weitergehen.

Aber an welcher Stelle wiegt die Realität zu schwer? Betrachtet man die langfristige Entwicklung des Aktien- und des Rohstoffmarktes, indem man die Ratio des S&P Goldman Sachs Commodity Index versus S&P 500 bildet, fällt sofort ins Auge: Die relative Bewertung der Rohstoffmärkte im Verhältnis zur Aktienbewertung ist extrem. Verglichen mit Aktien hockten Rohstoffe seit dem Platzen des von China verursachten Rohstoff-Superzyklus auf der Strafbank. Ähnlich wie zu Zeiten der Dotcom-Blase vor fast 20 Jahren, ist heute Alphabet (Google) genauso viel wert, wie alle Bergbaukonzerne des MSCI World Metals&Mining Index zusammengenommen. Hierbei handelt es sich um fast 200 Unternehmen, darunter Bergbaugiganten wie BHP Billiton, Rio Tinto, Glencore, Vale, Barrick Gold und Newmont Mining. Die Frage scheint sich aufzudrängen: Stimmen hier die Realitäten noch? Oder sind Rohstoffe zu billig, oder Aktien schlichtweg zu teuer?

Daher ist es nicht verwunderlich, das nach einem ausgeprägten und schmerzhaften Bärenmarkt ein Anstieg der Rohstoffmärkte um 15 Prozent in 2016 an den meisten Anlegern unbemerkt vorbeiging. Von ihren Jahrestiefs stiegen Rohstoffmarktindices wie Bloomberg Commodity Index (BCOM), S&P Goldman Sachs Commodity Index (S&P GSCI) und Rogers International Commodity Index (RICI) um mehr als 25 Prozent. Auf der Welle der Erholung ritten auch die Aktien von Öl-&-Gas-Gesellschaften sowie die Bergbaukonzerne, die die Rangliste der Branchengewinner anführten und trotzdem noch von niemand beachtet wurden. Professionelle Anleger vertrauten der Entwicklung noch nicht und hielten sich mit Käufen zurück.

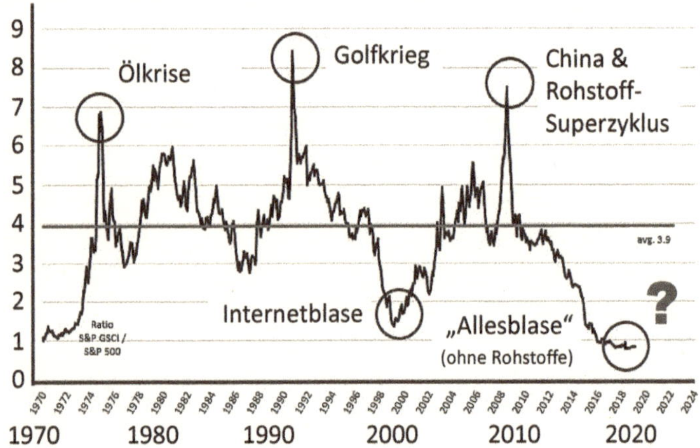

Abbildung 46: Relative Bewertung von Rohstoffen versus Aktien. Rohstoffe sind ein klarer Kauf! Daten: Bloomberg 2019

Trotzdem sind viele Rohstoffteilmärkte noch in einem fragilen Zustand. Doch die großen Ungleichgewichte von Angebot und Nachfrage nach der Zeit des Rohstoff-Superzyklus sind ausgestanden. Der Rückgang der Investitionen im Sektor, um neue Minen zu entwickeln, wird in den Jahren 2020 bis 2030 wiederrum schmerzliche Spuren hinterlassen. Schon jetzt zeichnet sich ein Rückgang der Minenproduktion von Gold und Kupfer ab. Ähnlich sieht es für Rohöl aus: Der natürliche Förderrückgang wird nicht durch die Erschließung neuer Quellen aufgefangen, was mittelfristig zu steigenden Preisen führen muss.

In 2016 setzte eine technische Bodenbildung der Rohstoffmärkte ein und die fundamentalen Daten fingen an, erste Verbesserungen zu zeigen. Im April stiegen die durchschnittlichen Rohstoffpreise erstmalig über die 200 Tage Durchschnittslinie, was ein bullisches Zeichen ist. Seitdem hat sich die Erholung moderat fortgesetzt.

Kurz vor dem Jahr 2020 stehen wir nun vor dem Beginn eines neuen Rohstoffzyklus, einer mehrjährigen Periode steigender Preise, die ein gesundes und expansives Geschäftsumfeld insbesondere für die Minenindustrie bedeutet. Digitalisierung und Blockchain, aber allen voran der neue Megatrend der Elektromobilität wirft seine Schatten auch für die Rohstoffmärkte voraus. Elektrische Fahrzeuge mögen auf Benzin und Diesel verzichten, aber die Nachfrage nach Gold, Kupfer, Nickel, Aluminium, Kobalt, Lithium und Seltenen Erden steigt in einem Ausmaß, welches nur mit dem Erwachen der Chinesischen Volkswirtschaft zu Anfang des Jahrtausends vergleichbar ist. Wenn zwischen 2030 und 2040 tatsächlich die Hälfte aller weltweit neu zugelassenen Fahrzeuge elektrisch ist, dann stehen wir heute am Beginn eines neuen Rohstoffzyklus. Gleichzeitig rücken Alternativen zu klassischem Fiat-Geld wie Euro und US-Dollar in den Fokus, denn immer mehr Menschen beginnen, die staatlichen Schuldenniveaus mit Misstrauen zu betrachten.

Epilog

»Commodities tend to zig when the equity markets zag.«
JIM ROGERS, INVESTMENT-LEGENDE

Der Rohstoffmarkt musste in jüngster Vergangenheit zwei Abstürze verkraften: den Crash mit der Finanz- und Wirtschaftskrise 2008 und dem wenig später folgenden fünfjährigen Bärenmarkt, der erst 2016 endete.

Für das erste Halbjahr 2008, welches sich später als das *annus horribilis* der Finanzindustrie erweisen würde, sah die Bilanz an den Rohstoffmärkten hervorragend aus: Ein deutlich zweistelliger Wertzuwachs steht einem deutlich zweistelligen Abschlag an den internationalen Aktienmärkten gegenüber. Der Ölpreis handelt Anfang Juli 2008 bei über 145 US-Dollar pro Barrel, Kupfer bei über 8.100 US-Dollar pro Tonne, und Gold hatte nach einer fulminanten Rally bereits im März 2008 zum ersten Mal die Marke von 1.000 US-Dollar je Feinunze erreicht. Das ist nicht viel länger als zehn Jahre her.

Innerhalb der so genannten Alternative Investments haben Rohstoffe und Kryptowährungen als Assetklassen immer mehr Anhänger gefunden. Ein geringer bis negativer Gleichlauf der Renditen (Korrelation) mit traditionellen Assetklassen wie Aktien und Anleihen in Kombination mit einer attraktiven erwarteten Rendite machen gerade Rohstoffe als Investment interessant. Eine Vorreiterrolle auf der institutionellen Seite spielten die großen US-Stiftungsvermögen wie Yale und Harvard. David Swensen, seit 1985

Chief Investment Officer der Yale University, allokierte mehr als 50 Prozent der Anlagegelder der Yale University – in der Summe über 20 Milliarden US-Dollar – in Alternative Investments wie Hedgefonds, Rohstoffe, Immobilien und Wälder. »Von Yale lernen, heißt siegen lernen«, titelte die *Financial Times Deutschland* im März 2008, als Swensen ein weiteres Jahr mit Traumrenditen verkünden kann.

Im zweiten Halbjahr 2008 folgt dann aber der jähe Absturz: Breite Rohstoffmarktindizes verlieren rund die Hälfte ihres Wertes und fallen damit deutlich stärker als die ebenfalls stark negativ tendierenden Aktienmärkte. Bear Stearns und Lehman Brothers lassen grüßen – die Welt steht am Rande einer globalen Finanzkrise. Bereits Ende September müssen sowohl Yale als auch Harvard Verluste von über 30 Prozent ihres Stiftungskapitals bekannt geben. Wie bereits Roger Lowenstein in seinem Buch* über den Kollaps von LTCM in 1998 feststellte, tendieren während einer Krise die Korrelationen aller Wertpapiere gegen eins, und Alternative Investments, außer Gold, bieten keinen Diversifikationsvorteil mehr. Mit der Finanzkrise – nach einer exorbitanten Rally der vergangenen Jahre – durchschreiten die Rohstoffmärkte ein Tal der Tränen. Allein der Ölpreis verliert von seinem Hoch im Sommer bei knapp über 145 US-Dollar pro Barrel beinahe 80 Prozent an Wert.

Zweifellos bewirken die Panik vor einem Zusammenbruch des Weltfinanzsystems und der hiermit verbundene Rückzug von Anlagekapital eine Übertreibung der Abwärtsbewegung. 2009 und 2010 melden sich die Rohstoffmärkte jedoch mit Stärke zurück: Rohöl über 80 US-Dollar pro Barrel, Kupfer über 7.500 US-Dollar pro Tonne, Gold über 1.200 US-Dollar je Feinunze und hohe Preisniveaus von Kaffee, Kakao und Zucker – eine Krise sieht anders aus. Das Preisniveau vieler Rohstoffe ist im Rekordtempo auf den durch die Finanzkrise unterbrochenen Wachstumspfad zurückgekehrt. Denn die ressourcenintensiv wachsenden Emerging Markets und in Asien vor allem China führen weiter das weltweite Wachstum an.

Die 42 Kapitel dieses Buches zeigen zum einen, dass die Spekulation mit Rohstoffen beileibe keine Erfindung des neuen Jahrtausends darstellt. Vielmehr waren Rohstoffe unter Investment-Gesichtspunkten in den 1980er-

* When Genius Failed. The Rise and Fall of Long-Term Capital Management

und 1990er-Jahren lediglich vom Radarschirm der meisten Investoren verschwunden, während die 1970er-Jahre ebenfalls einige Rohstoffpreise haussieren sahen. Zum anderen belegen viele der hier geschilderten Episoden – vom niederländischen Tulpenwahn im 17. Jahrhundert bis zum Untergang von Amaranth im 21. Jahrhundert –, wie dramatisch sich temporäre Ungleichgewichte auf der Angebots- oder der Nachfrageseite auf einzelne Rohstoffmärkte auswirken können. Nicht zu unterschätzen sind hierbei die realwirtschaftlichen Folgen, denn anders als bei Aktien, Anleihen oder Währungen handelt es sich bei Rohstoffen um reale Güter.

Und so schließt sich der Kreis zwischen dem Schriftsteller Robert Jordan und der Investment-Legende Benjamin Graham: Das Rad der Zeit dreht sich weiter, und Geschehnisse an den Rohstoffmärkten wiederholen sich in abgewandelter Form. Jeder Markt wird dabei in seinen Extremphasen von Gier und von Angst bestimmt; und das kurze Gedächtnis der Kapitalmärkte ist dabei bereits sprichwörtlich.

Die in diesem Buch zusammengestellten Episoden vermitteln einen Einblick in das Geschehen an den Rohstoffmärkten und dokumentieren das Aufkommen von Kryptowährungen. Mit vielen extremen Preisbewegungen an einzelnen Märkten sind Schicksale und Spekulationen verbunden. Geschwindigkeit und Ausmaß von Veränderungen überrollen dabei auch erfahrene Marktteilnehmer. Der mehrere Hundert Jahre zurückreichende Blick zeigt durchaus Parallelen auf zwischen Geschehnissen der Vergangenheit und solchen der jüngsten Zeit bis hin zur Entwicklung von Bitcoins und anderer Kryptowährungen. Denn »wer die Vergangenheit nicht kennt, kann die Gegenwart nicht verstehen und die Zukunft nicht gestalten«**: dies gilt insbesondere auch für Investitionen am Kapitalmarkt.

** Helmut Kohl, ehemaliger Bundeskanzler (1995)

Danksagungen

Dieses Buch basiert auf meinen persönlichen Erfahrungen an den Rohstoffmärkten und zusätzlichen Recherchen – meist entstanden aus Anregungen von Freunden und Kollegen – während meiner gesamten beruflichen Laufbahn von 2003 bis heute.

Während meiner Zeit bei der Deutschen Bank danke ich Klaus Martini für Führung und Motivation und dafür, dass er mich auf die Geschichte von Bre-X aufmerksam gemacht hat. Christian, Björn und dem Spezialteam für eine gute Zeit! Von allen Menschen, die mich mit Ideen und ihrer Erfahrung unterstützt haben, möchte ich insbesondere Sascha für seinen Beitrag zu Rohöl und die Auswirkungen der Krise der 1970er-Jahre auf Sowjetrussland danken. Valery, gewollt oder ungewollt, danke für neue und bereichernde Aspekte zum Thema Bitcoins und Blockchain. Thomas, es war ein Glück, Dich in München zu treffen. Die Verbindung von realen Werten wie Edelmetallen und Blockchain hat sich als sehr fruchtbar erwiesen. Jochen, Dir danke ich nicht nur für ein Vorwort, sondern dafür, dass wir dieselbe Leidenschaft für die Rohstoffmärkte teilen (und für italienischen Wein, Prosciutto et cetera).

Meiner geliebten Frau Alina, Dir danke ich für Deine Liebe und Unterstützung. Im Ehegelübde versprachst Du, alle meine Bücher zu lesen, selbst die deutschen. Ich sorge dafür, dass Dir der Lesestoff nicht ausgeht. Mein Dank gilt im besonderen Maß meiner im letzten Jahr verstorbenen Mutter in Liebe und Erinnerung. Ohne Dich wäre dies alles nicht möglich gewesen.

Abschließend möchte ich dem Team der Greenleaf Book Group in Texas für Hilfe und Unterstützung danken. Insbesondere Daniel, der gute

Nachrichten an den Lago Maggiore nach Italien übermittelte. Jen, für Flexibilität im Projektmanagement und im Zeitplan, Lindsey, für ihr tiefgehendes Verständnis und kurzfristige Änderungen, und schließlich Chase für die kreativen Layout-Ideen und witzige Unterhaltungen. Well done! Und Joan, meiner Lektorin in Santa Barbara, für ihre sonnige Stimmung und frischen Ideen. In Deutschland gilt mein Dank Christian Jund und Georg Hodolitsch vom FinanzBuch Verlag. An der EBC Hochschule in Düsseldorf denke ich gerne an mein Finance Seminar IBM16: Danke Monika, Alexander, Isabella, Madeline, Jill-Jana, Ninja, Milos, Jandrik und Dilara für kreative Diskussionen. Christiane und Hartmut: Danke für mehr als ein lustiges Jahr! In Russland danke ich Alex Orlovych und Alex Sleptsov von Alfa-Kniga. In der Ukraine danke ich Andrew Yankovets für die Unterstützung bei der russischen Übersetzung. Vielen Dank Euch allen, dass ihr dieses Buch möglich gemacht habt!

Glossar

ADDY

Kurzform von Adresse. Mit Addy ist die öffentliche Transaktionsadresse (public key) bzw. die Adresse eines Krypto-Wallets gemeint. Die Adresse kann als Abfolge von Nummern und Buchstaben, oder auch als QR Code dargestellt sein.

Agflation

Ein Zeitraum meist stark steigender Lebensmittelpreise, ausgelöst durch eine gestiegene Nachfrage nach Agrargütern für die Ernährung und auch für Biotreibstoff. Hervortretend ist hier z. B. die Entwicklung der Jahre 2007/08. Das Wort setzt sich zusammen aus »Agrar« und »Inflation«.

Altcoin

Altcoins oder Coins sind alle alternativen Kryptowährungen, die nach Bitcoins erfunden wurden. Aktuell existieren über 4.000 Altcoins, die sich von Bitcoins zum Teil deutlich unterscheiden. Ein Beispiel ist Litecoin.

Backwardation und Contango

An den Finanzmärkten beschreibt der Unterschied zwischen dem Spot (Kassa) Preis und dem Future Preis der verschiedenen Laufzeiten die sogenannte Terminkurve. Backwardation tritt auf, wenn der Preis für die zukünftige Lieferung einer Ware, einer Währung oder eines Wertpapiers niedriger ist als der Spot Preis (z. B. wenn Rohöl heute bei 70 US-Dollar/Barrel handelt, aber die Lieferung in 3 Monaten nur 60 US-Dollar/Barrel kostet). Contango tritt dagegen auf, wenn der Preis der zukünftigen Lieferung höher ist als der aktuelle (Spot) Preis (z. B. wenn Gold heute bei 1.300 US-Dollar/Unze handelt, der Future mit Lieferung in zwölf Monaten jedoch bei 1.400 US-Dollar/Unze). Contango ist bei Finanztermingeschäften und Gold üblich, während Backwardation oft auf den Warenterminmärkten auftritt.

Blockchain
Eine Blockchain ist eine kontinuierlich erweiterbare Liste von Datensätzen, auch »Blöcke« genannt, die mittels kryptografischer Verfahren miteinander verknüpft sind. Der Begriff Blockchain wird auch genutzt, wenn ein Buchführungssystem dezentral geführt wird. Dieses Konzept wird als Distributed-Ledger-Technologie (dezentral geführte Kontobuchtechnologie) oder DLT bezeichnet. Es existiert keine zentrale Datenspeicherung oder ein Administrator.

BTC
Bitcoin (BTC oder ₿). Die erste Kryptowährung, eine Form von elektronischem Geld. Ein Bitcoin ist in 1.000 Millibitcoins und 100.000.000 Satoshis unterteilt. Ein Bitcoin wird aktuell bei etwa 5.000 US-Dollar gehandelt.

BTFD
Ein Akronym für »Buy The Fucking Dip«. Fordert dazu auf, während einer Preiskorrektur Aktien oder andere Vermögensgegenstände zu kaufen (»Kaufe jetzt in diesem verdammten Kurseinbruch«).

Bullen- und Bärenmarkt
An den Finanzmärkten ist von einem »Bärenmarkt« die Rede, wenn die Preise von Wertpapieren, Währungen, Waren oder Coins einen fallenden Preistrend aufweisen (auch »Baisse«). Ein Bärenmarkt ist üblicherweise bestimmt, wenn Preise mehr als 20 Prozent unter ihren erreichten Hochs handeln, während kleinere Preisabschwünge als »Korrekturen« bezeichnet werden. Das Gegenteil eines positiven Markttrends wird Bullenmarkt genannt (auch »Hausse«).

Cornern/einen Markt cornern
An den Finanzmärkten bedeutet einen Markt zu »cornern«, die ausreichende Kontrolle über ein Asset zu erlangen mit dem Ziel, den Marktpreis zu

manipulieren. Hierbei kann es sich um eine Aktie, eine Währung, einen Rohstoff oder einen Coin handeln. Kontrolle kann z. B. durch eine dominanten Besitzanteil ausgeübt werden.

Crash

Ein Crash bei Aktien, Anleihen, Rohstoffen oder Kryptowährungen bezeichnet einen plötzlichen und drastischen Preisverfall über eine ausreichend breite Auswahl von Einzelwerten. Ein Crash wird genauso von Panik wie von ökonomischen Faktoren getrieben und führt zu meist massiven Vermögensverlusten. Ein Crash folgt oft einer spekulativen Übertreibung (»Bubble«).

DYOR

Ein Akronym für »Do Your Own Research.« Wird oft in Internet-Foren und Blogs als Erinnerung und Ermahnung verwendet, damit Leser ihre eigenen Analysen anstellen, anstatt alles, was sie lesen, für bare Münze zu nehmen.

Fiat-Währung

Bezeichnung für traditionelle Währungen wie den US-Dollar, Euro oder Pfund. Das Wort »Fiat« kommt aus dem Lateinischen und bedeutet so viel wie »es soll sein«. Gemeint ist damit ein Zahlungsmittel, das seinen Wert nicht anhand anderer Güter wie z. B. Gold oder Silber erhält, sondern meist durch eine Regierung kontrolliert wird. Das bedeutet, Fiat-Währung weist keinen inneren Wert auf und wird zumeist vom Staat zu Geld erklärt. Dieser Ansatz unterscheidet sich z. B. vom Goldstandard oder von der grundlegenden Idee von Kryptowährungen.

FOMO/JOMO

Ein Akronym für »Fear of Missing Out« und »Joy of Missing Out«. Ersteres beschreibt die Angst, es zu bereuen, bei einer bestimmten Entwicklung nicht dabei zu sein. FOMO zementiert die Befürchtung, die falsche Entscheidung getroffen zu haben, während JOMO das Gegenteil beschreibt.

FUD

Als Akronym beschreibt FUD »Fear, Uncertainty and Doubt«, also Angst, Unsicherheit und Zweifel. FUD gilt als eine Basisstrategie zur Desinformation insbesondere in der Politik, PR, Marketing und im Finanzsektor. Grundsätzlich soll die Wahrnehmung durch negative oder falsche Nachrichten durch Angst beeinflusst werden.

Gold und Silber

Gold (Symbol AU, aus dem Lateinischen *aurum*) und Silber (Symbol AG, aus dem Lateinischen *argentum*) sind Edelmetalle, die zur Wertaufbewahrung seit mehreren Tausend Jahren verwendet werden. Seit dem 6. Jh. v. Chr. wurden Gold und Silber in der Form von Münzen bereits als Zahlungsmittel eingesetzt. In der Vergangenheit dienten ein Gold- und/oder Silberstandard oft als Basis des Geldsystems.

Goldstandard

Der Goldstandard beschreibt ein Geldsystem, in welchem der Wert der Währung eines Landes an Gold gebunden ist. Variationen sind ein Silberstandard oder ein Bimetallstandard. Im Laufe der Geschichte haben sich die meisten Länder vom Goldstandard verabschiedet, halten aber noch zum Teil bedeutende Goldreserven. Nach dem Zweiten Weltkrieg einigten sich die bedeutendsten Länder darauf, ihre Währung an den US-Dollar zu koppeln (»Leitwährung«), welcher wiederum an Gold gebunden war. Jede Zentralbank konnte US-Dollar-Bestände zum festen Wechselkurs von 35 US-Dollar in Gold konvertieren. Dieses System fester Wechselkurse (auch als Bretton-Woods-System bekannt) und eines quasi Goldstandards wurde de facto 1971 durch die USA abgeschafft (»Nixon-Schock«), was den Beginn flexibler Wechselkurse und des Fiat-Geldes bedeutete.

HODL

Ein Akronym für »Hold On for Dear Life.« **HODL** war ursprünglich ein Schreibfehler in einem Beitrag eines Bitcoin-Forums im Dezember 2013, in dem ein offensichtlich Betrunkener zum Halten (englisch *hold*) von Bitcoins während eines Marktcrashs aufruft. Der Beitrag ging viral und wurde insbesondere in der Kryptoszene sehr populär. HODL ist eine Ermutigung, eine Kryptowährung zu halten, statt sie zu verkaufen (»buy and hold«).

ICO
Ein Initial Coin Offering (ICO) ist eine Firmen- bzw. Projektfinanzierungsart basierend auf Kryptowährungen ähnlich einem IPO an den Aktienmärkten (»Initial Public Offering«). In einem ICO wird eine festgelegte Menge einer Kryptowährung in der Form von Token an Investoren gegen Fiat-Geld wie US-Dollar oder Euro bzw. gegen andere Kryptowährungen wie Bitcoins verkauft. ICOs sind eine beliebte Finanzierungsmethode von Start-ups, welche regulatorische Hürden noch umgeht, und bei der keine Venture Capital Gesellschaften, Banken oder andere Intermediäre eingeschaltet werden müssen.

Kryptowährung
Kryptowährungen (engl. *cryptocurrencies*) sind digitale Tausch- bzw. Zahlungsmittel ohne zentrale Drittpartei. Staatliche Institutionen und Banken werden im Gegensatz zu traditionellem Fiat-Geld nicht benötigt. Der Begriff »Krypto« unterstellt eine besonders gute Verschlüsselung und wird über eine dezentrale Blockchain abgesichert. Erster Coin auf einer Blockchain waren Bitcoins im Jahr 2009. Man kann alternative Kryptowährungen (Altcoins) und Tokens unterscheiden – Letztere haben keine Zahlungsfunktion.

Long und short
An den Finanzmärkten ist es Investoren möglich, Vermögensgegenstände zu kaufen (»long«) oder zu verkaufen (»short«). Hält ein Investor eine Long-Position, profitiert er vom Preisanstieg eines Assets. Der Sinn einer Short-Position ist es, auch von fallenden Preisen zu profitieren. Short-Positionen sind etwas komplizierter umzusetzen, als einfach nur, das Asset zu kaufen.

Mooning
Neben der Bedeutung, seinen nackten Hintern als despektierliche Geste oder aus Protest zu zeigen, kann »mooning« sich auf den Finanzmärkten und in der Kryptoszene auf den plötzlichen und unerwarteten Anstieg eines Vermögenspreises beziehen.

Pump and Dump

Umgangssprachlich an den Finanzmärkten für eine bestimmte Form des Wertpapierbetrugs. Durch die Veröffentlichung und Verbreitung falscher oder fehlleitender Informationen soll der Preis eines Vermögensgegenstandes wie z. B. einer Aktie, eines Rohstoffs oder einer Kryptowährung künstlich verteuert werden, so dass der Initiator selber mit einem Gewinn verkaufen kann. Nach dem Verkauf der überbewerteten Vermögensgegenstände fällt der Preis wieder auf sein »normales« Maß zurück und die meisten Investoren erleiden Verluste. Beliebte Kanäle, um beeinflussende Nachrichten zu streuen, sind Spam-E-Mails, soziale Medien, Internetforen oder Blogs. Besonders anfällig für diese Methode sind kleine Kryptowährungen und sehr kleine börsengelistete Aktiengesellschaften (»Mikro-Caps«).

Sats

Kurzform für »Satoshi«, der kleinsten Einheit eines Bitcoins. Ein Bitcoin setzt sich aus 100.000.000 Satoshis zusammen. Der Ausdruck leitet sich vom Pseudonym des Bitcoins-Erfinders Satoshi Nakamoto ab. Aktuell sind 10.000 Sats etwa 65 US-Cents.

Starke und schwache Hände

An den Finanzmärkten wird zwischen kurzfristig agierenden Spekulanten (»schwache Hände«) und langfristig agierenden und gut informierten Marktteilnehmern (»starke Hände«) unterschieden. Für Letztere ist es untypisch, ihre Positionierung aufgrund kurzfristiger Marktschwankungen zu ändern.

Seltene Erden Elemente (SEE)

Zu den Metallen der Seltenen Erden gehören Scandium und Yttrium sowie 15 Lanthanoide – insgesamt also 17 Elemente. Oft wird auch zwischen leichten (Cerium, Europium, Lanthan, Neodym, Praseodym, Promethium, Samarium und Scandium) und schweren (Dysprosium, Erbium, Gadolinium, Holmium, Lutetium, Terbium, Thulium, Ytterbium, und Yttrium) Seltenen Erden unterschieden.

Seltene Erden Elemente sind in vielen Hightech-Schlüsseltechnologien unverzichtbar (beispielsweise in Elektromotoren, Brennstoffzellen oder Windkraftanlagen).

Short Squeeze

Bezeichnet die Verknappung des Angebots – meist eines Wertpapiers wie einer Aktie oder eines Rohstoffs -, welches zuvor in großer Anzahl geshortet wurde. Ein Short Squeeze tritt auf, wenn diese Leerverkäufe durch steigende Notierungen zur Glattstellung gezwungen (»gepresst«) werden, was zu weiter steigenden Preisen führt.

Rogue Trader

Ein Rogue Trader ist ein Händler an den Finanzmärkten, der ohne Rücksicht auf die Belange des Auftraggebers oder des Arbeitgebers handelt. Sein Handeln ist illegal. Berühmte Rogue Trader sind z. B. Nick Leeson und Jérôme Kerviel.

Token

Ein (Krypto)Token repräsentiert ein Wirtschaftsgut, einen Vermögenswert oder einen Vermögensgegenstand. Token können jedes erdenkliche fungible und handelbare Asset abbilden, wie z. B. Immobilien, Rohstoffe oder Dienstleistungen wie Treueprogramme. Token sind keine Kryptowährung.

Wallet

Ein **wallet** ist eine digitale Geldbörse, die benötigt wird, um Bitcoins oder andere Kryptowährungen aufzubewahren. Ein Krypto-Wallet ist ein Software-Programm, das öffentliche und private Schlüssel verwaltet und mit unterschiedlichen Blockchains interagieren kann, so dass Anwender digitale Währungen senden und empfangen können. Es gibt unterschiedliche Formen von Wallets, die alle unterschiedliche Sicherheitsprofile aufweisen: online, offline, hardware et cetera.

Wal

Die Bezeichnung »Wal« wird oft gebraucht, um besonders große Spieler bzw. Investoren zu beschreiben. Das Meer ist eine gute Metapher für den Kapitalmarkt, da das Meer kleine und große Fische sowie Haie enthält. Wellen stehen dabei für die Marktbewegung und so weiter.

Referenzen

Kapitel 1

Jan Friedmann: »Tulpen-Wahn in Holland – Wie die große Gartenhure Investoren verrückt machte«, www.spiegel.de, 01. August 2009

Winand von Petersdorff: »Eine Blumenzwiebel für 87.000 Euro«, www.faz.net, 18. März 2008

Mike Dash: *Tulpenwahn. Die verrückteste Spekulation der Geschichte*, Claasen Verlag, München 1999

Kapitel 2

Philipp Mattheis: »Der Reishändler«, SZ-Serie: *Die großen Spekulanten* (39), www.sueddeutsche.de, 28. Oktober 2008

John Needham: »Samurai Trader!«, www.financialsense.com, 20. Januar 2008

Kapitel 3

Axel Bojanowski: »Neuer Goldrausch in Kalifornien – Es ist wie 1849«, www.sueddeutsche.de, 17. Juni 2008

»Going to California – 49ers and the Gold Rush«, http://americanhistory.about.com, 2008

»Gold Rush«, The California State Library, www.library.ca.gov/goldrush, 2007

Kapitel 4

W. G. Ferris: *The Grain Traders. The Story of the Chicago Board of Trade*, Michigan State University Press, East Lansing 1988

Richard J. Teweles/Frank J. Jones: *The Futures Game – who wins? Who loses? And why?*, McGraw-Hill, New York 1987

»The Great Speculator Fails – Mr. Hutchinson leaves Chicago and his trades closed out«, *The New York Times*, 30. April 1891

»B. P. Hutchinson Dead – Once Leading Grain Speculator in This Country«, *The New York Times*, 17. März 1899

Eingangszitat aus: Charles Geisst: *Wheels of fortune – The history of speculation to respectability*, John Wiley & Sons, Hoboken 2002. Hutchinsons Sohn Charlie lobt in seiner Antrittsrede als Präsident der Chicago Board of Trade (CBOT) die philanthropische Funktion der Börse für die Landwirte.

Kapitel 5

Martin Kunz: »Reichster und meistgehasster Mann der Welt«, www.focus.de, 23. Mai 08

B. W. King: »John D. Rockefeller und das Zeitalter des Öls«, http://finanzen.coart.de/BrsenKnowHow/Geschichtliches, 18. August 2006

Kapitel 6

Charles Geisst: *Wheels of fortune – The history of speculation to respectability*, John Wiley & Sons, Hoboken 2002

W. G. Ferris: *The Grain Traders. The Story of the Chicago Board of Trade*, Michigan State University Press, East Lansing 1988

»The Wheat Corner – Sudden Collapse of the Grain Gamblers' Schemes in Chicago Loss of the Clique Over $1,000,000«, *The New York Times*, 23. August 1872

Kapitel 7

»Aristoteles Onassis – Reicher Mann ganz arm«, www.stern.de, 13. Januar 2006

»Kalkuliertes Risiko«, *Der Spiegel* 29/1978, www.spiegel.de
Werner Seebach: »König Saud und Aristoteles Onassis«, *Die Zeit*, 17. Juni 1954, www.zeit.de

Kapitel 8

Norman C. Miller: *The Great Salad Oil Swindle*, Penguin Books, Baltimore 1965
»Wall Street: Spreading the Losses«, 06. Dezember 1963, www.time.com
»The Man Who Fooled Everybody«, 04. Juni 1963, www.time.com
The Food and Agriculture Organization of the United Nations (FAO), www.fao.org, 12/2008

Kapitel 9

May Peters/Suchada Langley/Paul Westcott: »Agricultural Commodity Price Spikes in the 1970s and 1990s«, United States Department of Agriculture (USDA), März 2009, www.ers.usda.gov
Philipp Mattheis: »Der Turtle-Chef«, SZ-Serie: *Die großen Spekulanten* (33), www.sueddeutsche.de, 29. Januar 2008
»Another Soviet Grain Sting«, www.time.com, 28. November 1977
The Food and Agriculture Organization of the United Nations (FAO), www.fao.org, 12/2008

Kapitel 10

»US-Bundesstaaten wollen einen Gold- und Silberstandard«, www.bullion-investor.net, 07. März 2010
T. Schulte: *Silber – das bessere Gold*, Kopp Verlag 2010
»Die Silber-Panik« (1893), http://zeitenwende.ch

Kapitel 11

»Die Ölkrise 1973«, http://zeitenwende.ch, 2009

The Organization of the Petroleum Exporting Countries (OPEC), www.opec.org, 2008
US Department of Energy, www.eia.doe.gov, 2008

Kapitel 12

Bettina Schulz: »Nicholas Oppenheimer – Der Diamantenkönig«, www.faz.net, 22. Oktober 2006
Bartholomäus Grill: »Herr der Diamanten«, www.zeit.de, 02. Oktober 2003
Claudia Kühner: »A Diamond's best Friend – Antwerpen, Weltzentrum des Diamantenhandels«, NZZ Folio 12/1993
»Im Griff des Syndikats«, *Der Spiegel* 44/1989, www.spiegel.de

Kapitel 13

Simone Boehringer: »Aufstieg mit Öl, Absturz mit Silber«, SZ-Serie: *Die großen Spekulanten* (17), www.sueddeutsche.de, 14. Mai 2008
»Die Gebrüder Hunt verzocken sich am Silbermarkt«, www.faz.net, 26. Februar 04

Kapitel 14

Michael Thumann: »Trotz Blut kein Öl«, www.zeit.de, 16. Juni 2009
»Fünf Jahre Irak-Krieg – Chronik eines umstrittenen Feldzugs«, www.spiegel.de, 17. März 2008
Kenneth Pollack: »Der gefährlichste Mann der Welt«, *Der Spiegel* 06/2003, www.spiegel.de
Kenneth Pollack: *The Threatening Storm – The Case for Invading Iraq*, Random House, New York 2002
»Der Golfkrieg 1991«, www.faz.net, 24. Februar 2001

Kapitel 15

Mark Landler: »Spotlight: Heinz Schimmelbusch's comeback«, www.nytimes.com, 10. August 2007

»Missmanagement bei Metallgesellschaft«, www.manager-magazin.de, 28. August 2001

Thomas Knipp: *Der Machtkampf. Der Fall Metallgesellschaft und die Deutsche Bank*, Econ Verlag, Düsseldorf 1998

»Metallgesellschaft Reports Talks With Ex-Chief Fail«, New York Times, 05. April 1996

Kapitel 16

Emily Chasan: »Apex Silver Mines files for bankruptcy protection«, www.reuters.com, 14. Januar 2009

Hal Weitzman: »Morales pledges to nationalize mining industry in Bolivia«, www.ft.com, 09. Mai 2006

Gretchen Morgenson: »Gates Putting Some Money in Silver Miner«, www.nytimes.com, 29.09.1999

Jonathan Fuerbringer: »Buffett Likes Silver; Soros, a Silver Mine«, www.nytimes.com, 26. März1998

The Silver Institute, www.silverinstitute.org

Kapitel 17

Christoph Neidhart: »Hamanaka – der Vorstadt-Spießer«, SZ-Serie: *Die großen Spekulanten* (2), www.sueddeutsche.de, 29. Januar 2008

Nicole Bastian: »Kupferfinger sucht einen neuen Job«, www.handelsblatt.com, 12.12.2005

www.kupferinstitut.de

Kapitel 18

»Goldenes Grab«, *Der Spiegel*, 16/1997, www.spiegel.de

Richard Behar: »Jungle Fever«, *Fortune*, 09. Juni 1997

Douglas Goold/Andrew Willis: *The Bre-X Fraud*, McClelland & Stewart, Toronto 1997

BHP Billiton, Minerals Companion, 2006

Kapitel 19

Christian Wolf: »Palladium – Rasante Rekordjagd«, www.focus.de, 18. Januar 2001

René Frank: »Eine Seltenheit: Palladium-Münzen«, moneytrend, 01/2001

United Nations Conference on Trade and Development (UNCTAD) / Market Information in the Commodities Area (InfoComm), www.unctad.org/infocomm

Kapitel 20

Alexander Busch: »China treibt den Kupferpreis von allen Seiten in die Höhe«, www.handelsblatt.com, 12. Dezember 2005

Andreas Hoffbauer: »Die diskreten Kontrakte des Herrn Liu«, www.handelsblatt.com, 12. Dezember 2005

Bill Powell: »Buy! Sell! Run!«, www.time.com, 20. November 2005

»Bad bets in the copper market«, www.economist.com, 18. November 2005

Carl Mortished: »City gripped by mystery of the phantom copper dealer«, *The Times*, 15. November 2005

Kapitel 21

»Zinc in New Orleans flooded warehouses«, *Reed Business Information*, 2009

»Zinc price soars after New Orleans supply freeze«, www.telegraph.co.uk, 07. September 2005

»Zinc under supply tightness«, Metalworld, 09/2005

»A User Guide to Commodities«, Deutsche Bank, 09/2008

London Metal Exchange, www.lme.co.uk, 2009

International Lead and Zinc Study Group, www.ilzsg.org, 2009

BHP Billiton, Minerals Companion, 2006

Kapitel 22

»Amaranth Trading Led to MotherRock Loss«, Bloomberg, 25. Juni 2007

»Hedgefonds hat angeblich fünf Milliarden Dollar verwettet«, www.handelsblatt.com, 19. September 2006

»In sieben Tagen 4,5 Milliarden Dollar Verlust«, www.manager-magazin.de, 19. September 2006
»Milliardenverlust von Hedgefonds lässt Märkte kalt«, www.fazfinance.net, 20. September 2006
»Hedgefonds MotherRock schließt«, www.handelsblatt.com, 07. August 2006
US Department of Energy, www.energy.gov, 2009
Energy Information Administration, www.eia.doe.gov, 2009

Kapitel 23

US Department of Agriculture (USDA), Situation and Outlook for Orange Juice, www.fas.usda.gov, Februar 2006
»Orange juice rises«, *The New York Times*, 14. August 2004
»Orange juice falls«, *The New York Times*, 22. Januar 2004
www.nws.noaa.gov

Kapitel 24

»Kathrine und Cecilie Astrup Fredriksen Schnappen sich diese schönen Milliardärs-Töchter TUI?«, www.bild.de/politik/wirtschaft/kaufen-die-se-schoenen-milliardaers-toechter-tui-11713918.bild.html, 02. Juli 2010
Clemens Bomsdorf: »John Fredriksen – Milliardär und Tankerkönig«, in: www.welt.de/wirtschaft/article1799093/John-Fredriksen-Milliardaer-und-Tankerkoenig.html, 14. März 2008
»Lachsfieber: Brisante Recherchen über einen Nahrungsmittelgiganten«, www.ardmediathek.de
OECD-FAO: Agricultural Outlook 2011-2012, www.fao.org

Kapitel 25

»Mittal/Arcelor Fusion perfekt«, www.manager-magazin.de/unternehmen/artikel/a-428605.html, 26. Juli 2006
James Kanter, Heather Timmons und Anand Giridharadas: »Arcelor agrees to Mittal takeover«, www.nytimes.com/2006/06/25/business/worldbusiness/25iht-steel.html, 25. Juni 2006

»Arcelor und Mittal. Stahl-Giganten einigen sich auf Fusion«, www.spiegel.de/wirtschaft/arcelor-und-mittal-stahl-giganten-einigen-sich-auf-fusion-a-423475.html, 25. Juni 2006

»Lakshmi Mittal ›Stahl-Maharadscha‹ mit Familiensinn«, www.stern.de/wirtschaft/news/lakshmi-mittal--stahl-maharadscha--mit-familiensinn-3498140.html, 27. Januar 2006

Gerd Zitzelsberger: »Fusion der Stahlgiganten. Ein moderner Maharadscha«, www.sueddeutsche.de/wirtschaft/fusion-der-stahlgiganten-ein-moderner-maharadscha-1.819924, 5. Dezember 2008

J. James: »Steel's new sprin«, *Time magazine*, www.time.com, 31. Oktober 2004.

»Der größte Stahlproduzent der Welt entsteht«, www.faz.net/aktuell/wirtschaft/rohstoffe-der-groesste-stahlproduzent-der-welt-entsteht-1192255.html, 25. Oktober 2004

T. Kroder: »Lakshmi Mittal: Der Stahlbaron aus Indien«, www.ftd.de, 25. Oktober 2004

www.arcelormittal.com

Kapitel 26

»Petro-China – Das teuerste Unternehmen der Welt«, www.faz.net, 05. November 2007

N. Vardy: »The New Seven Sisters: Today's Most Powerful Energy Companies«, https://seekingalpha.com/article/30922-the-new-seven-sisters-todays-most-powerful-energy-companies, 28. März 2007

Carola Hoyos: »The new Seven Sisters: oil and gas giants dwarf western rivals«, www.ft.com/content/471ae1b8-d001-11db-94cb-000b5df10621, March 12, 2007

Carola Hoyos: »The evolution of the Seven Sisters«, www.ft.com/content/2103f4da-cd8e-11db-839d-000b5df10621, 11. März 2007

O. V.: »The Seven Sisters Still Rule«, www.time.com, 11. September 1978

Kapitel 27

»Der Weizenpreis läuft von Rekord zu Rekord«, www.faz.net, 26. Februar 2008
»Dried up, washed out, fed up«, *The Economist*, 04. Oktober 2007
»Dramatische Dürre«, www.spiegel.de, 20. April 2007
»Dürre in Australien«, www.stern.de, 02. Januar 2007
»Dürre in Australien«, www.faz.net, 10. November 2006
»Extremwetter – Jahrtausend-Dürre in Australien«, www.spiegel.de, 07. November 2006
»Dürre treibt Bauern in den Selbstmord«, www.stern.de, 24. Oktober 2006
International Grains Council (IGC), www.igc.org.uk, 2009

Kapitel 28

»Ex-BMO trader gets fine«, www.thestar.com, 7. November 2009
»BMO says commodity-trading losses to dent profit«, Reuters, April 2007
»BMO Financial hikes commodity-trading loss view«, Reuters, Mai 2007
»How did BMO's $450M loss just materialize?«, *Financial Post*, April 2007

Kapitel 29

»Eskom says SA needs ›at least‹ 40 new coal mines«, www.mg.co.za, 11. August 2009
»Stromausfall in Südafrika erreicht Rohstoffmärkte«, www.fazfinance.net, 25. Januar 2008
London Platinum and Palladium Market, www.lppm.org.uk, 2009
Johnson Matthey, www.matthey.com, 2009

Kapitel 30

»USA rechnen mit mehr als 100.000 Toten«, www.focus.de, 07. Mai 2008
Oliver Müller: »Angst vor Hungersnot – Hoher Reispreis macht Asien nervös«, www.handelsblatt.com, 09. April 2008

Kapitel 31

»Rohstoffmärkte sind spekulativ überhitzt«, www.faz.net, 06. März 2008

»Rogue trader rocks firm – Huge wheat futures loss stuns MF Global«, www.chicagotribune.com, 29. Februar 2008

Kapitel 32

Brian Baskin: »Oil Stored at Sea Washes Out Rallies«, http://online.wsj.com, 05. Februar 2009

Claus Hecking/Tobias Bayer: »Abgeschmiert in der Prärie«, www.ftd.de, Januar 19. Januar 2009

Tobias Bayer: »›Super-Contango‹ – Unternehmen bunkern Öl«, www.ftd.de, 08. Dezember 2008

Kapitel 33

Thomas Kutty Abraham: »World Sugar Shortage to Extend a Third Year«, Bloomberg, 29. Januar 2010

Wolfgang Merkel: »In Indien und Australien wird die Dürre noch größer«, www.welt.de, 24. September 2009

Hasnain Kazim: »Dürre bedroht Indiens Wirtschaft«, www.spiegel.de, 18. August 2009

Nicole Stern: »Ernteausfälle in Indien treiben Zuckerpreis«, http://diepresse.com, 16. August 2009

Christoph Hein: »Indien betet für einen stärkeren Monsun«, www.faz.net, 12. August 2009

Judith Lembke: »Der Zuckerpreis ist kaum zu stoppen«, www.faz.net, 07. August 2009

Christine Mai: »Zuckerpreis erreicht 25-Jahres-Hoch«, www.ftd.de, 03. August 2009

Kapitel 34

»Sweet dreams. A hedge fund bets big on chocolate«, www.economist.com/finance-and-economics/2010/08/05/sweet-dreams, 07.-13. August 2010

S. Murugan: »What's driving cocoa?«, http://seekingalpha.com, 04.08.2010

D. Marron: »The Cocoa Corner: Is Choc Finger down USD 150 Million?«, http://seekingalpha.com, 26. Juli 2010

J. Werdigier / J. Creswell: »Trader's cocoa binge wraps up chocolate market«, www.nytimes.com, 24. Juli 2010

O. V.: »Kakao als Spielball der Spekulation«, www.faz.net, 20. Juli 2010

Kapitel 35

William MacNamara und Miles Johnson: »Disquiet over ENRC's purchase of Congo assets«, www.ft.com/content/19fe6f94-b791-11df-8ef6-00144feabdc0, 3. September 2010

William MacNamara und Christopher Thompson: »Congo seizes First Quantum Minerals' assets«, www.ft.com/content/27d6e104-b530-11df-9af8-00144feabdc0, 31. August 2010

Christopher Thompson und William MacNamara: »ENRC buys into disputed Congo project«, www.ft.com/content/870a8b2a-acda-11df-8582-00144feabdc0, 21. August 2010

»Congo 2 Africa's disaster«, www.independent.co.uk/voices/editorials/leading-article-congo-africas-disaster-2013789.html, Mittwoch, 30. Juni 2010

»Kongo will mehr von eigenen Rohstoffen profitieren«, www.gtai.de, 24. Juni 2010

Kapitel 36

Philip Bethge / Cordula Meyer: »Die Alptraum-Bohrung«, www.spiegel.de/spiegel/a-713063.html, 23.08.2010

»›Static Kill‹ erfolgreich. BP stopft Öl-Bohrloch«, www.stern.de/panorama/wissen/natur/-static-kill--erfolgreich-bp-stopft-oel-bohrloch-3537142.html, 04. August 2010

»780 Millionen Liter – die bisher größte Ölpest aller Zeiten«, www.zeit.de/wissen/umwelt/2010-08/bp-oelloch-leck-verzoegerung, 3. August 2010

»Ölkatastrophe im Golf von Mexiko Alarm auf Bohrinsel war offenbar abgeschaltet«, www.spiegel.de/wissenschaft/natur/oelkatastrophe-im-golf-

von-mexiko-alarm-auf-bohrinsel-war-offenbar-abgeschaltet-a-708247.html, 24. Juli 2010
»Ölpest im Golf von Mexiko BP-Experten durchtrennen leckendes Öl-Rohr«, www.spiegel.de/wissenschaft/natur/oelpest-im-golf-von-mexiko-bp-experten-durchtrennen-leckendes-oel-rohr-a-698597.html, 03. Juni 2010
»Ölpest im Golf von MexikoAuch BP macht die Katastrophe jetzt Angst«, www.stern.de/panorama/wissen/natur/oelpest-im-golf-von-mexiko-auch-bp-macht-die-katastrophe-jetzt-angst-3284936.html, 30. Mai 2010

Kapitel 37

Garry White: »Cotton price causes 'panic buying' as nears 150-year high«, www.telegraph.co.uk/finance/markets/8301886/Cotton-price-causes-panic-buying-as-nears-150-year-high.html, 04. Februar 2011
Ulrike Wollenschlaeger: »Baumwolle: Auf Rekordpreise folgt Rekordproduktion«, www.textilwirtschaft.de/business/unternehmen/Baumwolle-Auf-Rekordpreise-folgt-Rekordproduktion-69081?crefresh=1, 09. März 2011
Carolyn Cui: »Chinese Take a Cotton to Hoarding«, www.wsj.com/articles/SB10001424052748704680604576110423777349298, 29. Januar 2011
Adam Cancryn und Carolyn Cui: »Flashback to 1870 as Cotton Hits Peak«, www.wsj.com/articles/SB10001424052748704300604575554210569885910, 16. Oktober 2010
Marc Pitzke: »Preisexplosion bei Baumwolle Das Ende der Billig-Jeans«, http://www.spiegel.de/wirtschaft/unternehmen/preisexplosion-bei-baumwolle-das-ende-der-billig-jeans-a-696579.html, 25. Mai 2010
United States Department of Agriculture, www.usda.gov
National Cotton Council of America, www.cotton.org

Kapitel 38

Daniel Ammann: *King of Oil*, Orell Füssli Verlag, Zürich, 2010
Daniel Ammann: »Marc Rich: Der Mann, der seinen Namen verlor«, www.weltwoche.ch, 23. Mai 2007
Alex Schärer: »Die Erben des Marc Rich«, www.woz.ch, 13. Dezember 2001

Mark Honigsbaum: »The Rich List«, *The Observer*, www.guardian.co.uk, 13. Mai 2001
»Rohstoffhändler Marc Rich gestorben«, www.srf.ch/news/wirtschaft/rohstoffhaendler-marc-rich-gestorben, 27. Juni 2013

Kapitel 39

Zitat von: Jack Perkowski: »Behind China's Rare Earth Controversy«, www.forbes.com/sites/jackperkowski/2012/06/21/behind-chinas-rare-earth-controversy/#e5aaecd16b82, 21. Juni 2012
Dieter Lohmann: »Kampf um Seltene Erden. Hightech-Rohstoffe als Mangelware«, www.scinexx.de/dossier-540-1.html, 13. Mai 2011
Finn Mayer-Kuckuk: »Strategische Metalle China verknappt Molybdän-Förderung«, www.handelsblatt.com/finanzen/maerkte/devisen-rohstoffe/strategische-metalle-china-verknappt-molybdaen-foerderung/3579078.html?ticket=ST-1201086-huIl3W7cP5RSMLdwDNFj-ap3, 01. November 2010
Gerd Blank: »Wichtiger Rohstoff Seltene Erden. Knappheit made in China«, www.stern.de/digital/computer/wichtiger-rohstoff-seltene-erden-knappheit-made-in-china-3874186.html, 29. Dezember 2010
Christian Geinitz: »Streit mit China um seltene Erden spitzt sich zu«, www.faz.net/aktuell/wirtschaft/rohstoffe-streit-mit-china-um-seltene-erden-spitzt-sich-zu-13091.html, 25. Dezember 2010
»Chinas schwere Hand auf den seltenen Erden«, www.nzz.ch/chinas_schwere_hand_auf_den_seltenen_erden-1.8096711, 22. Oktober 2010
M. Liedtke / H. Elsner: »Seltene Erden«, Bundesanstalt für Geowissenschaften und Rohstoffe, www.bgr.bund.de, 20. November 2009

Kapitel 40

Anjli Raval: »Oil market glut will persist through 2016«, says IEA, www.ft.com/content/e27ff724-717e-11e5-9b9e-690fdae72044, 13. Oktober 2015
EIA: »Crude oil prices to remain relatively low through 2016 and 2017«, www.eia.gov/todayinenergy/detail.php?id=24532, 13. Januar 2016

Nick Cunningham: »The World Is Not Running Out Of Storage Space For Oil«, https://oilprice.com/Energy/Energy-General/The-World-Is-Not-Running-Out-Of-Storage-Space-For-Oil.html, 21. Januar 2016

Mark Shenk: »WTI Crude Falls to 12-Year Low at $26.14 per Barrel«, www.bloomberg.com/news/articles/2016-02-10/oil-holds-losses-near-3-week-low-amid-record-cushing-supplies, 11. Februar 2016

Rania El Gamal, Alex Lawler, Ahmad Ghaddar: »OPEC in first joint oil cut with Russia since 2001«, Saudis take ›big hit‹, www.reuters.com/article/us-opec-meeting-idUSKBN13P0JA, 30. November 2016

Dennin (2016): »The Dawn of a new Cycle in Commodities«, in: *Research Paper*, Tiberius Asset Management AG, April 2016

Nick Cunningham: »OPEC: The Oil Glut Is Gone«, https://oilprice.com/Energy/Crude-Oil/OPEC-The-Oil-Glut-Is-Gone.html, 14. Mai 2018

Kapitel 41

Autoverkäufe 2017: »Mercedes fährt BMW und Audi davon«, www.abendblatt.de/wirtschaft/article213089441/BMW-verkauft-so-viele-Autos-wie-nie.html, 12. Januar 18

Dana Hull und Hannah Recht: »Tesla Doesn't Burn Fuel, It Burns Cash«, www.bloomberg.com/graphics/2018-tesla-burns-cash, 3. Mai 2018

BNEF New Energy Outlook, https://about.bnef.com/new-energy-outlook, 16. August 2018

Kraftfahrtbundesamt, www.kba.de

Kapitel 42

Ari Paul, »It's 1994 In Cryptocurrency«, www.forbes.com/sites/apaul/2017/11/27/its-1994-in-cryptocurrency/#7a81d58eb28a, 27. November 20017

»Comparing 25 of the biggest cryptocurrencies«, World Economic Forum, March 2018, www.weforum.org/agenda/2018/03/comparing-the-25-most-notable-cryptocurrencies

»Cryptoprimer«, www.investopedia.com/tech/crypto-primer-currencies-commodities-tokens/#ixzz5HfVcEWBS

Kharpal, Arjun (2017): »Founders of a cryptocurrency backed by Floyd Mayweather charged with fraud by SEC«, www.cnbc.com, 3. April 2018

Olga Kharif: »The Bitcoin Whales: 1,000 People Who Own 40 Percent of the Market«, https://www.bloomberg.com/news/articles/2017-12-08/the-bitcoin-whales-1-000-people-who-own-40-percent-of-the-market, 8. Dezember 2017

Justina Lee: »Mystery of the $2 Billion Bitcoin Whale That Fueled a Selloff«, 13. September 2018, https://www.bloomberg.com/news/articles/2018-09-13/mystery-of-the-2-billion-bitcoin-whale-that-fueled-a-selloff

David Meyer: »China Enlists Its 'Great Firewall' to Block Bitcoin Websites«, 5. February 2018, http://fortune.com/2018/02/05/bitcoin-china-website-ico-block-ban-firewall/

Bhushan Akolkar: »China Officially Bans All Crypto-Related Commercial Activities«, 22. August 2018, https://bitcoinist.com/china-officially-bans-crypto-activities/

Robert Shiller: »Irrational Exuberance«, Crown Business, 9. Mai 2006

Samuel Potter / Todd White: »No End in Sight for Crypto Sell-Off as Bitcoin Breaches $ 4,250«, www.bloomberg.com/news/articles/2018-11-20/no-end-in-sight-for-crypto-sell-off-as-tokens-take-fresh-hit

Über den Autor

Dr. Torsten Dennin ist Professor für Volkswirtschaftslehre und ordentliches Mitglied des Berlin Institute of Finance, Innovation and Digitalization. Er lehrt zudem regelmäßig an der Dualen Hochschule Baden-Württemberg in Deutschland zu Themen wie Kapitalmärkte, Wirtschaft und Management.

Prof. Dr. Torsten Dennin weist eine professionelle Investmenterfahrung von mehr als 15 Jahren im Bereich der internationalen Rohstoffmärkte auf. Er ist Leiter der Vermögensverwaltung von Asset Management Switzerland AG in Zürich, sowie Gründer und Geschäftsführer von Lynkeus Capital, einer auf das Thema Rohstoffe spezialisierten Investment Gesellschaft mit Sitz in Zug, Schweiz.

Zuvor war Prof. Dr. Dennin als Leiter Portfoliomanagement und als Leiter Strategie & Research für Tiberius Asset Management AG tätig. Hier oblag ihm neben der Marktanalyse die Investmententscheidung über alle rohstoffbasierten Anlagestrategien, unter anderen dem Tiberius Commodity Alpha und dem Tiberius Active Commodity Fonds mit einem Gesamtvolumen von 800 Millionen US-Dollar Anlagegeldern. Von 2010 bis 2013 baute Dr. Dennin den Rohstoffbereich der Altira AGVCH Investments mit auf, was die Anlageentscheidungen für die Fonds VCH Commodity Alpha and VCH Expert Natural Resources Equities einschloss. Seine professionelle Karriere begann Dr. Dennin 2003 im Asset & Wealth Management der Deutschen Bank AG in Frankfurt am Main. Hier war er verantwortlich für mehrere diskretionäre Rohstoffanlagestrategien und zwei Rohstofffonds, unter anderen den PWM Commodity Optimum Fonds.

Prof. Dr. Dennin hat Volkswirtschaftslehre an der Universität zu Köln und an der Pennsylvania State University, USA, studiert und an der Schumpeter School of Business and Economics zum Thema Rohstoffmärkte promoviert. Anfang 2018 erfolgte der Ruf als Professor für Volkswirtschaftslehre an die EBC Hochschule, Düsseldorf.

Prof. Dr. Dennin lebt mit seiner Frau in der Schweiz, ist Autor mehrerer Bücher und seine Expertenmeinung wird regelmäßig von den Medien angefragt. Der Autor kann über LinkedIn oder Xing kontaktiert werden.

We make sure that you

The world finance system is facing massive uncertainty and risk making it imperative that one has wide-ranging knowledge about alternative investment opportunities. Ensure your financial future by taking control.

Diversification is the means to survive the current and future market difficulties with a specific focus on value investing such as quality stocks, precious metals and resouces in general.

We, the Swiss Resource Capital, assist you and deliver clear and concise information pertaining to the precious metals and the resource sector as well as selected mining companies.

Through our new developed multimedia channels like the exclusive Resource-TV you have access anytime and anywhere in the world to comprehensive data and information.

know what we know!

Regularly appearing reports complete our information offer for you. Find your free download on our website: www.resource-capital.ch

<u>We are your partner entering the mining industry.</u>

Visit also:
www.Rohstoff-TV.net
www.Commodity-TV.net

SRC swiss resource capital ag

Swiss Resource Capital AG
Poststrasse 1 | 9100 Herisau
Switzerland
Phone: +41 71 354 8501
Fax : +41 71 560 4271

info@resource-capital.ch
www.resource-capital.ch

Commodity-TV
Die Welt der Rohstoffe in einer App!
Kostenloser Download im App Store!
Commodity-TV
• CEO- und Experteninterviews
• TV-Projektbesichtigungen
• Berichte von Messen und Konferenzen aus der ganzen Welt
• aktuelle Mineninformationen
• Rohstoff-TV, Commodity-TV und Dukascopy-TV
• Real-Time-Charts und vieles mehr!
powered by:
SRC
Swiss Resource Capital AG | Poststrasse 1 | 9100 Herisau | Schweiz | www.resource-capital.ch

ARG3NTUM verbindet physischen Besitz und digitalen Handel von Silber und schafft damit ein sicheres und inflationsfreies Anlage- und Zahlungsmittel.

Klassische Fiat- und Kryptowährungen wie der USD und Bitcoin sind zwar hoch fungibel, aufgrund der fehlenden Hinterlegung mit echten Werten und der staatlichen Mengensteuerung aber nicht wirklich wertstabil.

Echte Werte wie beispielsweise Gold und Silber bieten dagegen hohe Wertstabilität, sind aber aufgrund der physischen Beschaffenheit und der damit verbundenen begrenzten Teilbarkeit nur sehr eingeschränkt für den klassischen Handel nutzbar.

ARG3NTUM verbindet das Beste aus beiden Welten: Ein sicheres und inflationsfreies Anlage- und Zahlungsmittel, das unabhängig von Banken und Währungssystemen funktioniert.

ARG3NTUM

Reines Silber

100% Hinterlegung hält den Kurs stabil.

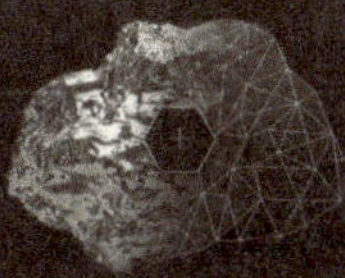

Stellar Blockchain

schafft Sicherheit und ermöglicht schnelles Handeln.

Weitere Informationen finden Sie auf www.arg3ntum.com

ARG3NTUM

Lynkeus
CAPITAL LLC
Competence in Commodities
Commodities &
Natural Resources
Asset Management
Consulting
Mitglied im VQF
Schweiz
www.lynkeus-capital.com
info@lynkeus-capital.com

Wenn Sie **Interesse** an
unseren Büchern haben,

z. B. als Geschenk für Ihre Kundenbindungsprojekte,

fordern Sie unsere attraktiven Sonderkonditionen an.

Weitere Informationen erhalten Sie bei unserem

Vertriebsteam unter +49 89 651285-154

oder schreiben Sie uns per E-Mail an:

vertrieb@finanzbuchverlag.de

FBV
FinanzBuch Verlag